CHAMPION DE LA VENTE

CHAMPION DE LA VENTE

Michel Bélanger

avec la collaboration de Nicole Bronsard

Les Éditions ProVente inc.

RÉVISION, TRAITEMENT DE TEXTES ET MISE EN PAGES
Services d'édition Guy Connolly

CONCEPTION GRAPHIQUE DE LA COUVERTURE
Communications Nidorf

DISTRIBUTION
Diffusion Prologue
1650, boul. Lionel-Bertrand
Boisbriand (Québec)
J7E 4H4
Tél. : (514) 434-0306

Les éditions ProVente inc., 255, boul. Curé-Labelle Nord, Bureau 200, Sainte-Rose, Laval (Québec) H7L 2Z9
Téléphone : (514) 963-3020
1 (800) 363-4293
Télécopieur : (514) 963-3018

Réimpression : 1992
Dépôt légal – 1er trimestre 1991
Bibliothèque nationale du Québec
Bibliothèque nationale du Canada
ISBN 2-9802235-0-6

Imprimé au Canada

● ● ● ● ● ● ● ● ● ● ● ● ● ● ● ● ● ●

À mes enfants,
Isabelle et
Jonathan Livingston.

● ● ● ● ● ● ● ● ● ● ● ● ● ● ● ● ● ●

REMERCIEMENTS

J'aimerais souligner la collaboration de Nicole Bronsard à la réalisation de ce livre. *Champion de la vente*, c'est l'aboutissement de nos efforts communs. Sans l'inspiration et le soutien continuel de Nicole, il m'aurait été impossible d'écrire ce livre. J'ai rarement vu une personne évoluer avec autant d'équilibre entre les fonctions proactive et interactive d'un vendeur. Elle attaque chaque journée avec dynamisme, comme si sa carrière était en jeu. Pourtant, lorsqu'elle rencontre un client, elle possède cette faculté de tout oublier et de lui accorder toute son attention. C'est une véritable championne de la vente.

J'aimerais également remercier tous ceux qui m'ont aidé à produire ce livre :

Mes parents, qui m'ont appris les vertus de l'honnêteté.

Anne-Marie Delisle et Sylvie Desjardins, nos deux excellentes secrétaires, qui ont dû taper et retaper ce texte je ne sais combien de fois.

Louise et J.-P., pour leurs nombreuses lectures et corrections.

Toute l'équipe des Services d'édition Guy Connolly (Carole Laperrière, Nicole Suter, Sophie Cazanave, Frank Manley et René Raymond, ainsi que Guy Connolly), pour leur travail impeccable.

Claude Janet, des Communications Nidorf, pour son soutien et ses nombreux conseils.

Je remercie également tous mes clients, qui m'ont permis de me découvrir et de me réaliser à travers cette profession, ainsi que tous ceux et celles qui m'ont appris, par leurs idées, leurs livres et leurs conseils, le merveilleux métier de vendeur.

En dernier lieu, j'aimerais remercier Ralph Waldo Emerson, dont les pensées immortelles ornent le début de chaque chapitre.

TABLE DES MATIÈRES

*L'incapacité de s'améliorer est la seule
maladie mortelle.*

INTRODUCTION

CE NE FUT PAS FACILE POUR MOI D'ACCEPTER de faire carrière
dans la vente. Avouons tout de suite que ce n'est pas une
carrière que j'ai choisie. Je dirais plutôt que c'est la vente
qui m'a choisi. Je n'avais rien d'un vendeur et je n'avais
d'ailleurs aucun désir de le devenir. Mais en 1970, lorsque
j'ai obtenu à l'Université de Montréal mon diplôme en
marketing de l'École des Hautes Études Commerciales, le
seul emploi que j'aie pu trouver fut un travail de représentant pour une compagnie aérienne régionale. J'ai appris
aujourd'hui à faire une distinction entre un vendeur et un
représentant, mais à l'époque je n'avais pas la moindre idée
de ce qui m'attendait.

Ce premier emploi ne fut pas un succès, bien au
contraire. J'éprouvais beaucoup de difficulté à m'organiser
et à planifier mes différentes activités. Je dispersais mes
efforts, je manquais énormément d'autonomie, je me sentais incapable de prendre des décisions et, pour couronner
le tout, ma confiance en moi était à peu près inexistante. Si
bien qu'après quelques mois j'étais remercié de mes services, ce qui eut pour effet de démolir ma confiance déjà
ébranlée.

Je cherchai, sans succès, à me trouver un autre emploi. Je dus finalement me rendre à l'évidence que le seul endroit où l'on voudrait bien de moi, c'était dans la vente. Là vraiment toutes les portes étaient ouvertes, surtout que la très grande majorité des employeurs intéressés par mes services ne m'offraient aucune rémunération de base. On me proposait de travailler à commission et de me payer à partir de mes résultats.

Je débutai donc sans aucune garantie salariale, pour une entreprise qui offrait un guide de référence aux industries de la province de Québec. Les quelques mois que j'y passai furent très éprouvants, sans compter que mes maigres revenus me permettaient à peine de joindre les deux bouts.

Jour après jour, j'ai dû apprendre à affronter les refus, les défaites, quand ce n'était pas les plaintes des clients ou la rancœur de ceux qui, ayant vécu une mauvaise expérience avec un vendeur, n'attendaient que mon appel pour se décharger de leur agressivité.

Je crois sincèrement que personne d'autre qu'un vendeur ne peut comprendre l'émotion de celui qui, après un échec, se retrouve tout à fait seul. Malgré cette solitude qui l'envahit, il doit retrouver rapidement sa confiance et voir à organiser sa journée de façon productive. Il doit continuer à frapper aux portes pour rencontrer des gens qu'il ne connaît pas et qui, pour la plupart, n'ont ni le temps ni l'envie de le connaître.

Mais la vente a fait beaucoup pour moi. Malgré tous les problèmes, les difficultés et l'incertitude qu'elle apporte, malgré les maux de tête, l'anxiété et le sentiment d'être toujours seul face aux événements et aux conditions du marché, rien ne vaut la vente comme mode de vie. Je sais aujourd'hui que je suis devenu la personne que je suis grâce surtout à cette profession, que j'ai maintenant choisie librement et dont j'ai appris à apprécier toutes les facettes. À force de relever des défis et d'apprendre à communiquer mes idées à des gens de tous les milieux, à cause aussi des expériences vécues, bonnes et mauvaises, ma personnalité s'est développée et ma confiance en moi s'est multipliée par cent.

Quelques mois après le début de cette première vraie expérience dans la vente, je recevais une offre d'une organisation affiliée à une compagnie d'assurances, qui proposait un service de planification financière à l'intention des professionnels. Comme je paraissais très jeune à l'époque, on m'offrit de me faire débuter au service du télémarketing.

Mon travail consistait à téléphoner tous les jours à des dizaines de clients potentiels afin de fixer des rendez-vous pour nos conseillers-vendeurs. Cette tâche, bien que très ardue pendant les premières semaines, devint de plus en plus facile à mesure que j'appris à maîtriser cet instrument indispensable à la réussite d'un vendeur : le téléphone.

Si bien qu'après un certain temps je me rendis compte que les vendeurs pour qui je prenais des rendez-vous avaient des revenus très supérieurs aux miens et ce, à partir des rencontres que je réussissais moi-même à leur obtenir. Ma décision de faire une carrière dans la vente était désormais irrévocable. En 1974, je faisais mes débuts comme assureur-vie, avec la compagnie d'assurances La Prudentielle.

Ma première année fut exceptionnelle. En effet, étant passé maître dans l'art d'obtenir des rendez-vous au téléphone, ce ne sont pas les entrevues qui manquaient. Ma production était supérieure à celle de toutes les autres recrues et dépassait même celle de plusieurs agents d'expérience qui étaient avec la compagnie depuis plusieurs années. Je me classai à la Table ronde des millionnaires et, l'année suivante, je me rendis à Boston pour assister à la réunion annuelle de cette organisation internationale qui regroupe les meilleurs vendeurs d'assurance-vie de tous les pays. J'en revins complètement grisé, motivé et confiant, et mes objectifs étaient maintenant plus élevés que je n'aurais jamais imaginé. Mais voilà : j'avais maintenant le désir de réussir et la confiance pour y parvenir bien installés en moi, mais il me restait plusieurs carences à combler avant de devenir le champion de mes rêves. Je manquais tout à fait d'autonomie et de maturité, ces deux qualités si nécessaires à la réussite d'un vendeur, mais surtout on ne m'avait jamais enseigné les bases même de la vente, toutes ces techniques qui vous permettent de diriger plus facilement une entrevue, de bien sélectionner votre client et de conclure une vente.

Je me sentais plafonner par rapport aux objectifs que je tentais d'atteindre et cela ne faisait qu'ajouter à ma frustration. Je voulais réussir, mais je gaspillais beaucoup d'énergie à courir dans toutes les directions. Je sentais qu'il me manquait quelque chose. Ça n'avançait tout simplement pas comme j'aurais voulu. Ma production était devenue très irrégulière, entrecoupée de hauts et de bas, et les nombreuses fluctuations de mon revenu entraînaient une fluctuation encore plus désastreuse : celle de mon attitude.

Heureusement qu'il y avait la lecture. À cette époque, j'ai lu quantité de livres sur la vente, sur la nature humaine et sur les principes de la motivation. Sans ces livres, je crois bien que j'aurais abandonné la vente il y a longtemps. J'y ai puisé beaucoup d'espoir, de courage et de réconfort. Je me sentais très seul face à tous ces défis, à toutes les difficultés de cette profession que je n'arrivais pas à maîtriser tout à fait.

J'ai également trouvé dans la lecture plusieurs idées, plusieurs pensées que j'ai incorporées à ma philosophie de vie et que je partagerai avec vous au cours de ce programme en essayant autant que possible de rendre justice à leurs auteurs en les citant. Je dois avouer toutefois que je ne me rappelle plus exactement la source de toutes ces idées et il est possible que, lors d'une citation, je fasse erreur sur l'auteur; je m'en excuse sincèrement auprès de celui-ci.

Il reste que la lecture m'a souvent permis de tenir le coup à des moments où ma réussite était loin d'être ce que j'avais imaginé. Un jour que je lisais la revue *Success Unlimited*, j'y découpai une publicité qui vantait les mérites d'un cours de vente sur cassettes produit par Tom Hopkins, qu'on qualifiait de «roi de la vente». Comme je n'ai jamais hésité à investir dans ma carrière, je m'empressai de commander cet album cassettes, qui devait transformer ma carrière de vendeur.

J'y appris en 24 leçons les règles de base de la vente. Je pensai : «Pourquoi donc ne m'a-t-on pas enseigné cela dès ma première année dans la vente?» Toutes ces techniques, toutes ces choses que j'ignorais et dont je prenais connaissance! Mais également toutes ces idées dont on me confirmait la validité et que j'avais découvertes par moi-même, mais au prix de combien d'efforts et de combien d'années! Enfin, je découvrais pour la première fois une philosophie de base qui m'enseignait que conclure une vente, c'était aider un client à prendre une bonne décision, une décision qui lui serait profitable. Je revoyais tous ces clients potentiels que j'avais perdus n'ayant pas réussi à les aider à prendre leur décision et qui, en fin de compte, étaient les grands perdants de mon ignorance des principes de base de la vente.

Je commandai 24 albums supplémentaires pour mes associés. Et sur les recommandations d'un collègue, je décidai de représenter Tom Hopkins au Canada et d'offrir en compagnie de Nicole Bronsard, mon associée d'affaires et de cœur, les produits de M. Hopkins à tous les vendeurs du Québec.

Les premières années furent difficiles, surtout que le produit n'était disponible qu'en anglais. Mais en 1983, lors d'une conférence qui avait lieu à Toronto, nous sommes allés rencontrer Tom Hopkins pour lui proposer de venir animer un séminaire de vente à Montréal. Ce séminaire de vente devait avoir lieu le 26 avril 1984.

Ce fut une journée mémorable, à laquelle assistèrent plus de 1 500 personnes. Ce fut également le point de départ d'une aventure extraordinaire. Bientôt, d'autres séminaires suivirent et, au cours de l'année 1985, nous produisions la version française de l'album cassettes de M. Hopkins et décidions de former notre propre entreprise afin d'offrir aux représentants et aux vendeurs québécois le cours intitulé La vente.

Depuis ce temps, au-delà de 8 000 vendeurs et vendeuses ont assisté à nos séminaires, par groupe de 20 à 25 à la fois. Et la plus grande satisfaction que nous en retirons, c'est de constater la transformation qui s'effectue chez ceux et celles qui débutent dans la vente et qui persévèrent jusqu'à la réussite.

Nous avons eu l'occasion, lors de ces séminaires, de côtoyer une foule d'individus, jeunes et moins jeunes, qui désiraient ardemment réussir dans la vente et qui, du même coup, voyaient leur personnalité s'épanouir. Nous avons vu des mères de famille, sans aucune expérience, se convertir en femmes d'affaires, des secrétaires se faire patrons, des employés devenir chefs d'entreprise et des gens venus de nulle part se métamorphoser en champions de la vente. Car avec tous les efforts qu'elle exige, la vente possède un énorme avantage : elle force celui ou celle qui veut réussir à donner le maximum et à s'améliorer constamment.

Pour réussir dans cette carrière, il faut vraiment apprendre à puiser au fond de soi, à tirer le maximum de ses ressources, mais la récompense est là. En se forçant à donner tout ce qu'on a, en s'imposant, comme le prix de la réussite, d'aller au-delà de ses limites, la vente permet d'exploiter au maximum ce potentiel qui est en chaque personne, et de devenir, souvent malgré soi, cet être extraordinaire dont tous les gens rêvent en secret. Quel merveilleux sentiment cela apporte de se savoir capable d'accomplir un travail dont la plupart des gens ont peur! La vente m'a d'ailleurs procuré beaucoup de satisfaction en aidant des gens qui, au départ, et pour toutes sortes de raisons ou de préjugés, ne tenaient absolument pas à me rencontrer. Et il y a une autre raison pour laquelle j'aime cette carrière : elle me permet chaque jour de gagner. Les échecs sont nombreux et parfois très difficiles à accepter, mais, avec le temps, on apprend à les oublier et à concentrer toute son attention sur ses réussites. Ce sont justement ces réussites qui rendent cette carrière passionnante. Même après 20 ans, et j'en connais qui sont dans la vente depuis 40 ans et qui vous diront la même chose, chaque vente apporte une satisfaction. La satisfaction de provoquer les événements et d'obtenir des résultats.

Je me souviens d'être allé rencontrer des *prospects* qui hésitaient à me recevoir ou qui me disaient : «Entrez, mais, vous savez, nous avons toutes les assurances qu'il nous faut et, de toute façon, nous ne signerons aucun papier ce soir.» Et deux heures plus tard, je ressortais avec une proposition d'affaires dûment remplie et un chèque pour couvrir le montant de la première prime. Et là, je m'asseyais au volant de mon automobile et je me mettais à chanter. La fatigue était soudainement disparue et rien d'autre ne comptait plus que le plaisir de cette nouvelle victoire.

Mais la véritable satisfaction est toujours reliée à celle du client. Surtout lorsque, quelques mois plus tard, vous le revoyez et qu'il vous avoue être très heureux de sa décision. Encore plus lorsque, pour témoigner sa reconnaissance, il vous offre de vous recommander auprès de quelques-uns de ses amis ou de vous écrire une lettre de témoignage que vous pourrez par la suite faire lire à vos futurs clients.

J'aime la vente. Elle m'a appris à devenir autonome, à fixer mes objectifs et mes limites, et à développer mes talents de communicateur et de relationniste. Elle m'a surtout appris que pour réussir je ne pouvais compter que sur moi-même.

C'est un domaine fascinant qui recèle des possibilités de gains exceptionnels et où tout est possible, pour ceux et celles qui ont l'audace de s'y aventurer et de risquer tous les jours de ne vivre que du produit de leurs efforts. Ce facteur risque est d'ailleurs la principale raison pour laquelle tant de gens écartent cette carrière et lui préfèrent une vie moins intense mais plus sécuritaire. Pourtant ils se trompent, car la réussite dans la vente amène avec elle une forme de sécurité encore bien plus grande : la sécurité de savoir que vous pouvez réussir là où les autres n'osent pas s'aventurer.

Chaque chose a son prix. Le succès dans la vente se paie à coup de problèmes, de déceptions et de défis. Le vendeur de l'avenir est celui qui est prêt à risquer, à innover et à expérimenter continuellement afin de trouver de nouvelles façons de faire les choses. C'est également celui qui est capable de défier le système et de se lancer dans l'inconnu afin de participer au développement de nouveaux concepts, de nouveaux produits ou de nouveaux marchés.

D'ailleurs, les différents mouvements de croissance personnelle qui nous sont arrivés des États-Unis au cours des dernières années ont amené plusieurs personnes à repenser leur système de valeurs et à se poser de sérieuses questions sur la capacité du système traditionnel des affaires à satisfaire leurs aspirations. De plus en plus d'individus se rendent compte qu'ils ne pourront se développer davantage au sein d'une entreprise et décident de se lancer en affaires ou de débuter dans la vente.

Évidemment, la nature exacte et l'importance relative des différentes fonctions d'un vendeur varient énormément selon le genre de client, d'industrie ou de produit. Il n'en demeure pas moins que les entreprises qui n'ont aucun vendeur sont très rares. Qu'il porte le titre de représentant, conseiller, relationniste ou chargé de comptes, s'il gagne sa vie à convaincre quelqu'un d'autre, s'il offre un produit ou un service pour en tirer un profit, c'est un vendeur.

Votre dentiste vend ses traitements, votre opticien vend ses montures, votre comptable vend ses services. Si vous êtes un entrepreneur, vous êtes également un vendeur.

En fait, jusqu'à ce que vous puissiez engager un vendeur ou recruter une équipe de vente, vous représentez à vous seul toute la force de vente de votre entreprise, et vos idées, même si elles sont les meilleures, ne resteront que des idées si vous ne réussissez pas à les faire accepter.

Le mot «vendeur» est encore péjoratif, mais cette situation est en train de changer. Certes, il est vrai que plusieurs vendeurs n'ont rien fait dans le passé pour améliorer l'image du vendeur, mais cette catégorie de vendeurs tend à disparaître. Avec tous les changements auxquels nous assistons, tant en ce qui a trait à la fabrication qu'à la distribution des produits, et surtout avec tous les développements qui se produisent dans le domaine des techniques de communication, sans compter les demandes de plus en plus exigeantes des consommateurs, le vendeur doit changer lui aussi et adapter son comportement aux nouvelles règles du jeu afin d'arriver au rôle qu'on s'attend à lui voir jouer : celui d'un conseiller.

D'un système de vente à pression où l'accent était surtout mis sur le produit, on en arrive maintenant à un processus de vente interactif où l'accent est mis sur le client et où le rôle du vendeur consiste à aider son client à découvrir et à résoudre ses problèmes tout en prenant les décisions qui s'imposent.

Le programme que nous proposons s'adresse à tous ceux qui ont décidé de réévaluer leur position par rapport au contexte actuel et de réfléchir à l'importance du rôle dynamique qu'ils entendent jouer dans la société de demain. À tous ceux qui se rendent compte de l'immense potentiel qu'offre une carrière dans la vente et qui ont décidé de prendre tous les moyens nécessaires. À tous ceux qui préfèrent le risque, le défi et la croissance à la sécurité et à la stagnation. Plus particulièrement, le programme s'adresse à tous ceux qui ont décidé de devenir des champions dans leur domaine.

Ce programme propose une approche différente. À

partir d'expériences vécues et des commentaires positifs de notre clientèle, il met en évidence le rôle de plus en plus créatif que le vendeur doit jouer afin que, par son activité sans relâche, il puisse accroître son marché et conclure de nouvelles affaires.

Il présente une distinction fondamentale entre, d'une part, le rôle, l'activité et la responsabilité personnelle du vendeur par rapport à ses objectifs ou à ceux de son entreprise — cela constitue la 1re partie de ce livre : La vente proactive — et, d'autre part, les plus récentes techniques de vente fondées sur une relation interactive vendeur-client, présentées dans le cadre d'une démarche méthodique et structurée — la 2e partie du livre : La vente interactive.

Ce programme comporte en outre de nombreux exercices, formulaires et feuilles de travail qui permettront à chacun d'adapter le matériel à son produit ou service; de la même manière qu'on apprend à dresser un plan d'affaires ou un plan de marketing, étape par étape, on apprendra à formuler son plan de vente, à construire une stratégie d'ensemble en répondant aux questions que faire, pourquoi le faire et comment le faire.

Commençons par une question qui nous est très souvent posée : pour profiter pleinement de tous les avantages qu'offre une carrière dans la vente, ne doit-on pas posséder certains talents? Bien sûr, certains individus ont des dispositions naturelles pour la vente, mais, en y regardant de plus près, on se rend compte rapidement que cette carrière n'en est pas une comme les autres et que, pour y réussir, il ne s'agit pas tellement d'avoir des talents mais certaines qualités, certains traits de caractère.

La différence entre les deux est énorme et devrait laisser beaucoup d'espoir à tous ceux et celles qui considèrent une carrière dans la vente. En effet, il peut s'avérer très difficile d'acquérir un talent quel qu'il soit, et cela peut exiger de nombreuses années de pratique. En revanche, les qualités qu'ont en commun les champions de la vente sont accessibles à chacun d'entre nous.

Et ce sont ces qualités bien plus que leurs talents qui permettent aux champions d'obtenir des résultats. Ces qualités se bâtissent par la réflexion, le courage et la détermination. Elles résultent d'un choix. Il s'agit simplement d'en être conscient et de prendre la décison de les développer et de les réaliser à son avantage. Quelles sont donc les qualités qui font vendre les vendeurs?

1re PARTIE

LA VENTE PROACTIVE

1

Seul l'homme peut accomplir les choses impossibles! Notre maladie, c'est la peur de l'opinion publique ou, si je peux m'exprimer ainsi, la publicité de l'opinion, l'absence d'opinion individuelle. Les braves gens abondent, mais nous avons besoin du juste avec un cœur d'acier pour abattre l'orgueilleux.

QU'EST-CE QUI FAIT VENDRE LES VENDEURS?

AU COURS DES SIX DERNIÈRES ANNÉES, mon associée et moi-même avons eu l'occasion d'animer plus de 500 ateliers de vente. Ces séminaires s'adressaient, pour la plupart, à des représentants-vendeurs de toutes sortes d'entreprises mais également à des hommes d'affaires, des présidents de petites ou moyennes entreprises, des directeurs des ventes ou des chefs de formation de grandes entreprises natio-nales. Nous avons aussi eu l'occasion de travailler avec des regroupements de professionnels très variés, parmi lesquels se retrouvaient des opticiens, des dentistes, des notaires, des comptables, des ingénieurs, des consultants et des artistes.

Il nous est donc possible de tirer les conclusions suivantes :

1. Tous ceux qui œuvrent dans la vente rêvent de réussir. Ils rêvent de mener le style de vie que leur permettrait la réussite dans leur domaine respectif.

2. Ceux qui réussissent n'ont pas nécessairement plus de talents que les autres. D'ailleurs, nous en avons rencontrés qui avaient moins de talents que certains autres et pourtant leur réussite était de beaucoup supérieure.

3. Ceux qui réussissent ont appris à développer des traits de personnalité, des qualités qui, étrangement, ressemblent à celles qui caractérisent les champions, dans quelque discipline sportive que ce soit.

En effet, dans la vente comme dans les sports, il n'y a aucune garantie de succès. Pour réussir, il faut avant tout un désir intense, sans lequel il est impossible d'aller jusqu'au bout. Il faut avoir confiance en soi, en ses capacités et en ses aptitudes. Il faut un surplus d'enthousiasme et une force d'endurance peu commune, que seule une excellente condition physique peut procurer. Il faut être capable d'agir avec constance et régularité, et, face à l'adversité, savoir opposer une attitude mentale positive, résolue et déterminée. Il faut également beaucoup de caractère, de courage et de force mentale pour être capable de surmonter les obstacles, de résister au découragement et de se relever immédiatement après un échec ou une déception.

Ce qui fait la force d'un champion, c'est sa capacité de relever des défis. Et dans la vente, les premières années représentent un énorme défi : on doit apprendre à se motiver soi-même tous les matins et, en même temps, savoir affronter les annulations, les clients insatisfaits, les demandes de remboursement et la foule d'objections et d'acheteurs mécontents, toujours heureux de pouvoir se défouler sur autrui.

Malgré cela, ce que veut le champion, ce sont des résultats. On s'attend d'ailleurs à ce que grâce à son activité sans relâche il puisse relancer les ventes, accroître la part du marché de l'entreprise, établir de nouvelles affaires, lancer un nouveau produit, ouvrir un nouveau territoire ou reconquérir un compte perdu.

J'aime bien cette comparaison entre le champion de la vente et le spécialiste du 400 mètres haies qui doit, s'il veut avoir la moindre chance de gagner, apprendre à sauter les haies en gardant constamment son regard fixé sur la ligne d'arrivée. C'est ce que tente d'exprimer l'illustration qui couvre ce livre. Le champion de la vente ne doit-il pas apprendre à affronter les obstacles et les problèmes qui ne manqueront pas de survenir sans perdre de vue ses objectifs?

Dans la vente comme dans le sport, on doit aimer ce que l'on fait et faire en sorte que son travail devienne un jeu. Mais on ne peut gagner à moins de connaître les règles du jeu. Ceux qui veulent réussir les étudient et apprennent à développer et à exploiter au maximum les qualités qui font les champions.

Ces qualités ont-elles un ordre d'importance? Certains prétendront que oui alors que d'autres vous diront qu'elles sont toutes d'égale importance. Une chose reste certaine : si un individu — un homme d'affaires, un professionnel — désire améliorer ses résultats et devenir un champion de la vente, il doit d'abord apprendre à s'améliorer et à travailler plus sur lui-même que sur son produit ou son domaine d'activité. Je vous invite à passer en revue les dix qualités que nous considérons comme essentielles à la réussite. Décidez de les choisir!

LE DÉSIR DE RÉUSSIR

D'abord désigné par Napoléon Hill comme le point de départ de toute réalisation, le désir de réussir, c'est avoir vraiment envie de faire quelque chose, d'exceller, de se dépasser. C'est avoir envie de se mesurer, de s'exprimer : avoir envie d'être quelqu'un. Nous avons vu tellement d'étudiants quitter nos cours avec la tête pleine de rêves et de promesses, les yeux remplis d'espoir... et pourtant, quelques semaines plus tard, parfois quelques mois, nous apprenions qu'ils avaient abandonné. Ils avaient pourtant le potentiel, ils avaient tout ce qu'il fallait. Tout, sauf ce désir qu'ont en commun tous les champions. Les champions donnent l'impression qu'ils sont prêts à tout faire pour obtenir ce qu'ils veulent et que, quoi qu'il advienne, ils iront jusqu'au bout.

Combien abandonnent dès qu'une petite difficulté surgit! Au moindre obstacle, la plupart des gens plient bagage et perdent toute leur motivation. Pourtant, il est tout à fait normal qu'un projet présente des difficultés et il importe de comprendre que la défaite, le refus et l'échec font tous partie de l'apprentissage. Face à un défi, la chose la plus facile à faire, c'est de se décourager, d'abandonner, de démissionner. N'empêche que ce défi, s'il était relevé, transformerait complètement celui qui décide de l'affronter.

En le refusant, c'est la vie que vous refusez, cette occasion qui vous est offerte de vous mesurer, de savoir ce que vous pouvez faire et surtout de savoir si au fond de vous-même il y a ce quelque chose, ce désir intense qui permet de se lever pour ses idées, de les regarder bien en face et de dire : «Je vais le faire.» Voilà ce qu'est le désir.

Certaines personnes préfèrent commencer un projet ou une activité de vente à temps partiel; nous croyons que c'est une erreur. Avec le temps, elles finissent par perdre leur enthousiasme et leur combativité. Elles n'apprennent jamais à risquer alors que pour devenir un champion de la vente il faut savoir risquer.

La vente, c'est d'abord un état d'esprit, une philosophie de vie. Dans une économie de marché, chacun a la possibilité de trouver sa place au soleil. Mais avant tout, il faut que vous soyez décidé. Décidé à surmonter les obstacles et l'adversité, décidé à donner tout ce que vous avez, à mettre tous vos efforts dans la réalisation d'un objectif qui vous tient à cœur, d'une idée que vous avez envie d'exploiter, d'un rêve qui vous hante et qui vous fait vibrer dès que vous vous mettez à en parler. Plus qu'un souhait, c'est un désir intense; plus qu'un rêve, c'est une envie de le réaliser. Nous ne voulons pas dire de cesser de rêver, au contraire. Le rêve est le point de départ. Les enfants ont cette capacité de rêver. Pour eux, rien n'est impossible. Tout ce qu'ils savent, c'est qu'ils peuvent tout faire. Ils ne se connaissent aucune limite. Mon fils de 12 ans veut devenir gardien de but dans la Ligue nationale de hockey et lanceur pour les Expos de Montréal. N'est-ce pas formidable?

Hélas, trop d'individus ont cessé de rêver et passent leur vie à attendre qu'un événement survienne, que les circonstances changent, qu'un personnage se présente et vienne résoudre leurs problèmes et leur donner le goût de vivre. Que de désillusions! Lorsque ces individus s'aperçoivent enfin que cette occasion qu'ils attendaient ne se présentera jamais, que le postier ne sonne jamais deux fois et que la Bête est vraiment une bête et non un prince charmant, ils perdent tout espoir d'accomplir quoi que ce soit de valable dans leur existence.

L'homme n'est empêché que par lui-même et n'obtient en fin de compte que ce qu'il mérite. Cette tendance qu'ont la plupart des gens à vivre une vie plutôt terne, où tout semble programmé à l'avance, représente tout de même un aspect intrigant de la personnalité humaine qui reste très difficile à comprendre pour le champion, qui, lui, a compris que cette personne qu'il attend, c'est lui; que les circonstances, si elles n'existent pas, il faut les créer, les inventer de toutes pièces; que, pour transformer ses rêves en réalité, il faut en avoir vraiment envie, au point d'être prêt à tout risquer. ▪

La volonté ne suffit pas; il faut d'abord un désir intense. Il faut être prêt à faire des choix difficiles, à faire ce qui doit être fait. Le désir, c'est ce qui permet de concentrer toutes ses forces, toutes ses énergies sur un seul objectif. C'est ce qui permet de se fixer des priorités et de se donner tout entier aux exigences qui en découlent.

L'automobile, l'avion, le téléphone, toutes les inventions de notre époque ont débuté par un rêve. Mais par-dessus tout, elles étaient soutenues par un être animé d'un désir intense de réaliser ce rêve, un être qui avait décidé, quel que soit le prix à payer, qu'il réussirait.

• • • • • • • • • • • • • • • • • • •

LA CONFIANCE EN SOI

Lors de nos séminaires, nous rencontrons souvent des gens qui nous disent : «Pour ce qui est de croire à mon produit et de maîtriser les techniques de vente, ça va assez bien; mon plus gros problème, c'est que je manque de confiance en moi.» Et quel problème!

Personne ne peut réussir sans d'abord croire qu'il peut le faire, sans avoir confiance en son habileté, ses talents, ses opinions et ses aptitudes. Vous ne pouvez tout de même pas espérer que les autres croient en vous si vous n'y croyez pas vous-même. Peu importe vos talents, si vous n'y croyez pas, vous ne pourrez jamais les manifester.

Il est tellement dommage de constater le gaspillage de talents qui se fait simplement parce que ceux qui les possèdent n'y croient pas, et combien de gens talentueux sont rongés par le doute ou par la peur du ridicule. La confiance en soi, c'est la capacité d'affronter l'inconnu et de vaincre ses doutes, ses peurs et sa timidité naturelle. C'est la perception qu'on a de soi-même et de son habileté à tout faire, à tout réussir par ses propres moyens.

Évidemment, il n'est pas facile d'avoir confiance en soi lorsqu'à l'école ou à la maison on vous apprend le contraire. La confiance en soi, comme l'absence de confiance, proviennent en grande partie de notre éducation scolaire ou familiale, de nos expériences passées et de notre façon d'y réagir, en particulier lorsqu'il s'agit d'expériences négatives. Ces expériences ont laissé des traces profondes dans notre subconscient et peuvent neutraliser complètement une personne des plus talentueuses.

L'image que vous avez de vous-même influe sur votre comportement, sur votre façon de penser et, par conséquent, sur vos actions et leurs résultats. Un manque de confiance en soi se traduit souvent par une tendance à se sous-estimer, par un manque flagrant d'enthousiasme et par une peur irraisonnée, qui s'accompagne parfois d'un état d'anxiété prononcé.

La peur représente certainement le plus grand obstacle qui puisse empêcher un individu de se réaliser. Elle paralyse complètement l'action et peut même provoquer chez celui qui la ressent des réactions bizarres, incontrôlables et inattendues. Si un individu désire devenir un champion de la vente, il doit avant tout retrouver sa confiance en lui. Il doit croire en lui et comprendre qu'il peut et doit changer.

Ne vous souciez pas de la critique et ne vous laissez surtout pas influencer par l'opinion de quelqu'un d'autre ou par ce qu'il pense de vos projets. Même si personne ne croit en vous, l'important c'est que vous y croyiez vous-même. Et rassurez-vous, vous ne serez pas le premier à qui cela arrive.

Croyez avant tout en votre possibilité de changer. Acceptez ensuite le fait que vous avez tout ce qu'il faut pour réussir. Prenez une gageure sur vos possibilités. Croyez en vous, en vos valeurs, en vos habiletés et en vos chances de victoire. Croyez que vous êtes unique et différent, et que, malgré les faits, vous arriverez à vos fins.

Éliminez tous vos doutes. La réussite ne laisse pas de place au doute. Le doute, c'est l'ennemi. Il tue la confiance.

À mes débuts dans la vente, je manquais énormément de confiance et les doutes m'empêchaient de dormir et me rendaient anxieux. La lecture de livres positifs m'a beaucoup aidé à trouver cette confiance. Elle m'a appris que j'avais tout ce qu'il fallait pour réussir si seulement je voulais y croire et surtout cesser de me préoccuper de l'opinion des autres.

Toutes sortes de gens négatifs vont tenter par tous les moyens de vous décourager, de ruiner vos efforts. Ne laissez pas leurs doutes devenir vôtres. L'opinion des autres a déjà anéanti beaucoup trop de projets. Avoir confiance en vous, c'est être capable de décider qu'en ce qui vous concerne votre propre opinion compte beaucoup plus que celle des autres.

La confiance en soi, ça ne s'apprend pas, ça se développe. Commencez par de petits projets et passez graduellement à des objectifs de plus en plus importants. Recherchez toutes les occasions qui vous sont données de faire des présentations de vente ou de prendre la parole en public. Considérez ces occasions comme autant d'exercices dont le résultat demeurera secondaire. Ce qui compte vraiment, c'est de s'habituer à faire face aux difficultés et aux autres.

Rappelez-vous également vos succès passés, vos petites victoires et essayez de retrouver la sensation que vous ont procurée ces réussites. Faites-vous des messages affirmatifs. Lisez des pensées positives sur la confiance en soi et répétez-les à haute voix. Essayez de visualiser vos résultats déjà atteints et ancrez dans votre esprit cette image de vous-même au moment où vous réalisez votre objectif. En tout temps, agissez comme si vous étiez déjà le champion de vos rêves.

La satisfaction que vous ressentirez à créer quelque chose à partir de rien, à réussir dans un travail que la plupart des gens redoutent, à vraiment maîtriser vos affaires, voilà qui sera de nature à accroître votre confiance en vous-même.

La qualité magique qui manque à la plupart des gens, pour en arriver là, c'est l'audace. L'audace de relever des défis et de se lever pour ses idées. L'audace de se risquer dans une nouvelle aventure. L'audace de créer, d'explorer, de prendre des décisions, de faire des choix, de s'engager totalement et d'aller jusqu'au bout.

• • • • • • • • • • • • • • • • • • • •

LA CONVICTION

La croyance en votre produit ou votre service est certes l'outil de persuasion le plus efficace. Si vous croyez au fond de vous-même que ce que vous proposez représente un marché gagnant pour chacune des parties concernées, si vous êtes convaincu que votre produit, service ou concept rapportera beaucoup plus à votre client qu'à vous-même et que votre proposition tient vraiment compte de ses besoins et de sa situation particulière, alors vous possédez le meilleur élément pour gagner la confiance de votre client et pour apaiser ses craintes.

Il est difficile d'imaginer toute la force, toute la puissance que procure une telle conviction. C'est en effet votre conviction personnelle qui vous autorise à rester calme, sûr de vous et qui vous permet de communiquer vos idées avec confiance et sincérité. Et ce n'est rien d'autre que cette conviction que votre client recherche dans votre regard et dans votre attitude. C'est souvent ce qu'il cherche à se faire confirmer par ses questions et ses objections.

Lorsque vous posez une question décisive à votre client, si vous n'êtes pas sûr de vous, si vous doutez le moindrement, cela se voit dans votre regard, dans votre timbre de voix et dans votre attitude. Il est beaucoup plus facile de convaincre vos clients par votre conviction personnelle que par l'énoncé des caractéristiques et des avantages de votre produit.

Combien de vendeurs offrent un produit qu'ils

n'achèteraient pas eux-mêmes, un service ou un concept dont ils ne voudraient pas. Bien entendu, si vous travaillez pour le compte d'une société industrielle ou commerciale, vous n'êtes pas obligé d'acheter chacun de vos produits pour y croire. Mais si vous étiez à la place de vos clients, les achèteriez-vous? Il est impossible de vendre un produit sans y croire, de véhiculer un concept ou une idée contraire à ses croyances sans que son client ne s'en aperçoive. Ses réticences ne sont souvent qu'une façon de vous dire : «Tu ne m'as pas encore convaincu. Toi, y crois-tu?» Combien de fois avez-vous eu l'occasion, en tant que client, de formuler une objection pourtant très minime au vendeur et de voir celui-ci plier bagage? N'avez-vous pas été déçu de constater son manque de conviction? Et je suis certain que cela n'a pas contribué à renforcer votre confiance dans son produit.

La première fois que j'ai pris connaissance du matériel de vente de Tom Hopkins en 1979, j'ai été très impressionné par sa définition de la conclusion d'une vente : «Aider les gens à prendre des décisions qui leur sont profitables.» Cette définition exige non seulement que vous ayez une confiance absolue dans la solution que vous proposez ou dans votre produit ou service, mais également que vous ayez la ferme conviction, dans chacun des cas, que la décision est favorable à l'acheteur.

Avez-vous une confiance aveugle dans votre produit ou dans le service que vous offrez? Aimez-vous l'entreprise pour laquelle vous œuvrez? Vous identifiez-vous à elle ainsi qu'à ses valeurs et à son code de déontologie? Êtes-vous heureux de reprendre le travail le lundi matin? Si vous choisissez une carrière dans la vente, vous devrez également choisir un domaine que vous aimez, un produit dont vous êtes fier et qui vous rend heureux lorsque vous en parlez! Un produit qui vous permet de rester intègre, de respecter vos valeurs et les relations que vous avez avec vos clients.

D'ailleurs, cette conviction est partagée par tous ceux qui réussissent dans leur domaine respectif et leur permet de parler de leur sujet avec beaucoup de passion. Vous sentez vraiment que ces gens-là se plaisent dans leur travail, qu'ils s'amusent et que, même s'ils y mettent énormément d'efforts, tout semble leur réussir facilement. On dit de ces gens qu'ils possèdent le feu sacré, qu'ils sont passionnés pour leur domaine d'activité.

La passion pour un sujet, c'est ce qui donne l'énergie indispensable pour fonctionner continuellement au maximum de ses capacités. Passionnez-vous, vous aussi, pour ce que vous faites. Convainquez-vous avant de convaincre les autres. Et pour être convaincu et convaincant, il faut apprendre tout ce que vous pouvez sur le sujet qui vous intéresse.

Développez votre compétence. Devenez un expert dans votre domaine d'activité. Apprenez tout ce que vous devez savoir sur votre produit ou service, sur votre marché, sur votre concurrence et sur les conditions économiques. On parle souvent de connaissance du produit. Mais dans le contexte actuel, ce n'est plus suffisant. L'acheteur attend du vendeur beaucoup plus qu'une description complète des caractéristiques du produit. Ils s'attend à ce que vous connaissiez son entreprise, son industrie ainsi que les préoccupations et les attentes de son milieu.

Avant de rendre visite à un client, apprenez tout ce que vous pouvez sur son entreprise, ses produits et son marché. Documentez-vous. Essayez de connaître et de comprendre les différents aspects de ses activités et d'en savoir le plus possible sur ses habitudes, ses problèmes, ses points d'intérêt et les politiques de son entreprise. Renseignez-vous sur les conditions actuelles de son marché et sur la partie de ses affaires qui est directement liée à l'achat de votre produit ou service.

L'évolution rapide à laquelle nous assistons demande une grande ouverture d'esprit. Elle exige que vous ayez des connaissances sur tous les sujets liés à votre domaine d'activité. Des cours de marketing, de finance, de gestion et de communication ne représentent pas des dépenses inutiles. Décidez de devenir un champion dans votre domaine, de vous perfectionner sans cesse. C'est tellement facile aujourd'hui grâce à tous ces séminaires qui sont offerts et auxquels n'hésite pas à s'inscrire celui qui a compris que convaincre, c'est d'abord être convaincu soi-même et que la conviction passe obligatoirement par la compétence.

• •

L'ENTHOUSIASME

La compétence amène naturellement un surplus d'enthousiasme. Plus vous en saurez à propos de votre produit ou service, plus vous en parlerez avec ferveur et entrain. L'enthousiasme, c'est cette passion pour son produit, son service, sa cause ou ses idées. C'est cette ardeur, ce dynamisme qui vous pousse à agir et qui incite les autres à vous écouter. C'est ce qui vous distingue des autres. C'est sûrement la qualité qui fait le plus ressortir un champion et qui lui donne ce charisme que les autres lui envient.

Ça se lit dans vos yeux, dans votre façon de parler, dans votre sourire, dans votre démarche, dans vos manières. Ça se communique à votre interlocuteur tout en dégageant énormément d'énergie, cette sorte d'énergie qui magnétise une assistance, qui circule entre vous et votre client et qui donne envie d'en savoir plus.

Sans enthousiasme, les idées meurent, les plus grands projets s'évanouissent et la vie perd tout son mordant. L'enthousiasme est à la base de toutes les grandes réussites. Ils vous en faut une bonne dose pour convaincre les autres du bien-fondé de vos idées et pour mener vos projets à terme malgré les obstacles.

L'enthousiasme est l'antidote contre tous vos échecs. Certains vous diront : «Mais comment garder son enthousiasme lorsque tout va mal?» Mais voilà, il ne faut surtout pas laisser les circonstances guider votre état d'âme! C'est d'ailleurs l'un des plus grands secrets des champions : ils ne se laissent jamais influencer négativement par les événements. Ils savent conserver leur enthousiasme même lorsqu'ils échouent. D'ailleurs, n'est-ce pas surtout à ces moments-là qu'on en a besoin?

Si l'humeur dépendait des résultats, il y aurait des journées bien désolantes. Ne serait-ce pas illogique que vous vous présentiez chez un client avec un état d'âme correspondant au résultat de votre dernière entrevue? L'échec amène un sentiment d'échec, et avec une telle réaction vos chances de réussir votre prochaine vente seraient tout à fait nulles.

Avez-vous déjà demandé à quelqu'un «Comment ça va?» pour l'entendre vous répondre «Pas pire»? N'est-ce pas déconcertant comme réponse? Comme s'il voulait que vous le preniez en pitié. D'ailleurs, n'avez-vous jamais regretté le fait d'avoir même osé poser cette simple question? Vous demandez à quelqu'un comment il va et celui-ci en profite pour vous faire une longue énumération de tous ses problèmes, quand ce n'est pas de ses maladies, en s'assurant que sa description ne laisse échapper aucun détail!

Sachez que personne ne s'intéresse à vos problèmes et que la meilleure façon de les surmonter, c'est de toujours conserver votre enthousiasme, quelle que soit votre situation. De toute façon, dites-vous bien que, si vous débutez dans la vente, vous connaîtrez au cours de la première année beaucoup plus d'échecs que de succès, beaucoup plus de revirements que de réussites, et vous comprendrez qu'il vaut bien mieux en prendre votre parti tout de suite.

Pour la plupart des gens, cette première année n'est qu'une longue expérience, mais cette expérience sera déterminante pour les années à venir. Si vous parvenez à maîtriser votre humeur et votre attitude malgré les échecs, imaginez ce que cela sera lorsque les bonnes années arriveront et que le nombre de vos réussites dépassera celui de vos échecs. Et de la même manière que l'échec amène un sentiment de défaite, la réussite amène un sentiment de victoire qui n'est pas sans influencer l'attitude de votre client. Lorsque vous vous présenterez chez un client après une réussite, votre humeur lui inspirera confiance.

Évidemment, le champion comprend que le talent ultime consiste à projeter un air de réussite même après un échec. C'est facile d'être motivé lorsque tout va bien; mais c'est lorsque tout va mal, quand les autres abandonnent qu'il faut redoubler ses efforts et savoir maintenir son enthousiasme malgré tout.

Des travaux des Américains Grinder et Bandler, créateurs de la Programmation neurolinguistique, viennent confirmer ces faits et prouvent hors de tout doute que, peu importe l'adversité et les malheurs qui nous frappent, nous avons le pouvoir de maîtriser nos réactions.

Selon ces auteurs, notre comportement, en toutes circonstances, dépend de deux éléments : notre état physiologique et les sentiments qui nous animent. Or, nous possédons la maîtrise de ces deux éléments, ce qui nous permet de maîtriser notre comportement d'une façon beaucoup plus aisée que la plupart des gens ne l'imaginent.

Nous pouvons choisir nos états physiologiques, c'est à dire notre façon de nous tenir. Un champion n'a assurément pas la même posture qu'un perdant ou une personne déprimée. Prenez l'habitude de vous tenir droit, les épaules rejetées en arrière, la poitrine gonflée, et vous constaterez déjà un changement dans votre attitude et dans la façon dont les gens vous perçoivent.

Nous pouvons également choisir les sentiments qui nous animent. Même lorsque nous devons affronter une situation difficile, il est possible de se rappeler un événement heureux et de le projeter dans la situation présente.

Par exemple, essayez de vous rappeler une de vos plus grandes réussites. Une vente importante que vous avez réussi à conclure après plusieurs mois de négociation et malgré les ripostes de la concurrence. Vous souvenez-vous du moment de joie qui accompagna cette grande réussite? Essayez de retrouver l'émotion que vous avez ressentie au moment de la conclusion de cette vente. Fermez les yeux et revivez cet instant privilégié.

La prochaine fois que vous devrez présenter vos services à un client, refaites ce même exercice juste avant votre entrevue. Les résultats vous étonneront. Nous vous enseignerons d'ailleurs une formule très simple pour retrouver cet état aussi souvent que vous le désirerez.

Il est faux de penser que nous dépendons des événements passés ou présents et il est tout à fait illogique de laisser ces événements influer sur notre attitude et notre enthousiasme. Nous ne devons pas laisser notre humeur fluctuer au gré des incidents heureux ou malheureux de notre vie. Nous pouvons contenir nos réactions et nous devons apprendre à le faire sciemment.

Pensez-vous que je me réveille tous les matins débordant d'enthousiasme? Absolument pas. Mais j'aime bien me parler et choisir consciemment de retrouver un état d'âme dynamique, sans lequel il me serait impossible de faire le travail que j'ai choisi de faire. J'ai mes propres problèmes, comme vous aussi d'ailleurs, mais je sais que, malgré ces problèmes, je peux maîtriser mes réactions et conserver mon enthousiasme.

Être enthousiaste, c'est donner le meilleur de soi-même, quelles que soient les circonstances. C'est mettre tout ce que l'on est dans tout ce que l'on fait et le faire de tout son cœur. Être enthousiaste, c'est offrir toujours 100 % de ses capacités.

L'ATTITUDE

Une des différences fondamentales qui distingue les champions des perdants tient à leur attitude, c'est-à-dire à leur façon de réagir, et à leur habileté à toujours conserver une attitude positive face aux résultats qu'ils attendent de leurs actions.

De toutes les professions, la vente est sûrement celle qui offre le plus de revers et de désagréments. Pour quelqu'un qui ne serait pas préparé à cette réalité, cela pourrait rapidement signifier la fin de sa carrière. J'ai vu tellement de gens débuter avec un surplus d'enthousiasme que quelques semaines sans aucun résultat eurent tôt fait de refroidir. Pourtant, tous les champions ont été confrontés à un moment de leur carrière à des défis de la sorte et, souvent, c'est justement parce qu'ils ont réussi à y faire face et à les relever qu'ils sont devenus eux-mêmes.

Vous n'avez pas fait une seule vente depuis deux semaines? Vous êtes en retard dans vos paiements? Un client vient de vous laisser tomber pour un compétiteur? Le marché dans lequel vous œuvrez vient de s'effondrer? Qu'à cela ne tienne! Toutes ces choses me sont déjà arrivées et elles arrivent à tous les vendeurs. Ce qui compte, ce n'est pas tellement ce qui vous arrive, mais ce que vous faites avec ce qui vous arrive. Ce n'est pas l'événement mais votre façon d'y réagir.

Plusieurs fois, au cours de ma carrière, je me suis senti dans une impasse, comme si tout ce que je faisais ne donnait aucun résultat. Mes efforts semblaient futiles, mes actions sans conséquences. Et puis, soudain, quelque chose se produisait. Le vent tournait, l'impasse s'estompait et ma situation pourtant désespérée devenait tout à coup exaltante.

Est-ce que votre situation actuelle vous rend malheureux? Est-ce que vos objectifs tardent à se réaliser? Vos plans ne produisent pas les résultats escomptés? Dans ce cas, j'aimerais que vous preniez connaissance d'une réflexion de William James, ce grand psychologue américain qui vécut au début du siècle. Quelque temps avant sa mort, en 1910, à quelqu'un qui lui demandait quelle était à son avis la plus grande découverte de son siècle, il répondit sans hésiter : «La plus grande découverte de mon temps, c'est que l'homme peut changer les circonstances de sa vie en changeant simplement son attitude.»

L'attitude, voilà le mot magique. L'attitude, c'est le pouvoir de maîtriser votre façon de réagir aux effets qu'une situation non souhaitable ou que des circonstances incontrôlables peuvent avoir sur vous. Chaque fois que vous faites face à l'adversité, vous devez faire un choix. Comment réagirez-vous à la situation à laquelle vous faites face? Est-ce que cette situation viendra mettre un point final à votre carrière? Sera-t-elle à l'origine d'un tournant de votre vie? Qu'entendez-vous faire? Démissionner ou riposter? Rebrousser chemin ou redoubler d'ardeur? Vous laisser aller ou devenir meilleur?

Choisirez-vous la solution facile ou celle à laquelle vous croyez? Croyez-moi, ma carrière a connu des hauts et des bas, mais je peux vous assurer que mon attitude m'a toujours sauvé! Et lorsque je parle d'attitude, je ne veux pas dire de nier la réalité. La réalité est encore bien plus présente à ces moments-là. Et ne vous inquiétez pas, il y aura plein de gens pour vous le rappeler. Vous ne pourrez pas l'oublier.

Pour conserver votre attitude, vous devrez par contre vous concentrer sur certains aspects seulement de cette réalité, ceux sur lesquels vous avez encore le contrôle. Sur ce qui peut être fait plutôt que sur ce qui ne peut l'être. Sur ce qui peut vous aider à accentuer vos forces plutôt que vos faiblesses.

J'ai vu des gens écrasés par leurs problèmes au point d'en perdre tous leurs moyens. C'est incroyable comme un problème peut démolir une personne sur tous les plans, physiques comme émotionnels, et couper complètement le courant des idées qui pourraient l'aider à améliorer son sort.

Je crois sincèrement qu'on peut venir à bout de tous nos problèmes, sauf évidemment si ce problème est causé par une attitude négative. Particulièrement dans une carrière où la vente joue un rôle prédominant, il importe de vous rendre compte rapidement que votre produit ou votre service ne peut plaire à tout le monde et qu'il est tout à fait normal d'être confronté à des échecs et à des refus. Ne laissez pas ceux-ci influer sur votre attitude.

Vous devez être capable de résister à la frustration qu'engendrent les refus successifs. Évitez à tout prix de vous sentir concerné. Ce qui importe, c'est de savoir les replacer dans leur contexte et d'apprendre à en tirer des leçons; de s'abstenir de trouver des excuses et de chercher plutôt des correctifs, d'imaginer une nouvelle approche, une nouvelle façon d'offrir ses services.

L'attitude, c'est le fondement de la réussite. C'est la base même de l'aventure, une aventure qui peut vraiment faire peur si on n'est pas préparé. Aussi important que puisse être l'influence de votre passé, ce n'est rien comparé à vos dispositions devant l'avenir.

Une fois qu'on a compris que nos pensées sont entièrement responsables de nos sentiments et que ceux-ci déterminent nos actions et par le fait même nos résultats, il est facile de se rendre compte que, si on veut les changer, on doit d'abord changer ses pensées. Quel que soit le problème auquel vous faites face en ce moment, attaquez-le à sa racine même. Attaquez la pensée qui en est à la base. Définissez votre problème et décidez ensuite de la meilleure solution. Lorsque vous aurez choisi une solution, commencez à y travailler immédiatement et ne parlez plus jamais du problème. N'y pensez même plus.

Pensez toujours solution. Ancrez-la fermement dans

votre tête et agissez exactement comme si le résultat était déjà un fait accompli. La solution que vous recherchez se réalisera si vous y croyez fermement et si vous continuez à agir avec confiance et détermination. Avec la même attitude que vous auriez si vous aviez déjà résolu votre problème.

Pas facile, direz-vous; et pourtant, y a-t-il vraiment un autre moyen? Pour gagner, la première étape consiste à vous rappeler constamment que vous pouvez toujours choisir votre attitude, votre façon de réagir aux situations auxquelles vous êtes confronté. Le comportement que vous adoptez devant les événements dépend avant tout de votre état d'esprit. Et cet état d'esprit, c'est vous qui le créez : vous êtes la cause de ce qui vous arrive et non pas la conséquence. Vous pouvez toujours décider, choisir, imposer vos conditions et, malgré les circonstances, créer votre avenir.

Vous pouvez blâmer les autres pour ce qui vous est arrivé dans le passé. Vous pouvez accuser vos éducateurs, vos parents, le hasard, la chance ou les circonstances. Mais votre avenir vous appartient et vous en êtes responsable tous les jours. Tous les jours vous devez choisir votre attitude. Ne laissez aucun problème la détruire.

Le danger des problèmes, c'est qu'ils risquent de vous faire perdre votre enthousiasme et votre ardeur au travail. Vous devez veiller à vous prémunir contre ce danger. Quant à moi, la meilleure façon que j'ai trouvée pour m'assurer contre ce risque, c'est la lecture. Mais pas n'importe quelle lecture. J'aime lire des livres qui peuvent m'inspirer et me redonner du courage et de l'espoir.

Jusqu'à ce jour, des centaines de livres ont été écrits sur le pouvoir de la pensée positive et sur la façon d'établir ses objectifs et de développer sa confiance en soi et sa motivation personnelle. Pourtant, la plupart des gens n'en ont jamais pris connaissance et préfèrent se vautrer devant leur téléviseur, qui présente des émissions dont la majorité sont destinées à un public dont le quotient intellectuel est celui d'un enfant de 10 ans.

À mes débuts dans la vente, j'ai eu la chance de côtoyer un vendeur qui avait une attitude exemplaire. Il m'apprit que le secret de son attitude résidait dans l'habitude qu'il avait prise de lire quelques pages d'un livre d'inspiration pendant une demi-heure tous les matins. Je décidai de faire mienne cette habitude et me procurai mon premier livre positif, *La magie de voir grand*, de David J. Schwartz.

Ce livre fut pour moi une révélation. Je me rappelle qu'un matin, je m'étais présenté au bureau de fort mauvaise humeur. Cet associé me demanda : «As-tu lu ta demi-heure ce matin, Michel?» Je dus effectivement lui avouer que je n'avais pas lu ce matin-là. «Je le savais, me dit-il, tu as une mauvaise attitude ce matin. Va lire un peu et reviens me voir un peu plus tard. Je suis certain que nous nous comprendrons beaucoup mieux.»

Une belle leçon, que j'ai tenté autant que possible de mettre en pratique durant toute ma carrière. Je suis convaincu d'ailleurs que cette habitude est pour beaucoup aujourd'hui dans ma façon de réagir aux différentes situations de la vie. On ne peut surévaluer les avantages qu'apporte une bonne attitude non seulement sur notre comportement mais également sur celui des gens qui nous entourent. Essayez, vous verrez.

Pour les prochaines 24 heures, gardez-vous bien d'avoir une seule pensée négative. Pensez plutôt à vos accomplissements, vos réussites et essayez de voir le bon côté de chaque chose. Et même si tous vos projets se mettaient soudainement à culbuter, rappelez-vous que pour un champion l'important ce n'est pas ce qui lui arrive, mais ce qu'il fera avec ce qui lui arrive. N'ayez pas peur de vous parler. Écrivez-vous des messages, des affirmations positives et lisez-les tous les jours. Ils vous permettront de toujours garder au premier plan de votre pensée l'importance de conserver une attitude positive face aux événements.

LA PERSISTANCE

Y a-t-il quelque chose de plus triste à voir qu'une personne pleine de talents qui veut réussir, mais qui est incapable d'obtenir les résultats qu'elle désire? Au premier obstacle, sa confiance descend d'un cran. Une autre épreuve, un autre revers, et elle abandonne complètement son projet.

Cette tendance à abandonner, cette inclination à tout laisser tomber dès que cela n'avance pas à notre goût est une des principales causes de l'échec dans la vente et dans la vie. La qualité indispensable à tous ceux qui veulent vraiment réussir, c'est la persistance. Impossible de parvenir au sommet sans cette détermination à toute épreuve qui fait dire aux gens «Enlevez-vous de son chemin, car celui-là, il sait où il s'en va!»

Parfois, cette qualité peut même conférer un air rude à celui qui la possède, mais rassurez-vous, il n'en est rien; d'ailleurs, pour un champion, il n'est pas question de réussir au détriment des autres ou pour une cause à laquelle il ne croit pas. Pour le champion, il n'y a pas d'adversaire. Celui avec lequel il se bat, c'est lui-même.

En réalité, être déterminé, c'est savoir mener sa barque en ligne droite, vers sa destination et, pour ce faire, se préparer à être sans merci pour soi comme pour les autres lorsque l'objectif visé l'exige. Bien sûr, cela présuppose qu'on se soit fixé un objectif et qu'on ait également pris le temps d'élaborer son plan d'action. Nous consacrerons d'ailleurs les deux prochains chapitres à ces sujets. Mais quelle que soit la valeur de vos objectifs et du plan que vous avez préparé, tout cela ne servira à rien si vous n'avez pas la détermination de poursuivre malgré l'adversité, malgré les obstacles de toutes sortes, qu'il est impossible de prévoir, mais qui ne manqueront pas de surgir, et parfois au moment le plus imprévu.

Le malheur, c'est que, lorsque survient un obstacle ou

une épreuve, celui qui l'expérimente a tendance à projeter le sentiment qui l'anime non seulement dans la situation qu'il vit actuellement, mais dans tout ce qui l'entoure, tout ce qu'il touche, tout ce qui est devant lui. C'est comme si son avenir tout entier devenait une immense toile peinte en noir. Et c'est là le danger. Plutôt que d'y voir une occasion de grandir, de se transformer et de découvrir qu'au fond de lui-même se cache un être plein de ressources, beaucoup plus dynamique et énergique qu'il ne l'avait imaginé, il préfère se réfugier dans ce rêve étroit qu'on appelle la réalité.

La vente exige une confiance en soi inébranlable, indestructible, mais elle exige également que nous refusions de prendre la situation au tragique, de nous apitoyer sur nous-mêmes et de tomber dans le découragement ou le laisser-aller. Elle exige que nous acceptions plutôt de vivre positivement ces expériences qui en fin de compte nous renforcent, car elles nous obligent à puiser dans nos réserves et à découvrir des forces et des talents jusque-là insoupçonnés.

La persistance porte en elle la clé d'un secret que seul peut découvrir celui qui est résolu, déterminé à ne pas céder devant l'épreuve. Et ce secret, c'est celui-ci : face à l'adversité, l'homme se découvre des talents qu'il n'aurait jamais cru posséder et n'aurait jamais découverts, n'eût été cette occasion qui lui était donnée de le faire.

Rappelez-vous cette pensée du poète indien Rabindranath Tagore : «L'adversité est grande, mais l'homme est plus grand que l'adversité.» La force de caractère que l'on développe en continuant à lutter malgré les obstacles est proverbiale. Combien avons-nous lu d'histoires sur ces hommes et ces femmes auxquels on ne concédait aucune chance de réaliser leur projet et qui y sont parvenus après des centaines de tentatives? Qu'on pense simplement à Thomas Edison, Henry Ford, les frères Wright, Marie Curie et, plus près de nous, à Armand Bombardier.

Comme toute qualité, un trait de caractère, cela s'apprend. Commencez par définir vos objectifs, comme nous vous l'enseignerons au prochain chapitre. Faites-vous un plan d'action, croyez que vous pouvez réussir, et faites-le. Quand les choses n'avancent pas à votre goût, rendez visite à un client, à un ami. Renouez un contact, faites une présentation de vente, faites un appel téléphonique, écrivez une lettre, n'importe quoi, mais faites quelque chose. Sortez de votre bureau. Ne restez pas là. Parfois, il ne suffit que d'un contact, d'une action de votre part pour que la roue se remette à tourner et que tout rentre dans l'ordre.

Les champions n'abandonnent jamais. Ils considèrent chaque défi comme une aventure. Ils savent qu'il existe une solution, qu'ils la trouveront et que l'aventure consiste justement à la trouver. Et croyez-moi, ce n'est pas toujours facile de travailler sans aucune garantie ni aucune sécurité, malgré le manque de soutien et l'absence de résultats concrets. Une journée, vous sentez que vous progressez, et le lendemain tous les espoirs de la veille s'effondrent.

Et ce combat intérieur qui recommence sans cesse entre le rêve et la réalité ne cesse de rappeler à l'évidence. C'est là qu'il faut redoubler d'ardeur. C'est Robert Schuller, je crois, qui a dit : «Quand les temps sont durs, c'est le temps des durs.» Napoléon a lui aussi prononcé une phrase célèbre pour tous ceux qui font face à une difficulté. Il a dit : «Tu peux t'arrêter quand tu montes, mais jamais quand tu descends.»

Avoir la foi parfaite n'est pas facile, mais la récompense est là pour tous ceux qui persistent et qui décident que, de toute façon, ils n'abandonneront pas. Toutes ces difficultés, tous ces moments sombres où rien ne marche, rien ne fonctionne nous apprennent finalement qu'il n'y a aucun obstacle qui ne puisse être surmonté, aucun problème qui n'ait une solution, aucun revers dont on ne puisse tirer une leçon.

Ne vous laissez jamais abattre par l'opinion que les autres entretiennent sur vos projets ou vos idées, surtout lorsque vous venez de subir un échec temporaire. C'est tellement facile de critiquer celui qui échoue quand on jouit confortablement de sa sécurité et qu'on a rayé le mot risque de sa vie. C'est facile de considérer d'un air hautain celui qui vient de subir un revers et de lui faire la morale.

Mais, pour moi, le vrai champion, c'est celui qui est capable de se relever après un échec, qui sait se reprendre en main et ne s'avoue jamais vaincu. Le général Patton disait : «La réussite, ce n'est pas quand vous êtes au sommet, c'est quand vous touchez le fond et que vous êtes capable de rebondir.» Évidemment, cela demande du courage. Le courage de défier les normes, de risquer, de lutter et de continuer. Le courage d'être un champion.

En 1976, je revenais de la réunion annuelle de la Table ronde des millionnaires, à Atlanta. C'était à une époque difficile de ma vie. Je ne savais plus tellement ce que je voulais et je pensais même abandonner la vente. Mon voisin dans l'avion, M. Benny Chartier, était aussi un assureur-vie. Il me remit un poème intitulé *Ne lâche pas* et me dit : «Michel, si tu lâches, tu ne sauras jamais quelle personne tu serais devenu si tu avais continué.» Ce poème d'Edgar A. Guest était rédigé en langue anglaise. Il m'a tellement aidé à cette époque de ma vie où je le lisais tous les jours que j'ai décidé de le traduire en français. Je sais que d'autres traductions existent, mais celle-ci est mienne. Je tenais absolument à traduire ce poème à ma façon. Je l'ai offert à plusieurs personnes et aujourd'hui c'est avec beaucoup de joie que je vous l'offre.

Ne lâche pas

Quand les choses vont mal, comme il arrivera souvent;
Quand la route que tu suis semble monter constamment;
Quand les finances sont mauvaises et les dettes encore pires;

Quand tu voudrais sourire et que tu pousses un soupir;
Quand les soucis te pressent, quand tout semble un tracas;
Repose-toi si tu veux, mais ne lâche surtout pas.

La vie est bizarre, pleine de tours et retours;
Comme chacun d'entre nous doit apprendre à son tour.
Et dans beaucoup d'échecs, on a souvent constaté
Qu'il aurait pu gagner s'il avait persisté.
Ne renonce surtout pas quand ça n'avance pas à ton goût,
Parfois pour réussir, il suffit d'un autre coup.

Le but est souvent plus près que ne pourrait imaginer
Un homme qui comme toi est affaibli et troublé;
On a souvent vu un lutteur abandonner
Alors qu'il aurait pu si facilement l'emporter;
Et il apprit trop tard lorsque la nuit tomba,
Comme il était près de la couronne ce jour-là.

Le succès n'est qu'un échec retourné à l'endroit;
C'est la teinte argentée des ennuis d'autrefois;
Et tu ne peux savoir si ton but s'est rapproché;
Il peut être tout près, même s'il semble éloigné;
Alors reste au combat quand tu es durement frappé;
C'est lorsque tout va mal qu'il ne faut pas lâcher.

Edgar A. Guest

Traduit et adapté par Michel Bélanger

● ● ● ● ● ● ● ● ● ● ● ● ● ● ● ● ● ● ●

L'IMAGE DE SOI

C'est souvent à partir des vêtements que l'on porte que les autres nous jugent et évaluent notre réussite. Bien sûr, vous allez me dire que ce qui importe, c'est ce que vous avez à offrir, c'est la satisfaction de votre client. Mais dites-moi, n'avez-vous jamais été déçu de quelqu'un simplement à cause de sa tenue vestimentaire? N'avez-vous jamais porté un jugement hâtif sur une autre personne parce que vous n'aimiez pas sa façon d'être vêtu?

Alors dites-vous bien que c'est exactement la même chose qui se produit pour tous ceux qui vous rencontrent pour la première fois. Il se peut que vous n'ayez à votre disposition qu'une période de temps très limitée pour communiquer votre message. Ne vaut-il pas mieux alors mettre toutes les chances de votre côté pour que, dès le départ, un sentiment de confiance s'installe dans votre relation de travail?

La première impression que vous offrez est visuelle, et souvent, avant même d'avoir dit un seul mot, vous avez déjà transmis un message à partir des vêtements que vous portez. C'est souvent d'ailleurs le seul critère d'évaluation qu'ont vos clients. Une tenue impeccable est une affirmation de votre personnalité. Elle crée un effet visuel qui dit à tous ceux que vous rencontrez : «Voilà qui je suis, voyez comme je me respecte.»

Certaines entreprises investissent des sommes d'argent fabuleuses dans le *merchandising*, c'est-à-dire la façon de présenter leurs produits pour qu'ils aient un effet important. Choix de l'emballage, choix des couleurs, tout est étudié en fonction d'un public cible, mais surtout de façon à se distinguer des concurrents. D'ailleurs, n'avez-vous pas souvent l'impression qu'entre deux produits semblables, à part le prix demandé, la seule différence tient à la présentation?

Quand vous vous présentez chez un client, vous êtes le produit, vous êtes l'entreprise elle-même. Pour cette raison, les champions de la vente font tout ce qui est en leur pouvoir pour laisser une bonne impression. Ils sont toujours à leur avantage. Ils ont une très haute opinion d'eux-mêmes et s'habillent de façon à ce que les autres s'en aperçoivent.

Créer une image est un procédé subtil qui demande avant tout que vous soyez conscient de l'effet que vous souhaitez produire et du genre de clientèle que vous désirez solliciter. Les gens aiment bien faire affaire avec leurs semblables. Une tenue convenable pour une boutique de décoration risque d'être déplacée si vous offrez des produits financiers à une clientèle composée de gens d'affaires. Mais dans les deux cas, le bon goût allié à un style classique ne risque jamais de déplaire.

La plus grave erreur serait de créer, par votre habillement, une image contraire à celle que vous voulez offrir et de paraître ainsi, inconsciemment, ce que vous n'êtes pas. Il importe naturellement de tenir compte de certaines coutumes et conventions, et de la région dans laquelle vous œuvrez. Évitez les extrêmes et choisissez plutôt des couleurs neutres, des coupes bien ajustées, et portez une attention particulière aux chaussures et aux accessoires.

Vos vêtements ajoutent à votre crédibilité. Ils peuvent même vous aider à annuler les idées préconçues qu'on pourrait avoir sur vous ou sur votre domaine d'activité. Et rappelez-vous cette parole d'Emerson : «Ce que vous êtes parle si fort que je n'entends pas ce que vous dites.»

Bien sûr, l'image a une importance capitale, mais le physique aussi. Que diriez-vous d'un représentant qui vous rend visite et dont la tenue vestimentaire est tout à fait irréprochable, mais qui semble tellement faible que vous avez nettement l'impression qu'il va s'évanouir. Les affaires sont un domaine difficile, qui exige une somme d'énergie considérable et une vitalité extraordinaire. Sans compter qu'une personne en pleine possession de tous ses moyens a une bien meilleure apparence que celle qui semble sortir directement de l'hôpital.

Il n'y a vraiment rien de plus accablant pour celui qui rêve de réussir que d'avoir un corps qui ne veut pas suivre. Vous pouvez vous fixer des buts élevés; si vous n'avez pas l'énergie suffisante pour travailler à les réaliser, vous ne ferez qu'ajouter à votre frustration.

Un teint radieux, une mine décontractée, un physique droit et fort, voilà qui est de nature à mettre en confiance. Votre état de bien-être projette une dimension positive sur les autres mais surtout sur vous-même. Les champions sont conscients du fait qu'ils sont responsables de leur état de santé et de bien-être. Ils prennent l'entière responsabilité de tout ce qui leur arrive. Et il importe que vous preniez conscience vous aussi de cette responsabilité, sinon vous serez déçu. Décidez de jouer le jeu.

À 44 ans, je suis plus en forme que je ne l'étais à l'âge de 20 ans et j'en suis très fier. À cet âge, je n'avais aucune idée de l'importance de la forme physique, probablement parce qu'elle m'était donnée gratuitement. J'étais tout à fait inconscient du fait que nous sommes, vous et moi, responsables de notre apparence, de notre niveau d'énergie, de notre état de santé et qu'il n'en tient qu'à nous de les mettre en valeur.

Tout cela repose sur une décision. La décision de devenir un être complet et d'exploiter son potentiel au maximum. Et ce qui est extraordinaire, c'est que nous sommes les premiers à profiter de cette décision. Plus nous sommes forts, plus nous devenons efficaces et plus nous pouvons exploiter nos talents et créer le genre d'existence que nous souhaitons. Sans compter le sentiment de satisfaction personnelle que procure le plaisir de se sentir solide comme un roc, énergique et de savoir que nous pouvons tous les jours donner une performance optimale.

Les dividendes sont nombreux, et non seulement au point de vue physique : que dire de la force mentale et émotionnelle que procure un état de bien-être maximal. Meilleure capacité de travail, plus d'endurance et de discipline mais également une plus grande facilité à faire face à l'échec, la frustration et l'adversité.

Décidez que c'est votre vie. Que votre travail demande une somme considérable d'énergie et que vous trouverez cette énergie. Décidez de combattre la médiocrité et toutes ces petites choses que vous faites ou que vous ne faites pas tous les jours et qui, à long terme, concourent à faire de vous une personne dont vous êtes loin d'être fier. Décidez plutôt de gagner tous les jours.

Ce n'est pas le but de cet ouvrage de vous dire exactement quoi faire pour retrouver la situation d'énergie, d'équilibre et d'harmonie que vous aviez à l'âge de 20 ans. De nombreux livres ont été écrits sur ce sujet, et je vous en proposerai quelques-uns à la fin de celui-ci, mais j'aimerais ajouter quelques mots à propos de deux points essentiels lorsqu'on décide d'entreprendre un programme de mise en forme : l'exercice et l'alimentation.

Si vous ne faites aucun exercice actuellement, il importe que vous réalisiez que votre situation, loin de rester stable, dépérit tous les jours. Pourtant, un simple programme de 30 minutes par jour, cinq jours par semaine, suffirait à vous remettre en forme.

Les trois principales formes d'exercices sont les exercices aérobiques, les exercices de musculation et les exercices de flexibilité. Si vous n'avez le temps que pour une seule forme d'exercice, choisissez un exercice aérobique, qui aura l'avantage d'augmenter votre endurance, votre rythme cardiaque et votre capacité respiratoire. Les meilleurs exercices aérobiques que vous pouvez pratiquer seul sont la natation, le jogging, la marche rapide et la corde à sauter.

Pour ma part, j'ai pratiqué la corde à sauter pendant plusieurs années. Au début, je trouvais cela très difficile, mais progressivement j'ai appris à m'amuser en pratiquant cet exercice, si bien que pendant un certain temps je m'exerçais pendant une demi-heure de quatre à cinq fois par semaine. Malheureusement, le fait de sauter continuellement sur une surface dure a provoqué une blessure récurrente et, malgré moi, j'ai dû abandonner cet exercice. C'est alors que j'ai découvert la minitrempoline, et aujourd'hui j'ai autant de plaisir à m'y entraîner qu'à l'époque où je sautais à la corde.

Le secret, c'est de s'amuser. Quand je saute sur la minitrempoline, j'aime bien le faire au son d'une musique entraînante, comme la lambada par exemple. Et pendant 30 minutes, je danse, je saute, je cours sur place au son de cette musique rythmée. Loin d'être une corvée, c'est devenu un plaisir, qui m'attend presque chaque soir.

Si vous avez le temps, ajoutez-y quelques exercices de force, comme des tractions (push-ups) ou des redressements ainsi que quelques exercices d'étirement et de flexibilité comme le yoga. Un dernier point concernant l'exercice : si vous n'avez pas fait d'exercice depuis longtemps, commencez lentement et consultez un médecin avant d'entreprendre un programme ; si au contraire vous décidez de ne pas entreprendre de programme, voyez tout de même un médecin ; peut-être réussira-t-il à vous convaincre !

Si l'exercice multiplie votre énergie, l'alimentation est tout aussi importante. C'est incroyable de voir ce que certaines personnes peuvent ingurgiter. Elles réussissent à consommer absolument tout ce qu'il faut pour se rendre malade.

J'ai commencé à m'intéresser à l'alimentation il y a plusieurs années. J'ai lu plusieurs livres sur ce sujet, souvent tout à fait contradictoires, si bien qu'à un moment donné je me posais de sérieuses questions sur leur validité et sur la compétence de leurs auteurs. L'alimentation est un sujet passionnant, et à lire toutes ces idées différentes, toutes ces opinions sur le pour et le contre des divers aliments ou groupes d'aliments, j'ai décidé un jour de faire des choix et de bâtir mon propre programme alimentaire.

Un livre qui m'a favorablement impressionné est celui du docteur Herbert Shelton, *Les combinaisons alimentaires et votre santé*. J'ai tenté de suivre ses conseils, mais je trouvais cela un peu compliqué. J'y ai quand même puisé de nombreuses idées pour mon régime alimentaire.

Il y a un peu plus de trois ans, j'ai eu la chance de lire le livre *Le régime Fit for Life* des docteurs Marylin et Harvey Diamond. Ce livre est devenu la base de mon régime alimentaire actuel. Se référant aussi aux combinaisons alimentaires et ayant pour point de départ les travaux du docteur Shelton, ce livre a le mérite de présenter d'une façon très simple toute la théorie des combinaisons alimentaires. Il présente de plus un menu de 28 jours, et je suis convaincu que si vous suivez ce menu pendant 28 jours vous constaterez déjà des changements importants, sans compter que vous aurez déjà pris une bonne habitude qu'il ne vous restera plus qu'à entretenir.

Je ne vous dis pas que je respecte ce régime à 100 %, mais j'aimerais vous faire part d'une idée que j'ai lue dans un livre du docteur Jean-Marc Brunet, dont je ne me souviens plus du titre, et qui recommandait d'utiliser la loi du 80/20 de Paretto : 80 % du temps vous respectez votre régime alimentaire et 20 % du temps vous n'en tenez pas compte. Cette méthode a l'énorme avantage de me permettre, contrairement à la plupart des gens, de jouir d'un excellent régime alimentaire et de ne pas me sentir coupable lorsque je décide de m'offrir un bon repas ou une gâterie.

• • • • • • • • • • • • • • • • • • • •

L'EMPATHIE

À la différence des autres qualités que nous avons vues jusqu'à maintenant et qui étaient axées sur cette capacité de se regarder en face, de s'analyser soi-même et de s'évaluer, l'empathie est axée sur les autres, sur notre capacité à les comprendre et à les considérer comme le point de départ de toutes nos transactions commerciales. Un ambulancier qui assistait à un de mes séminaires m'avait donné cette définition amusante de l'empathie : «L'empathie, c'est être capable de se mettre à la place de l'autre, mais sans aller jusqu'à souffrir pour lui.» Les Indiens, quant à eux, recommandent de ne jamais juger un autre Indien avant d'avoir marché un kilomètre dans ses mocassins.

L'empathie, c'est cette qualité qui permet d'établir une communication authentique avec les autres, d'être capable de se mettre à leur place et de voir la situation de leur point de vue. C'est être capable de s'oublier devant l'autre, de s'identifier à l'autre, de penser, sentir et voir comme l'autre.

Beaucoup trop d'individus considèrent la vente comme une transaction unilatérale où le vendeur, d'un côté de la table, essaie de pousser un produit à l'acheteur situé de l'autre côté. Malheureusement, les anciennes méthodes ont laissé des marques et, sans s'en rendre compte, certains vendeurs contribuent à perpétuer cette image. Tant qu'ils continueront à placer leur produit en premier, tant qu'ils ne cesseront pas de parler uniquement de leur produit et de ses avantages, ces vendeurs continueront à faillir et à perpétuer l'image du vendeur «à pression».

La vente doit devenir un échange profitable entre deux parties. Demandez-vous donc ce que l'autre a à gagner de votre proposition. Comment peut-il profiter de ce que vous avez à offrir? Quels sont ses véritables motifs d'achat?

Le point qu'ont en commun tous les vendeurs, c'est qu'ils font tous affaire avec des individus. À quelque niveau hiérarchique qu'elle se situe, la vente est une inter-action entre deux personnes. Et en cette ère moderne où nous devons faire face à d'interminables heures d'attente et où nous assistons vraiment à une dépersonnalisation des services, alors que l'ordinateur et le guichet automatique ont déjà remplacé le contact humain, les gens apprécient d'être traités comme des individus ayant des besoins et des valeurs différents. Ils considèrent tous qu'ils méritent une attention spéciale.

L'habileté à communiquer leurs idées de façon efficace et à motiver ainsi l'autre à l'action est sûrement une des qualités les plus appréciées des champions de la vente. Ceux-ci ont compris cependant que plus ils connaissent leur client plus il est facile de présenter leur offre et que le meilleur moyen de connaître davantage leur client, c'est de l'écouter.

Une écoute engagée, c'est la meilleure façon de communiquer à l'autre tout l'intérêt que vous lui portez. C'est votre façon de lui dire : «Vous êtes important, votre situation m'intéresse.» Apprenez donc à écouter consciemment, à vous concentrer sincèrement sur ce que vous dit votre client en vous disant que, finalement, en lui donnant toute votre attention, vous saurez bientôt s'il a un problème et si vous pouvez le résoudre.

Plutôt que de préparer vos réponses, écoutez franchement votre client et observez sa façon de s'exprimer. Soyez attentif à ses moindres gestes. Essayez de comprendre ses préoccupations et ses défis. Laissez-le parler, à plus forte raison lorsqu'il s'agit d'exprimer une plainte ou une objection. Soyez indulgent. Ne l'interrompez pas. L'empathie, c'est se montrer compréhensif, solidaire de ses problèmes. C'est être capable de reconnaître ses sentiments, de se rappeler les situations contraires, où nous souhaitions tant être compris.

N'ayez surtout pas peur des périodes de silence. En sachant garder le silence après l'intervention du client, vous lui prouverez que ses propos vous intéressent. Réfléchissez à son problème. Profitez de l'occasion qui vous est donnée pour vous concentrer uniquement sur ce qu'il vous a dit. Demandez-vous pourquoi il l'a dit. Essayez de deviner les idées qu'il a tenté d'expliquer. Mettez de côté tous vos préjugés et essayez plutôt de faire le vide dans votre esprit et d'écarter toute pensée étrangère, toute idée qui n'aurait rien à voir avec la situation dans laquelle vous vous trouvez.

Cette façon de travailler demande au début un certain effort et beaucoup de concentration. Parfois, au moment d'une conversation avec un client, sans que vous vous en rendiez compte, surgissent des ébauches de réponse ou de solution. Mais plutôt que de parler et d'interrompre le client, continuez à l'écouter. Faites un effort pour comprendre encore mieux le problème et vous vous apercevrez rapidement que cette habitude vous permet d'obtenir plus d'éléments, plus de données qui rendent encore plus facile la relation que vous tentez d'établir.

• • • • • • • • • • • • • • • • • •

LA CRÉATIVITÉ

Il y a de cela quelques années, je donnais une conférence à un groupe de constructeurs d'habitations. Il y en avait environ une centaine. La conférence allait bon train lorsque je commençai à les entretenir du développement de nouvelles affaires. Quelqu'un dans l'assistance m'interrompit et me dit : «Michel, je crois que tu fais erreur. Dans notre domaine, nous ne pouvons pas solliciter les clients. Nous avons une maison modèle et nous devons attendre que les gens viennent nous voir.»

Heureusement, une autre main se leva dans l'assistance. M. Liguori Touchette, un des plus grands vendeurs d'habitations de la région montréalaise, prit la parole : «Je ne suis pas d'accord avec cet énoncé, nous dit-il, car voyez-vous, moi, je n'attends pas que les gens viennent me voir. À chaque fois que je fais une présentation de vente, que le résultat ait été positif ou négatif, j'aime bien demander des recommandations. Ainsi, je demande à mes clients si, dans leur famille ou parmi leurs connaissances ou leurs confrères de travail, ils connaissent quelqu'un qui envisage actuellement l'achat d'une propriété. Cette simple question, au cours des dernières années, m'a permis de faire un nombre incalculable de ventes. Mais j'aimerais ajouter autre chose. L'an dernier, en lisant un journal local, j'ai remarqué une publicité qui vantait les mérites d'un cours intitulé *Comment faire l'acquisition d'une maison neuve*. J'ai donc décidé de m'inscrire à ce cours, et lors de mon inscription j'ai présenté un joli bouquet de fleurs à la jeune fille qui prenait mes coordonnées et je lui ai demandé : "Mademoiselle, s'il vous plaît, pourriez-vous me donner une copie de la liste des participants?" Ce qu'elle fit avec un joli sourire. Et savez-vous combien il y avait de personnes qui s'étaient inscrites à ce cours? Au-delà de 200 personnes, qui désiraient apprendre comment faire l'acquisition d'une maison. Vous n'avez pas idée du nombre de ces personnes qui sont devenues par la suite mes clients.»

Voilà ce qu'on appelle avoir de l'à-propos, être créatif, et c'est une des choses que j'aime le plus dans la vente. La vente est une opération active et non passive, et rares sont les clients qui appellent d'eux-mêmes. Et tant mieux s'ils appellent ou s'ils se présentent; personnellement, je n'attends pas après eux.

Je considère que la vente consiste avant tout à trouver de nouveaux clients, à établir de nouveaux segments de marché, à solliciter de nouvelles affaires; c'est surtout dans ces activités qu'on attend du vendeur le plus de créativité afin que par ses idées il puisse contribuer à accroître la part de marché de l'entreprise qui l'emploie. La vente, c'est de l'imagination, de l'innovation, des idées, des stratégies, des tactiques. C'est une expérience créative qui demande qu'on imagine constamment l'avenir afin de trouver cette nouvelle idée qui change toutes les règles du jeu, cette nouvelle façon de présenter une offre qui nous met dans une classe à part.

La plupart des gens sous-estiment leur créativité et ont souvent l'impression que cette qualité est l'apanage des génies ou des scientifiques. Pourtant, combien de fois avez-vous déjà vu un concurrent arriver avec une nouvelle idée, une nouvelle façon de présenter son produit et vous êtes-vous dit : «Comment n'y ai-je pas pensé avant lui?»

Pour éviter ce genre de situation, les champions cherchent continuellement de nouvelles façons de faire les choses, de nouvelles manières de procéder. Ils recherchent les situations qui posent un défi à leur créativité, ils n'hésitent pas à tenter quelque chose qui n'a jamais été fait auparavant. Ils refusent le *statu quo* et restent toujours disponibles pour tenter une nouvelle expérience et tester leurs habiletés.

Vous faites votre travail depuis un certain temps déjà et vous cherchez à vous renouveler. Pensez à une promotion spéciale, à quelque chose de jamais vu dans votre domaine. Imaginez une nouvelle façon de présenter vos services. Et au lieu de penser aux raisons pour lesquelles ça ne se ferait pas, restez ouvert et pensez plutôt aux raisons qui pourraient rendre cela possible. Lorsqu'ils sont confrontés à un problème, la plupart des gens adoptent une attitude fermée. Ils se disent qu'il n'y a plus rien à faire et que tout est terminé. Voilà bien la meilleure façon de bloquer leur créativité. Plutôt que de trouver une solution, leur esprit essaie de prouver qu'ils ont raison.

Tant que vous croyez qu'une chose est possible, votre imagination est à votre service. L'inertie et la complaisance empêchent un individu d'atteindre son potentiel alors que la créativité lui permet de sortir des sentiers battus, d'être différent des autres et de produire des résultats.

Posez-vous des questions : Comment améliorer mes performances ? Comment devenir plus efficace ? Que veulent mes clients ? Comment les satisfaire ? Qu'est-ce que je pourrais faire de plus pour mes clients actuels et pour en gagner de nouveaux ? Si je débutais demain matin, que ferais-je de différent ?

Devant un problème, réfléchissez, faites une liste de toutes les solutions possibles et surtout n'écartez aucune idée avant de l'avoir mise sur papier. Parfois, c'est en pensant à toutes sortes d'idées saugrenues que la vraie solution apparaît. Faites-lui place. La meilleure façon, c'est de rester ouvert à tout ce qui vous passe par la tête.

Soyez réceptif. Plus tard, vous ferez une sélection et il est bien certain que vous rirez de certaines idées, mais voilà qui est amusant. Ne vous prenez pas toujours au sérieux. Donnez-vous des défis et amusez-vous à les surmonter. Tentez quelque chose de nouveau. Ce sera peut-être le début d'une aventure créative qui vous mènera à la découverte d'une nouvelle façon de faire, d'un nouveau concept de marketing ou même d'un nouveau produit ou d'un nouveau service.

La plupart des idées n'arrivent pas par hasard. Il faut savoir les préparer, les provoquer. Développez votre capacité de créer. Acceptez que le changement fasse partie de la vente et accueillez-le comme une occasion de vous développer. Fréquentez d'autres gens qui sont ouverts aux nouvelles idées. Participez à des séminaires, suivez des cours de perfectionnement.

Parfois, il suffit d'une idée qui, de fil en aiguille, vous fera penser à d'autres idées. Si vous n'avez pas le succès que vous désirez avec votre méthode actuelle, qu'avez-vous à perdre à changer votre approche? Évitez la routine. Elle ne peut que limiter votre pensée et détruire complètement votre créativité.

Et si vous manquez d'imagination, regardez ce que font ceux qui obtiennent des résultats et modelez-vous sur eux. Il ne s'agit pas de les copier mais d'adapter ce qu'ils font à votre personnalité, votre produit ou votre type de clientèle. Employez le matériel de ce livre à votre manière, faites-le vôtre de façon créative. Ajoutez-y votre touche personnelle. Soyez différent, et les gens se souviendront de vous.

• • • • • • • • • • • • • • • • • • • •

L'ACTION

La dernière des qualités requises pour être un champion de la vente — loin d'être la moins importante — est celle qui donne un pouvoir synergique à toutes les autres, permettant ainsi d'en multiplier les effets. Cette qualité, c'est l'action.

À une époque où l'information et les connaissances sont de plus en plus accessibles, tant par les livres que par les nombreux cours et séminaires offerts sur le marché, pourquoi tant de gens ne voient-ils aucun changement dans leur situation? Pourquoi certains obtiennent-ils les résultats qu'ils désirent alors que d'autres semblent toujours rester au même point? La réponse est simple : les connaissances ne suffisent pas. Agissez : il faut savoir passer à l'action.

Sans action, les idées ne valent absolument rien et la théorie reste tout à fait nulle. Sans action, les rêves demeurent toujours des rêves et les projets restent sur le papier, à l'état continuel de projets. L'action, c'est la faculté d'appliquer ses idées, de les matérialiser. C'est prendre sa vie en main et faire ce qu'il faut pour arriver là où l'on veut.

La réussite de chacun d'entre nous ne peut dépendre de personne d'autre que de nous-même et de notre capacité d'agir. Toutes les grandes réalisations ont commencé par une idée, mais surtout elles ont été achevées par quelqu'un qui a pris cette idée en main et a mis en action les moyens nécessaires à sa réalisation. Ce n'est vraiment que lorsqu'elle est mise en œuvre qu'une idée prend toute sa valeur.

Mais lorsqu'il s'agit de passer à l'action, deux obstacles surgissent. Le premier, c'est notre propre raison, qui nous interroge sans cesse sur la validité de nos idées et sur nos possibilités de réussite. Ces interrogations apportent avec elles la peur et le doute, les deux inhibiteurs d'action par excellence. Combien de gens s'arrêtent avant même d'avoir commencé, paralysés par la peur?

L'action est pourtant le meilleur remède contre la peur. Une fois qu'on a fait les premiers pas, on n'y pense même plus. Emerson a dit : «La loi de la nature est celle-ci :

faites la chose et vous aurez le pouvoir.» Plus vous avez peur d'entreprendre une action, plus vous devez le faire. C'est la seule façon de surmonter votre peur. Si vous attendez trop, vous vous exposez au risque de ne jamais rien faire.

Au début de leur carrière dans la vente, la plupart des gens ont un problème de sollicitation. Demandez à n'importe quel vendeur de vous raconter sa première visite. Invariablement, il vous fera part de ses nombreuses hésitations et des moments terribles qu'il a vécus avant de faire cette première visite. La première visite est la plus difficile.

C'est la même chose en ce qui concerne le téléphone. J'ai vu des gens complètement traumatisés au moment de faire leur premier appel téléphonique, au point d'en perdre la parole ou de dire des choses tout à fait ridicules et incohérentes. Le premier appel est vraiment terrifiant. Mais après quelques centaines d'appels, ceux-ci vous sembleront tellement faciles que vous aurez du mal à comprendre la difficulté que vous aviez éprouvée au début.

Le deuxième obstacle qui vous empêche de passer à l'action, c'est la tendance naturelle à hésiter, à attendre avant d'entreprendre un projet que les circonstances soient parfaites et les conditions tout à fait favorables. On voudrait être tellement certain de réussir. Si là est votre problème, vous devriez méditer sur cette pensée de Goethe : «Ce que vous pouvez faire ou ce que vous pensez pouvoir faire, commencez-le! L'audace a du génie, de la puissance et de la magie.»

Le plus difficile, c'est de se mettre en marche. Quelle que soit l'action que vous devez entreprendre, commencez sans y penser, de façon presque mécanique. N'attendez pas les conditions idéales. Elles ne se présenteront jamais. Et vous risquez de toujours avoir une bonne excuse pour remettre votre action à plus tard. Si les conditions ne sont pas à votre goût, changez-les. Provoquez-les. L'important, ce ne sont pas les conditions de départ, mais ce que vous apprenez au fur et à mesure que vous avancez. La décision d'agir inspire souvent les moyens à prendre.

Dès qu'une action résolue se substitue à l'inertie, l'obstacle s'atténue. La clé, c'est l'action. Résistez à la tentation de remettre votre décision au lendemain en réfléchissant à cette pensée de Olin Miller : «Si vous voulez qu'une tâche simple vous semble difficile, continuez simplement à la remettre à plus tard.» La procrastination, ou l'habitude de remettre au lendemain, rend souvent la décision encore plus difficile.

Vous pouvez vous asseoir et vous demander toute la journée ce qui ne va pas, mais cela ne fera qu'ajouter à vos malheurs. Si cela n'avance pas à votre goût, il n'y a qu'une chose à faire : passer à l'action. Ceux qui agissent finissent toujours par réussir. Rendez visite à un client, appelez des clients potentiels *(prospects)* et prenez des rendez-vous. Ces efforts, souvent couronnés de succès, engendreront d'autres actions fructueuses. C'est comme ça qu'on réussit à créer un *momentum*, un certain dynamisme.

Lorsque vous passez à l'action, vous créez automatiquement un résultat. Que ce résultat soit positif ou négatif n'est pas ce qui importe le plus. Nous verrons d'ailleurs comment évaluer vos résultats afin d'orienter votre action en conséquence. Ce qu'il faut retenir, c'est que l'activité engendre d'autres activités, qui apportent avec elles une somme d'énergie et d'enthousiasme incomparable.

Si ce que vous faites ne semble pas suffisant, pensez à d'autre idées, à d'autres moyens. N'ayez surtout pas peur d'inventer, d'improviser et d'expérimenter. Mais je reste convaincu que, si vous n'obtenez pas de résultats satisfaisants, vous auriez avantage à analyser vos rapports de performance. C'est facile de faire une vente de temps à autre, de réussir un gros coup et de se reposer sur ses lauriers. Mais le vrai secret de la réussite dans la vente réside dans la constance et la régularité que seule peut apporter une action disciplinée.

Et voilà, il est lancé ce mot qui est devenu la hantise de tous ceux qui n'obtiennent pas de résultats satisfaisants. La discipline, c'est la capacité d'agir de façon constante et régulière. C'est la faculté de lier ses activités à des décisions mûrement réfléchies à propos d'objectifs qu'on a pris le temps d'établir. C'est l'habileté de faire ce qui doit être fait, peu importe le temps que ça demande, peu importe les circonstances, les difficultés et les obstacles à surmonter. La discipline, c'est commencer tout de suite et continuer jusqu'à l'obtention des résultats souhaités.

Vous désirez que votre situation change? Alors prenez les moyens nécessaires, quels qu'ils soient, pour obtenir les résultats que vous visez. Il ne s'agit pas simplement d'étudier, de se préparer et de découvrir comment ça fonctionne, mais de découvrir ce que vous avez à faire et de le faire tous les jours. De faire un pas à la fois mais d'avancer avec constance et régularité.

Toutes les semaines, des présidents d'entreprises ou des directeurs des ventes m'appellent pour me dire : «Nous sommes présentement à la recherche d'un vendeur. Avec tous ces cours que tu donnes, tu dois bien connaître de bons vendeurs.» Ce n'est pas mon travail de placer des vendeurs. Des entreprises spécialisées dans le placement du personnel s'en chargent de façon professionnelle, et ce n'est pas mon intention de me lancer dans ce champ d'activité.

Mais, simplement pour le plaisir, j'aime bien leur demander : «Quelle sorte de vendeur cherchez-vous?» Et infailliblement ils me répondent tous la même chose : «Je cherche quelqu'un d'autonome, quelqu'un qui est capable de s'organiser et avec qui tu n'as pas besoin de communiquer tous les jours pour savoir s'il est déjà au travail, s'il a des rendez-vous pour la journée, s'il a planifié ses activités pour la semaine.»

L'autonomie, la discipline, l'organisation, voilà autant

de qualités qui ont un dénominateur commun : l'action. L'ultime défi d'un champion de la vente, c'est d'être capable de se discipliner lui-même. Un des aspects les plus intéressants d'une carrière dans la vente, c'est la liberté qu'elle offre. Mais cette liberté est difficile à assumer pour qui n'est pas responsable.

Il est tellement facile d'aller à droite et à gauche, de faire semblant de s'occuper, de se concentrer sur des tâches secondaires ou sans importance; mais lorsqu'il s'agit de faire ce qui doit être fait, c'est là qu'on reconnaît le champion, dans quelque domaine ou quelque sport que ce soit. Les champions olympiques sont de merveilleux exemples de discipline. Que d'heures d'entraînement, tous les jours, pendant 5 à 10 ans, avant même de prétendre à un titre olympique!

Même si un athlète possède un talent inné, ce talent ne pourra l'amener qu'à un certain point. Pour aller au-delà de ce point, il devra apprendre à dépasser ses limites par un entraînement quotidien et une discipline exemplaire. Et que dire des artistes, des musiciens, qui consacrent leur vie à perfectionner la maîtrise de leur instrument.

Un des messages les plus inspirants de toute la littérature consacrée à la vente fut adressé à un groupe d'assureurs-vie par Albert E.N. Gray en 1940, à l'occasion de la convention annuelle de leur association. Alors président de la compagnie d'assurances Prudentielle d'Amérique, M. Gray avait intitulé sa conférence «Le dénominateur commun du succès». Ce message a été reproduit à des centaines de milliers d'exemplaires. Et voici le cœur du message que tenait à livrer M. Gray : «Le dénominateur commun du succès, le secret de la réussite de chaque personne qui a réussi tient au fait que cette personne a acquis l'habitude de faire les choses que les ratés ne font pas.»

Faire les choses que les ratés ne font pas. Voilà certainement une des clés de la réussite. Faites une liste des choses que vous n'aimez pas faire, mais qui sont essentielles à votre réussite, et accomplissez-les. Même si vous n'êtes pas d'humeur à le faire. Peu importe l'issue, faites ce que vous avez dit que vous feriez. Faites-le tous les jours.

Vous avez planifié de faire 15 appels et vous n'en avez fait que cinq, alors vous êtes au-dessous de 10 appels pour aujourd'hui. Et il en va de même pour le nombre d'entrevues que vous réaliserez aujourd'hui. Le danger, c'est de se dire : «Bah, ce n'est qu'une journée, je me reprendrai demain.» Mais dans la vente, les journées s'additionnent pour faire des semaines, des mois, des années. Plusieurs vendeurs ne voient même pas la fin de la première année de leur carrière, et la seule raison de leur échec résulte d'un manque de discipline.

La discipline, c'est de penser aujourd'hui, d'agir aujourd'hui. Que les circonstances soient bonnes ou mauvaises, efforcez-vous y tous les jours. Sachez que vous êtes personnellement responsable de ce qui vous arrive, responsable de votre réussite. Il y a tellement de personnes qui ne fournissent qu'un petit effort qu'il n'est pas difficile de comprendre que, si vous n'en faites qu'un peu plus qu'eux, vos chances de gagner seront excellentes.

Or, la principale raison pour laquelle la majorité des gens n'agissent pas tient au fait que la plupart d'entre eux ne savent pas vraiment ce qu'ils veulent. Pour agir, il faut avoir une raison, une motivation. Les gens qui agissent cherchent à obtenir un résultat. Voilà pourquoi il est d'une telle importance de définir vos objectifs de façon précise.

Vos actions, pour être efficaces, doivent tendre vers ce qui vous importe. La première chose à faire, avant de passer à l'action, c'est de décider ce que vous voulez. Quels résultats désirez-vous obtenir? Quel chiffre d'affaires visez-vous pour cette année?

Sans objectif précis, il vous sera très difficile d'établir vos priorités et de fournir un effort constant. En revanche, lorsque vous prendrez le temps de bien définir vos objectifs, vous déciderez par le fait même d'un ordre d'importance pour les actions qui soutiendront vos choix. Définir ses objectifs et établir ses plans d'action. Voilà les deux éléments qui permettent d'orienter l'action. Ils nous paraissent tellement importants pour tous ceux qui désirent faire une carrière dans la vente que nous y consacrerons les deux prochains chapitres.

• •

CONCLUSION

La différence entre les champions et les autres est parfois très minime. Dans le sport professionnel, le meilleur golfeur gagne souvent cent fois et même mille fois plus que d'autres golfeurs qui jouent sur le même circuit. Est-il cent fois meilleur? Au baseball, la différence entre un frappeur de 300 et un frappeur de 250 n'est que de 5 %. Pourtant, allez comparer leurs salaires.

C'est la même chose dans la vente. Vous n'avez pas besoin d'être cent fois meilleur que votre compétiteur pour réussir. Seulement un peu meilleur. Ce qui empêche la plupart des gens de réaliser ce qu'ils veulent, ce n'est pas tellement une absence de talent, mais bien plutôt une incapacité à se concentrer sur ce qu'ils veulent et à exploiter au maximum leurs qualités.

La frontière entre la réussite et l'échec est mince. Même si plusieurs actions doivent quand même être entreprises avant que vous ne puissiez la traverser, elle peut l'être très rapidement à partir du moment où vous vous rendez compte que le changement requis pour y parvenir ne viendra ni des circonstances ni des conditions du marché mais de l'intérieur de vous-même. Emerson a dit : «Ce qui est devant nous et ce qui est derrière nous est très peu de choses comparé à ce qui est en nous.» Vous possédez déjà toutes les qualités pour réussir. Il ne vous reste qu'à les utiliser.

La réussite ne consiste pas à se comparer aux autres. Il s'agit plutôt d'évaluer ses résultats par rapport à ses objectifs. De voir ce qu'on peut faire avec ce qu'on a. Imaginez une personne possédant à 100 % les 10 qualités que nous venons d'étudier! Pensez-vous que cette personne pourrait accomplir votre travail? Pensez-vous qu'elle pourrait en faire une réussite?

Servez-vous de la feuille d'évaluation que nous vous proposons plus loin et tentez d'évaluer jusqu'à quel point vous possédez les 10 qualités des champions. Pour chacune d'entre elles, posez-vous les questions suivantes : Est-ce que je possède cette qualité? Est-ce que je l'utilise? Comment pourrais-je l'utiliser davantage?

Soyez honnête envers vous-même. Si vous n'arrivez pas actuellement à atteindre les objectifs que vous vous fixez, il se pourrait bien que vous trouviez la réponse dans ce test d'évaluation. Décidez des points que vous désirez améliorer. Si vous voulez que les choses changent, vous devez apprendre à compter d'abord sur vous-même. Décidez d'éliminer vos faiblesses et d'exploiter au maximum les qualités que vous possédez. Travaillez point par point.

Faites-vous un plan d'action de 10 semaines, comme celui que nous vous proposons dans le chapitre 3, et profitez-en pour polir les 10 qualités que nous venons d'étudier. Tous les jours de ce plan d'action, relisez le texte se rapportant à la qualité de la semaine. Vous serez surpris de constater, à la fin des 10 semaines, à quel point votre vie aura déjà commencé à changer, car vous aurez vous-même changé.

Qualité	Évaluation
1. Désir de réussir	
2. Confiance en soi	
3. Conviction	
4. Enthousiasme	
5. Attitude	
6. Persistance	
7. Image de soi	
8. Empathie	
9. Créativité	
10. Action	

Évaluez jusqu'à quel point vous possédez et utilisez les 10 qualités des champions. Pour chacune d'entre elles, attribuez-vous une note entre 1 et 5. Faites un astérisque devant celles que vous désirez améliorer. Demandez-vous comment vous pourriez les utiliser davantage.

2

L'homme s'imagine que son destin lui est étranger parce que le lien est caché. Mais l'âme contient les événements qui constituent sa destinée, ceux-ci n'étant que l'extériorisation de ses pensées. Ce que nous nous demandons à nous-mêmes, nous l'obtenons toujours... d'où cet avertissement important : puisque nous sommes sûrs d'obtenir ce que nous désirons, nous devons veiller à ne demander que de grandes choses.

DÉFINISSEZ VOS OBJECTIFS

POUR PLUSIEURS RAISONS, ce chapitre pourrait bien être le plus important de tout le livre, le plus déterminant pour votre carrière. En effet, une carrière dans la vente recèle beaucoup d'incertitudes et cache tellement de difficultés qu'il est pratiquement impensable que quelqu'un puisse y réussir sans avoir de bonnes raisons de le faire. Car voilà bien ce qu'est un objectif : un motif d'action. Nous avons tous le talent nécessaire pour accomplir des choses extraordinaires, mais ce qui manque à la plupart d'entre nous, ce sont les raisons de les faire. Pourquoi accomplir tant d'efforts? Nos objectifs, quand ils sont clairs, donnent un sens, une direction à tous nos efforts.

Une autre raison de l'importance de ce chapitre, c'est

que, en vous exhortant à mettre vos objectifs sur papier et en vous donnant des instructions précises sur la façon de les établir, nous pensons que si vous prenez vraiment le temps qu'il faut vous aurez vous aussi une envie irrésistible de passer à l'action et de prendre tous les moyens nécessaires pour atteindre ces objectifs, y compris l'étude et la mise en application des techniques et des idées que nous proposons. Ces idées, pour être efficaces, exigeront des efforts soutenus de votre part, et seule une ferme résolution fondée sur des objectifs personnels explicites saura vous inciter à y investir le temps nécessaire. Il existe une grande différence entre l'action routinière, sans intérêt, et l'action dirigée, constructive, orientée vers un but déterminé. Une stratégie est un plan d'action en vue d'arriver à un résultat. Si vous n'envisagez pas le résultat, comment pourrez-vous établir une stratégie pour y parvenir?

Si vous ne savez pas ce que vous voulez, vous serez facilement désorienté, désemparé et vous perdrez toute votre concentration. Sans objectifs, vous aurez tendance à hésiter, à tourner en rond et, en vous heurtant constamment à la réalité quotidienne, vos appréhensions face à l'avenir ne feront qu'augmenter. Sans objectifs, vous vous laisserez arrêter par les difficultés de la vie et le moindre obstacle deviendra un prétexte pour abandonner. Sans objectifs, il vous sera impossible de réussir.

Toutes les entreprises définissent leurs objectifs. Que diriez-vous si la firme qui vous emploie n'avait aucun objectif précis pour l'avenir, aucune vision à long terme, aucun service de recherche, aucune idée des produits ou des services qu'elle se propose d'offrir sur le marché au cours des prochaines années? Cette entreprise serait rapidement absorbée par la concurrence. Pourquoi en serait-il autrement avec vous? Si vous êtes dans la vente, si vous travaillez à votre compte ou si vous êtes propriétaire de votre entreprise, vous faites partie d'un groupe restreint d'individus qui ont encore la possibilité de choisir entièrement ce qu'ils veulent.

Combien de gens prennent la peine de définir leurs objectifs? En connaissez-vous plusieurs? La plupart des gens ne se sont même jamais arrêtés à cette idée. Ils n'ont jamais réfléchi à ce qu'ils désiraient vraiment, comme si c'était trop demander que leurs rêves puissent se réaliser. Ils choisissent, pour la plupart, une existence qui n'a rien à voir avec ce qu'ils veulent, en pensant qu'ils n'ont pas le choix et que, les circonstances étant ce qu'elles sont, il n'y a rien à faire. Ils doivent, pensent-ils, se contenter de regarder les choses en face et d'accepter la réalité. Or, la principale raison pour laquelle une énorme majorité d'individus n'obtiennent pas ce qu'ils veulent de la vie, c'est qu'ils n'ont jamais pris le temps d'y réfléchir, encore moins de le définir. Ce faisant, ils ont renoncé à leur faculté de choisir.

Il importe de réaliser que, si vous ne vous prévalez pas de vos choix, d'autres choisiront pour vous, et je peux vous assurer que ce qu'ils choisiront pour vous ne correspondra pas nécessairement à ce que vous souhaiteriez obtenir. Si vous n'appréciez pas le genre de vie que vous menez actuellement, si vous n'aimez pas ce que vous accomplissez et que vous ne faites rien pour changer, c'est la preuve que vous ne croyez plus à votre capacité de choisir et que vous avez abandonné cette faculté à d'autres.

Ceux qui ont perdu cette faculté du choix ou qui ne l'ont jamais utilisée ont du mal à comprendre l'étrange pouvoir qu'elle confère à ceux qui ont compris que c'était pourtant de plus en plus possible. Comme ces personnes se croient incapables de décider ce qu'elles veulent, il en résulte un certain sentiment d'infériorité devant les circonstances de la vie, un certain malaise qui limite plus encore leur possibilité d'être un jour en mesure d'arrêter les choix qui les avantageraient.

Décider ce qu'on veut et travailler à l'atteindre est un mode de vie exceptionnel. C'est ce qui rend la vie tellement plus excitante. Le jour où vous vous arrêterez pour prendre le temps de définir vos objectifs, ce jour-là changera toute votre vie. Votre style de vie, votre revenu, votre personnalité, vos réalisations, tout ça changera. En fixant vos objectifs, vous mettrez de l'ordre dans vos valeurs et vous créerez les conditions de votre vie. Vos désirs se matérialiseront, deviendront réalité.

Quand vous avez des objectifs, tout ce que vous faites est motivé par leur réalisation. Vos objectifs ont le pouvoir d'orienter votre action. Ils vous aident à bâtir votre détermination. En vous indiquant une direction précise, ils concourent à rendre vos décisions plus faciles, votre tâche plus satisfaisante. Ils déclenchent votre créativité, votre ingéniosité et votre imagination. Ils donnent un sens à chacune de vos actions. Mais surtout, ils ont le pouvoir de transformer ceux qui décident, pour les atteindre, de ne pas ménager leurs efforts.

Les champions savent que ceux qui réussissent se fixent des objectifs. Ils savent qu'en précisant leurs propres objectifs ils ont la capacité de faire de leur vie ce qu'ils veulent qu'elle devienne; qu'ils ont le pouvoir de choisir et que ce pouvoir peut leur permettre de diriger tous les aspects de leur vie. Ils en prennent la responsabilité entière. Au lieu d'espérer que la chance leur soit favorable, ils préfèrent la provoquer, la créer.

Hélas, très peu d'individus ont appris à définir leurs objectifs. Il y a pourtant de nombreux livres qui ont été écrits sur le sujet, et chacun d'eux offre une méthode de définition d'objectifs. Certaines sont très faciles à adapter, d'autres plus compliquées. Nous vous proposons une méthode simple mais efficace qui vous permettra non seulement de préciser vos objectifs dans différents domaines de votre vie, mais aussi de les réaliser.

Étant donné que ce programme s'adresse avant tout à des personnes qui veulent réussir dans le domaine de la vente, nous insisterons plus particulièrement sur la façon de réaliser vos objectifs professionnels, sans toutefois négliger ceux qui s'appliquent à d'autres domaines de votre vie. Les objectifs sont interdépendants et souvent, en réalisant vos objectifs professionnels, vous obtiendrez les moyens de réaliser d'autres objectifs qui vous tiennent à cœur.

Par exemple, si vous décidez qu'un de vos objectifs est d'aller passer un mois en Europe avec votre famille, il vous faudra trouver, pour ce faire, et le temps et l'argent nécessaires. Cet objectif exigera donc, pour être réalisé, que vous réussissiez à atteindre vos objectifs professionnels. C'est un objectif en soi, mais il demeure conditionnel à votre réussite professionnelle et, dans ce sens, il vous fournit une motivation supplémentaire pour déployer tous les efforts nécessaires et pour vous engager davantage dans votre travail. De la même manière, si votre objectif pour la prochaine année est de vous offrir la maison de vos rêves, vous ne pourrez le faire que si vos revenus vous le permettent. Cette maison représentera un objectif, mais cet objectif sera subordonné à la réalisation d'un autre objectif fondamental, celui de gagner le revenu nécessaire.

Un conseil sur lequel s'entendent tous les auteurs sans exception : vos buts, vous devez les écrire. Il est impossible de faire un effort de réflexion sérieux sans écrire. Le fait d'écrire vous aide à mettre de l'ordre dans vos idées, à préciser votre pensée. Cela aide également à clarifier certains choix et permet ainsi d'éviter que des objectifs soient contradictoires. Lorsque vous couchez vos idées sur le papier et que vous y réfléchissez, c'est un peu vous que vous regardez.

Le fait d'écrire vos objectifs permet également de ne pas les oublier. Il est impossible de tout garder en tête. Même lorsqu'ils font leurs emplettes, la plupart des gens se font une liste. Il serait trop facile de perdre de vue vos objectifs à cause de toutes ces choses qui attirent votre attention et surtout à cause de cette réalité toujours présente.

Nous avons tous des désirs, des rêves. D'ailleurs, le

succès des nombreuses lotos ne vient-il pas du fait que la plupart des gens caressent le rêve de gagner tout cet argent qui leur permettrait de satisfaire leurs plus grands désirs? Lorsque vous mettez vos rêves sur papier, ils cessent de devenir des rêves et se transforment en objectifs. Vous vous donnez une chance de réussir. Vous décidez maintenant ce que vous voulez et vous décidez par le fait même de passer à l'action.

• • • • • • • • • • • • • • • • • • • •

Un anniversaire bien spécial

Prenez une demi-journée ou même une journée entière et ne pensez qu'à ce que vous désirez vraiment retirer de la vie. Personnellement, j'aime bien y réfléchir la journée de mon anniversaire. C'est la meilleur façon de célébrer cette journée. Je prends congé et je reste seul à la maison. Après une longue promenade, j'allume un feu dans la cheminée, je m'installe confortablement dans un fauteuil et je commence par revoir l'année qui vient de se terminer. Je regarde la liste des objectifs que j'avais définis l'année dernière et je m'interroge. C'est incroyable comme ça passe vite une année. C'est lorsqu'elle est terminée qu'on le réalise. Et c'est là aussi qu'on réalise qu'il est aisé de ne rien faire, de laisser le temps nous filer entre les doigts.

C'est maintenant qu'il faut agir, qu'il faut penser sérieusement à ce que nous voulons accomplir, qu'il faut nous ouvrir à toutes les possibilités qui s'offrent à nous. Réfléchissez. Si vous ne l'avez jamais fait, peut-être réaliserez-vous que vous ne savez pas très bien ce que vous voulez. Détendez-vous, évitez toute distraction et concentrez-vous sur ce que vous voulez, sur ce que vous avez toujours désiré. Laissez aller votre imagination. Soyez créatif et surtout n'ayez pas peur de rêver.

Ne vous demandez pas comment vous y arriverez. À cette étape, ce n'est pas important. Pour l'instant, il ne s'agit pas de répondre à la question comment mais quoi. La façon d'obtenir ce que vous voulez vient en deuxième. Si vous vous arrêtez au comment pendant l'étape de la définition des objectifs, vous limiterez vos possibilités à ce que vous pensez pouvoir faire. Vous vous contenterez de penser à ce qui est prévisible plutôt qu'à ce qui est possible. Ne laissez pas les circonstances ou les résultats de votre vie passée vous influencer. Demandez-vous plutôt ce que vous aimeriez faire si vous étiez certain de réussir.

Si vous trouviez une lampe comme celle d'Aladin et qu'un génie en sortait, qu'est-ce que vous lui demanderiez? Allez-y. Ne vous gênez surtout pas. Il peut vous accorder tous vos rêves, tout ce que vous aimeriez expérimenter dans votre vie même si, pour le moment, vous pensez que c'est impossible, même si vous ne savez pas comment y parvenir.

Mes désirs

Servez-vous de la feuille de travail intitulée «Mes désirs» et décidez de ce que vous voulez de façon consciente. Demandez-vous ce que vous attendez vraiment de la vie. Posez-vous les questions suivantes : «Qu'est-ce que j'aimerais faire? Qu'est-ce que j'aimerais posséder? Qu'est-ce que je voudrais réaliser? Quel style de vie est-ce que je désire, pour moi et pour ma famille? Qu'est-ce que j'aimerais devenir? Quel pays est-ce que j'aimerais visiter? Quelle qualité est-ce que j'aimerais acquérir, quel trait de caractère? Qu'est-ce que j'aimerais qu'on dise de moi? Qu'est-ce que je souhaiterais dans ma vie professionnelle, économique, affective, personnelle, émotionnelle, sociale, familiale, spirituelle?» Gardez ces questions en tête et écrivez sans arrêt. Essayez d'écrire pendant au moins 15 ou 20 minutes. Notre génie est très généreux. Il peut nous accorder beaucoup plus que trois vœux.

L'ordre dans lequel vous écrivez vos désirs n'importe pas pour le moment. On verra à mettre de l'ordre dans une deuxième étape. Pour l'instant, concentrez-vous et, quand vous serez prêt, écrivez tout ce qui vous passe par la tête, même les idées les plus saugrenues, les plus illogiques.

Quand vous aurez terminé, revoyez votre liste et, dans la colonne appropriée, mettez un chiffre représentant le nombre de mois ou d'années que vous pensez être nécessaires pour réaliser chaque objectif. Si vous pensez qu'un objectif se réalisera dans trois ans, écrivez un trois dans la colonne et ainsi de suite pour chaque objectif. Pensez à vos objectifs à court terme, mais ne négligez pas ceux à long terme. Il vous en faut de toutes les sortes pour atteindre un équilibre dans votre vie.

MES OBJECTIFS MAJEURS

La prochaine étape consiste à choisir, pour chacun des domaines de votre vie, le ou les objectifs qui vous tiennent le plus à cœur. Servez-vous des feuilles de travail intitulées «Mes objectifs majeurs». Ces feuilles de travail tiennent compte des cinq domaines principaux de votre vie.

Le plan professionnel et financier concerne votre carrière et les revenus que vous aimeriez gagner. Il concerne également votre indépendance financière et les projets audacieux que vous chérissez, comme ceux d'amorcer une nouvelle carrière, de changer complètement d'orientation ou d'acquérir un talent particulier.

Le plan des acquisitions s'intéresse à tout ce que vous aimeriez acquérir pour vous-même ou pour vos proches, que ce soit une maison, des meubles, une automobile, un bateau ou simplement de nouveaux vêtements.

Le plan physique concerne votre apparence, votre santé, votre alimentation, vos habitudes de vie. Il peut s'agir aussi des sports que vous aimeriez pratiquer cette année, ou du programme d'exercices que vous aimeriez entreprendre.

Le plan intellectuel et social vous permet de penser à votre développement personnel, votre éducation, votre situation en général et vos relations interpersonnelles. Il concerne également les groupes sociaux que vous aimeriez appuyer ainsi que tout projet particulier que vous souhaiteriez commencer.

Le plan familial et spirituel s'applique évidemment à votre famille immédiate et aux projets, aux voyages que vous planifiez avec eux. Il s'agit également de votre vie intérieure et de votre développement spirituel.

Peut-être aimeriez-vous ajouter d'autres domaines ou les répartir différemment? Faites-le! Ce sont vos objectifs. Tout ce que nous essayons de faire, c'est de vous fournir un modèle de travail qui vous permette de tenir compte de tous les aspects de votre vie et de mieux situer vos objectifs par rapport à votre échelle de valeurs et à vos besoins individuels. Cette étape demande évidemment beaucoup de réflexion. Alors que la première phase visait à stimuler votre créativité, celle-ci a pour but de préciser votre pensée et de mettre de l'ordre dans vos objectifs. Elle exige toute votre concentration et demande que vous réfléchissiez suffisamment pour décider de vos priorités dans chaque domaine de votre vie.

Pour chacun des cinq domaines que nous avons définis, choisissez une ou deux priorités, et faites-en vos objectifs majeurs. Il n'est pas nécessaire de vous attaquer aux cinq domaines en même temps ni même souhaitable de le faire. Si c'est possible, choisissez une priorité dans chaque domaine, mais vous pouvez très bien choisir deux priorités dans le domaine professionnel, une priorité dans le domaine physique et n'en choisir aucune dans les autres domaines. C'est à vous de décider.

Votre liste ne sert qu'à établir vos priorités, c'est-à-dire à déterminer l'importance que vous accordez à vos objectifs. Et cet ordre peut dépendre de votre situation financière, de la condition de votre santé, de votre occupation ou situation actuelle, ou encore du temps que vous êtes prêt à consacrer aux objectifs de certains domaines de votre vie, qui pour l'instant peuvent paraître secondaires par rapport à votre réussite professionnelle, particulièrement si vous travaillez à votre compte et que tous vos revenus proviennent de votre travail. Ce qui importe, c'est d'arriver à une situation d'équilibre.

Mon objectif

Une fois que vous aurez établi vos priorités et que vous aurez déterminé votre ou vos objectifs majeurs pour chaque domaine de votre vie, reprenez chaque objectif majeur et reportez-le sur une feuille de travail intitulée «Mon objectif». Commencez par écrire un court paragraphe sur chacun d'eux. Soyez précis lorsque vous décrivez votre objectif. Soyez explicite. J'aime bien l'analogie qu'utilise le motivateur américain Jim Rohn : «Vos buts, nous dit-il, sont comme des aimants; plus ils sont clairs, plus ils sont précis, plus vous travaillez à les décrire et à les définir, plus ils vous attirent dans leur direction. Et croyez-moi, ajoute-t-il, lorsque, sur la route de la réussite, vous devrez faire face à l'adversité, vous aurez besoin de bons aimants pour vous sortir de là!» Vous désirez une maison? Décrivez-la. De quelle sorte de maison s'agit-il, dans quel quartier de la ville? Combien de pièces, de chambres comporte-t-elle?

Réfléchissez aux raisons qui ont motivé vos choix. Ces objectifs vous tiennent-ils vraiment à cœur? Êtes-vous prêt à vous engager à les atteindre et à déployer tous les efforts nécessaires? La plupart des gens éprouvent des désirs pour toutes sortes de choses; cependant, ou ils ont peur d'échouer ou ils doutent d'avoir les talents requis pour les satisfaire, et évitent de les regarder en face. Définir ses objectifs comporte une responsabilité que plusieurs préféreraient éviter : la responsabilité de les réaliser.

Vos objectifs doivent vraiment représenter ce que vous désirez le plus au monde, sinon vous n'y mettrez pas le prix. Soyez certain qu'en les réalisant ils vous satisferont au plus haut point, mais assurez-vous aussi qu'ils sont réalisables, que les efforts qu'ils exigeront ne dépasseront pas vos habiletés ni ce que vous êtes prêt à concéder en échange. Il importe d'atteindre un juste équilibre entre ce qui vous satisfait et ce que vous pouvez réaliser. Lorsqu'ils précisent leurs objectifs pour la première fois, certains individus ont tendance à viser trop haut et se rendent compte, quelque temps plus tard, qu'ils n'ont pas les talents requis ou qu'ils ne sont tout simplement pas prêts à déployer tous les efforts nécessaires.

D'autres pèchent par excès de prudence : ils veillent à ne jamais relever de défis trop grands. Ainsi, ils ne peuvent jamais accroître la force de leur personnalité et réaliser l'immensité de leur potentiel. Allez-y progressivement, à votre rythme, mais ne sous-estimez pas vos possibilités. Assurez-vous que vos objectifs correspondent à l'image que vous désirez projeter et qu'ils exigeront le meilleur de vous-même.

Pour chacun de vos objectifs majeurs, fixez maintenant une date précise pour leur réalisation. Fixer une date constitue un défi et crée une obligation, un engagement indispensable à la réalisation de chaque objectif. Fixer une date signifie que l'objectif sera atteint à ce moment-là. Voilà qui ne vous laisse plus le choix : vous devez agir.

La première fois que j'ai assisté à un séminaire de Tom Hopkins, c'était à Toronto, en octobre 1983. J'étais accompagné de mon associée Nicole Bronsard. Environ trois cents personnes assistaient à ce séminaire et, en constatant leur satisfaction, nous avons décidé sur-le-champ d'organiser un séminaire de vente à Montréal. Après sa performance, nous sommes allés rencontrer M. Hopkins.

Nous étions déjà distributeurs de ses produits pour le Québec, mais c'était la première fois que nous avions la chance de discuter avec lui. Nous lui avons exprimé notre projet de l'inviter à Montréal, en l'assurant que nous pourrions réunir au moins 1 000 personnes. Sa réponse ne se fit pas attendre : «Parler est tellement facile, nous dit-il; si vous pensez pouvoir le faire, alors faites-le!» La balle était maintenant dans notre camp.

De retour au bureau, nous avons beaucoup réfléchi et avons décidé de mettre notre projet à exécution. Il nous fallait d'abord une salle. Nous avons communiqué avec le Sheraton et nous nous sommes mis d'accord sur une date : le 18 avril 1984. Après avoir versé un acompte, nous avons téléphoné à M. Hopkins : «La date me convient parfaitement, me dit-il. Faites-moi parvenir un chèque de 10 000 $ et je réserverai cette journée sur mon agenda.» «10 000 $, Tom? répondis-je. Mais nous n'avons pas cette somme.» «Michel, me dit-il, si vous me faites parvenir cette somme, vous allez tout faire pour récupérer votre investissement, n'est-ce pas?» Ce fut une des leçons les plus importantes de ma vie.

En réalité, ce que Tom désirait, c'était notre engagement à réaliser notre objectif. Nous n'avions pas le montant requis, mais, grâce à quelques emprunts auprès des membres de notre famille, nous avons réussi à rassembler cette somme. Nous sommes allés voir un imprimeur pour qu'il nous produise un dépliant publicitaire et imprime nos billets, mais, comme il ne nous connaissait pas, il exigeait lui aussi d'être payé à l'avance. Nous avions déjà investi plus de 15 000 $ dans ce séminaire et nous n'avions pas encore vendu un seul billet. Voilà qui est très motivant, non?

Nous n'avions plus le choix. Nous nous sommes mis à l'action, travaillant sans relâche. Dix jours avant la date du séminaire, nous étions complètement épuisés, mais nous avions atteint notre objectif de vendre nos 1 000 billets. Et c'est là que nous avons appris une vérité fondamentale : lorsque vous provoquez la chance, celle-ci a parfois une façon bien éloquente de répondre à votre appel.

J'avais à cette époque un ami qui était animateur à une station de radio très populaire. Il me téléphona pour me dire qu'il avait entendu parler de notre séminaire. «Est-ce qu'il vous reste des billets?» me demanda-t-il. «Bien sûr, lui répondis-je, au moins 500.» Il m'invita à aller le rencontrer et à lui apporter toute la documentation dont je disposais. Le lendemain matin, en route vers le bureau, voici le message que nous entendîmes : «Y a-t-il des vendeurs à l'écoute présentement? Bonjour les vendeurs! Ce matin, j'ai une nouvelle exceptionnelle pour vous. Vous connaissez Tom Hopkins, le roi de la vente? Eh bien, Tom Hopkins sera à Montréal le 18 avril prochain pour y donner un séminaire incroyable de six heures. Pour plus de détails sur cet événement, téléphonez au ....» Et, par deux ou trois fois, il répéta notre numéro de téléphone. Arrivés au bureau, toutes les lignes sonnaient. Les gens appelaient pour demander s'il restait des billets. Ils s'empressaient d'en réserver cinq ou dix à la fois. Le séminaire fut un véritable succès avec plus de 1 500 participants. Mais tout ça ne se serait jamais produit si nous n'avions fixé une date, le jour où nous avons pris la décision d'organiser cet événement.

Lorsque vous aurez fixé une date pour chacun de vos 12 objectifs, assurez-vous encore une fois qu'il existe un certain équilibre entre vos objectifs à long terme et ceux à court et à moyen terme. Pour ma part, je considère les objectifs de plus de deux ans comme des objectifs à long terme. Entre six mois et deux ans, ce sont des objectifs à moyen terme. Les objectifs à court terme sont normalement réalisables en moins de trois mois. Il importe d'avoir quelques objectifs à court terme, particulièrement en ce qui concerne votre vie professionnelle, car ces objectifs sont facilement mesurables et de plus ils aident énormément à bâtir votre confiance.

Pour chaque objectif, réfléchissez maintenant aux obstacles qui pourraient vous empêcher de les réaliser. Ces obstacles existent et vous devez les étudier consciemment. Il serait trop facile de ne pas en tenir compte et de vous en servir comme excuse si jamais vous ne parveniez pas à réaliser vos objectifs. C'est maintenant que vous devez y penser.

Pour vous aider, voici quelques exemples d'obstacles qui pourraient se dresser entre vous et vos objectifs : vos exigences professionnelles et familiales, votre niveau de scolarité, votre expérience, votre âge, votre état de santé, vos talents, votre attitude, votre manque de discipline, la peur d'échouer, l'anxiété, les doutes, l'opinion des autres, l'autodépréciation, la peur du risque, le besoin de sécurité, l'indécision, l'indifférence, le manque de conviction par rapport à votre produit ou à votre service, l'excès de prudence, l'absence de financement et j'en passe.

Soupesez vos chances de réussite en prenant soin de réfléchir à tous les obstacles qui existent actuellement et à tous ceux qui pourraient se dresser en cours de route. Pensez ensuite aux solutions de remplacement qui s'offrent à vous. Devrez-vous changer certaines habitudes, suivre des cours de formation, acquérir une expérience, prendre des décisions, franchir une étape préliminaire? Devrez-vous apprendre à développer certaines de vos qualités? Si oui, lesquelles? Dans l'espace approprié, écrivez la solution correspondant à chaque obstacle que vous aurez défini.

Au verso de cette feuille, vous aurez maintenant à franchir les deux étapes les plus importantes du processus de fixation des objectifs : la visualisation et l'engagement. Commençons par la visualisation, cette technique qui consiste à nous représenter mentalement les objectifs que nous poursuivons. Sans visualisation, il est impossible de réussir. Toute création, toute invention a d'abord été imaginée et visualisée par son auteur.

Visualiser, c'est être capable de se projeter dans l'avenir, de s'imaginer au moment de la réalisation de son objectif. Cela peut sembler facile, mais il n'en est pas ainsi. Il existe parfois d'énormes contradictions entre ce que vous voulez et ce que vous avez actuellement, entre vos rêves et la réalité. Le danger qui existe, c'est d'avoir les yeux constamment rivés sur ses conditions actuelles.

Que vous le vouliez ou non, la réalité est toujours

omniprésente. Vos revenus n'augmenteront pas du jour au lendemain. De la même manière, si vous désirez perdre du poids, vous ne vous réveillerez pas le lendemain matin avec 20 kilos en moins.

En constatant tous les jours la condition qui est la vôtre, vous risquez de perdre patience, de vous affoler et de perdre de vue votre objectif. Vous risquez de perdre confiance en vos capacités d'être un jour en mesure de le réaliser. De cette façon, vous risquez d'abandonner avant même d'avoir démarré.

Le processus de visualisation est la partie la plus difficile de la fixation des objectifs. À un point tel que la plupart des gens abandonnent. À force de se concentrer sur leurs conditions de vie actuelles, ils en viennent à se décourager. Vous devez apprendre à visualiser vos résultats à tous les jours. À vous concentrer sur ce que vous voulez tous les jours, malgré la réalité qui saute aux yeux, malgré les contradictions et les apparences.

Visualiser, c'est être capable de se concentrer sur ses objectifs, peu importe la situation actuelle. C'est être capable d'agir et de vivre comme si le résultat était déjà un fait accompli. C'est être capable de ressentir les émotions qui seront nôtres au moment de la matérialisation de nos rêves, surtout lorsque les événements présents tentent de nous ramener à la réalité comme s'ils voulaient nous faire entendre raison.

Et seule l'habitude de la visualisation vous permettra de maintenir votre attitude, votre confiance et votre enthousiasme face à l'adversité et de persister dans vos efforts. Ce n'est que par un effort soutenu et résolu que vous réussirez à matérialiser ce qui, pour le moment, n'existe que dans votre esprit.

Pour chacun de vos objectifs, faites une description détaillée de la personne que vous deviendrez une fois votre objectif atteint. Décrivez tous les aspects de votre vie qui seront touchés par la réalisation de cet objectif. Faites-le au temps présent. Ainsi, si vous désirez avancer dans votre carrière professionnelle, tracez le portrait de ce que vous serez lorsque vous aurez réussi et agissez maintenant comme si vous étiez déjà cette personne.

Tous les jours, relisez cette description. Fermez les yeux et formez des images mentales de ce que vous serez et voyez comme vous vous approchez de plus en plus de votre objectif. N'avez-vous jamais imaginé, après avoir regardé un film, que vous étiez le héros de ce film? N'avez-vous jamais rêvé que vous étiez une grande vedette sportive? C'était tellement réel comme sensation que vous vous êtes même surpris à sourire. Ce rêve éveillé était justement un exercice de visualisation réussi et c'est ce que vous devez faire tous les jours si vous voulez éviter que les conditions actuelles de votre vie ne prennent le dessus sur vos objectifs et ne vous forcent à abandonner.

Réfléchissez également à votre situation actuelle et aux obstacles qui se dressent sur votre chemin. Soyez conscient de cette situation. Ne la niez pas. Dites-vous que ce n'est qu'une situation temporaire. Tous les jours, constatez où vous en êtes. Observez vos réactions et vos émotions. Si vous sentez que les émotions associées à votre situation actuelle sont négatives, revenez à votre exercice de visualisation et ressentez encore une fois l'émotion positive associée à votre réussite.

Cet exercice est essentiel à votre réussite. Pensez à votre objectif tous les jours. Imaginez-vous au moment de sa réalisation. Soyez conscient que votre situation actuelle n'est que provisoire. Gardez constamment vos yeux sur votre vision, et celle-ci, un jour, se matérialisera.

Il reste néanmoins un autre élément à considérer pour vous assurer d'atteindre vos objectifs : votre engagement personnel, votre résolution tenace de faire tout ce qui doit être fait. S'engager, c'est prendre la décision irrévocable de déclencher les événements. C'est se résoudre à poursuivre son plan d'action quels que soient les obstacles ou les difficultés. C'est être capable de dire : «Je vais le faire, quel que soit le prix à payer, vous pouvez compter sur moi.» S'engager, c'est se faire la promesse d'une action constante indépendamment de son humeur ou de ses préférences.

Votre engagement correspond à un contrat que vous passez avec vous-même d'accomplir ce qui doit être accompli; de mettre votre plan d'action en marche et de le poursuivre jusqu'à ce que vous obteniez le résultat que vous visez. Sans engagement, il devient tellement facile d'abandonner.

La plupart de ceux qui n'arrivent jamais à atteindre leurs objectifs sont incapables de s'engager. Au moindre obstacle, ils décident de tout lâcher. Réaliser ses objectifs n'est pas une tâche aisée, et nous n'avons jamais dit que ce serait facile. Toutes sortes de difficultés se présenteront, qui pourraient vous empêcher de réaliser votre but. Seul votre engagement personnel pourra vous donner le courage nécessaire pour les surmonter. C'est ce qui fera la différence. C'est ce qui mettra toutes les chances de votre côté.

S'engager, c'est dire : «Cela arrivera.» Et cela se produit. Un tel engagement demandera un effort soutenu de votre part et exigera souvent que vous puisiez votre énergie au fond de vous-même. Il vous demandera parfois de faire appel à toutes vos ressources et d'agir au maximum de vos capacités. Mais la récompense sera là, le jour où votre objectif se matérialisera.

La meilleure façon de s'engager, c'est de se compromettre; d'entreprendre une action qui vous empêche de revenir en arrière; de prendre certains risques qui ne vous laissent plus qu'une seule voie : avancer en fonction de votre objectif.

Pour chacun de vos 12 objectifs principaux, pensez à une action précise que vous pourriez entreprendre immédiatement. Une action que peut-être vous remettez depuis un certain temps. Une action qui représenterait un premier pas en direction de votre objectif. Et accomplissez cette action au cours des prochaines 24 heures.

Il est très important que vous agissiez rapidement. La définition d'objectifs amène beaucoup d'énergie et d'enthousiasme, mais ceux-ci diminueront rapidement si vous ne passez pas à l'action immédiatement. Plusieurs personnes hésitent à prendre une décision et ont tendance à la remettre au lendemain. Le plus difficile, c'est de commencer, de se dire «Voilà ce que je vais faire», et de le faire. Agissez dans les 24 heures. Faites un premier pas, un premier geste. Cette action en entraînera une autre. Elle est symbolique. Elle représente une déclaration positive de vos intentions et vient confirmer votre décision d'agir.

La réussite, c'est être capable de préciser ses objectifs et s'acharner à les réaliser. Dans ce chapitre, nous vous avons appris à définir vos objectifs dans les différents domaines de votre vie. Il vous faut maintenant un plan d'action établissant les différentes stratégies et tactiques qui vous permettront de matérialiser ces objectifs. C'est l'objet du prochain chapitre.

MES DÉSIRS

Dressez la liste de tout ce que vous avez toujours désiré avoir, faire ou être. Décidez ensuite de la date de réalisation de chacun de ces objectifs. L'ordre dans lequel vous procéderez n'a aucune importance. Soyez créatif.

Ce que j'aimerais avoir, faire ou être	Date de réalisation

MES OBJECTIFS MAJEURS

1. SUR LE PLAN ÉCONOMIQUE ET FINANCIER

À partir de votre liste d'objectifs, choisissez tous ceux qui se rapportent à ce domaine de votre vie. Étudiez-les soigneusement et inscrivez-les ci-dessous selon leur ordre de priorité.

a)

b)

c)

d)

e)

MES OBJECTIFS MAJEURS

2. SUR LE PLAN DES ACQUISITIONS

À partir de votre liste d'objectifs, choisissez tous ceux qui se rapportent à ce domaine de votre vie. Étudiez-les soigneusement et inscrivez-les ci-dessous selon leur ordre de priorité.

a)

b)

c)

d)

e)

MES OBJECTIFS MAJEURS

3. SUR LE PLAN PHYSIQUE

À partir de votre liste d'objectifs, choisissez tous ceux qui se rapportent à ce domaine de votre vie. Étudiez-les soigneusement et inscrivez-les ci-dessous selon leur ordre de priorité.

a)

b)

c)

d)

e)

MES OBJECTIFS MAJEURS

4. Sur le plan intellectuel et social

À partir de votre liste d'objectifs, choisissez tous ceux qui se rapportent à ce domaine de votre vie. Étudiez-les soigneusement et inscrivez-les ci-dessous selon leur ordre de priorité.

a)

b)

c)

d)

e)

MES OBJECTIFS MAJEURS

5. SUR LE PLAN FAMILIAL ET SPIRITUEL

À partir de votre liste d'objectifs, choisissez tous ceux qui se rapportent à ce domaine de votre vie. Étudiez-les soigneusement et inscrivez-les ci-dessous selon leur ordre de priorité.

a)

b)

c)

d)

e)

MON OBJECTIF

Le domaine de ma vie : _____

L'objectif : _____
_____
_____

La raison de ce choix : _____
_____
_____

La date de réalisation : _____

Les obstacles : _____
_____
_____
_____
_____
_____

Les solutions : _____
_____
_____
_____
_____
_____
_____

La visualisation de mon objectif : faites une description détaillée de la personne que vous serez devenue lorsque vous aurez atteint cet objectif. Pensez également aux bénéfices que vous en retirerez.

_____

_____

_____

_____

_____

_____

_____

Mon engagement : par la présente, je m'engage à faire tout ce qui sera nécessaire pour atteindre mon objectif.

Date _____ Signature_____

Action immediate : Pour réaliser cet objectif, voici une action que je vais entreprendre dans les prochaines 24 heures.

_____

_____

_____

_____

_____

_____

3

*Il est grand celui dont les yeux
peuvent voir qu'il ne peut échapper
à la récompense de l'action parce
qu'il est transformé en son action
même et en prend la nature; cet acte,
tel un arbre, porte ses propres fruits.
Un grand homme ne peut être privé
de l'effet de son acte, car cet effet est
immédiat.*

ÉTABLISSEZ VOTRE PLAN D'ACTION

POUR CHACUN DE VOS OBJECTIFS, il vous faut maintenant établir des plans d'action, énoncer des stratégies. En fait, il s'agit de décider ce que vous pouvez faire maintenant pour obtenir ce que vous voulez dans l'avenir. Pour chaque objectif, il faut réfléchir à ce que vous pouvez faire, au moment où vous le ferez et à la façon dont vous le ferez. Plus votre plan sera précis et détaillé, plus vous serez porté à passer à l'action.

Posez-vous d'abord ces quelques questions pour chacun des objectifs que vous désirez atteindre : Quelles activités pourraient me rapprocher de mon objectif? Quelle est la plus importante? Quelles ressources me faut-il? Quelles connaissances?

STRATÉGIES ET TACTIQUES

Considérons vos objectifs professionnels et financiers puisque le but premier de ce livre est de vous aider à les atteindre. Supposons que votre objectif numéro un pour cette année est de gagner un revenu de commissions de 80 000 $. Commencez par faire une liste de toutes les activités susceptibles de vous aider à atteindre votre objectif. Inscrivez le plus d'idées possible, sans les critiquer, sans vous attarder, pour le moment, à vos capacités et à la façon de les faire. Il s'agit d'être créatif. Si vos objectifs de revenu sont largement supérieurs à celui de l'année dernière, il vous faudra sûrement faire quelque chose de nouveau pour y parvenir.

Alors pensez à tout ce que vous pourriez faire pour y arriver. Songez à ce que font d'autres personnes qui travaillent dans le même domaine que le vôtre. Pensez à des choses qui se font dans d'autres domaines d'activité et que vous pourriez adapter à votre situation. Cette liste pourrait inclure, par exemple, les activités suivantes :

- Vous joindre à un club social de votre région.
- Demander trois recommandations à chacun de vos clients.
- Vous lever une heure plus tôt.
- Percer un nouveau segment de marché.
- Mettre sur pied un programme de publicité.
- Écrire une chronique dans un journal.
- Former votre propre club d'initiés (voir le prochain chapitre).
- Donner des conférences.
- Organiser une promotion ou un événement.
- Établir deux nouveaux centres d'influence.

- Engager un agent de télémarketing pour prendre vos rendez-vous.
- Suivre un cours de formation.
- Concevoir un nouveau produit.
- Faire une visite de plus chaque jour.

Certaines de ces stratégies peuvent être faciles à entreprendre, d'autres peuvent s'avérer plus complexes. Évaluez chacune d'entre elles et demandez-vous si vous avez envie de l'entreprendre, si vous êtes prêt à y consacrer le temps et les efforts nécessaires. Numérotez les activités qui composent votre liste par ordre de priorités et choisissez celles que vous allez entreprendre. Ces activités constitueront les différentes stratégies de votre plan d'action.

Chacune de ces activités peut à son tour comporter une série d'actions que nous appellerons des tactiques. Ainsi, si vous décidez que votre stratégie numéro un consiste à écrire une chronique dans une revue afin de vous faire connaître, les actions suivantes pourraient constituer vos tactiques :

- Établir une liste des différentes revues susceptibles d'être intéressées par votre spécialité.
- Obtenir un profil de leurs lecteurs.
- Contacter les rédacteurs en chef de chaque revue.
- Préparer votre curriculum vitæ.
- Établir une liste de sujets.
- Écrire le premier article.

Les tactiques sont des actions souvent très simples, que vous pouvez faire à court terme et qui vous permettent d'avancer en direction de votre objectif. Pour chaque stratégie qui compose votre liste de priorités, vous devez penser aux tactiques qui vous permettront de les réaliser. Certaines d'entre elles peuvent être interdépendantes ou subordonnées à la réalisation d'une autre. Si c'est le cas, voyez à les organiser dans un ordre logique et fixez-vous des échéances. Commencez sans tarder. Si possible, entreprenez dans les 24 heures une action qui confirme votre décision, comme nous l'avions recommandé dans le chapitre précédent. Par exemple, vous pourriez appeler le rédacteur en chef d'une revue. Ce simple appel activera votre stratégie.

• •

VOTRE PLAN D'ACTION

Si votre objectif comporte des chiffres, il importe de les diviser en montants plus faciles à analyser. Par exemple, si vous tenez à gagner 80 000 $ en commissions cette année, il faudrait d'abord considérer, à l'aide des chiffres de l'année dernière, combien en moyenne vous rapporte une seule vente. Il faudrait aussi décider du nombre de semaines que vous comptez consacrer à la réalisation d'un tel résultat.

Si par exemple vous gagnez en moyenne 400 $ chaque fois que vous faites une vente, il vous faudra effectuer 200 ventes pour arriver à votre objectif. Si vous décidez de travailler 44 semaines pendant l'année, cela signifie qu'il vous faudra effectuer 4,5 ventes par semaine et ce, toutes les semaines, j'insiste sur ce fait. Plusieurs projections sont très belles sur papier, mais souvent on ne réalise pas que les semaines passent très vite : si vous n'avez obtenu aucun résultat cette semaine, la semaine prochaine il vous faudra effectuer neuf transactions.

Analysez les chiffres de votre dernière année et remarquez combien d'entrevues vous avez dû faire pour arriver à vos résultats ainsi que le nombre de personnes que vous avez dû contacter pour chaque entrevue que vous avez réalisée. Calculez vos moyennes et projetez-les dans l'avenir.

Toutes les entreprises conservent des statistiques afin de pouvoir comparer leurs ratios. Les experts-comptables se servent de ratios pour analyser le rendement d'une société. Pourquoi en serait-il autrement pour vous? Si votre ratio contacts-entrevues-ventes est de 10-3-1, cela veut dire que pour chaque vente vous devez communiquer avec 10 personnes et que trois d'entre elles vous demanderont de leur faire une présentation de votre produit ou de votre service. Si vous projetez ces chiffres dans l'avenir, cela veut dire que pour réaliser un revenu de 80 000 $ cette année vous devrez effectuer 200 transactions en faisant 600 entre-vues avec les 2 000 personnes que vous aurez contactées. Est-ce possible? À vous d'en juger. Tout dépend de votre produit ou service, du temps requis pour chaque entrevue, de l'étendue de votre marché et de la façon dont vous organiserez et gérerez votre temps et vos efforts.

Analysez vos chiffres, prenez les décisions qui s'imposent et adaptez vos stratégies et vos tactiques en conséquence. Peut-être réaliserez-vous que, pour arriver à vos objectifs, il vous faudra absolument mettre de l'avant de nouvelles stratégies, et c'est précisément le but de l'exercice en question : établir un plan d'action qui optimise vos chances de succès.

L'habileté à décomposer un objectif en ses différentes composantes et à diviser celles-ci en actions précises est une qualité que possèdent tous les champions. Ils connaissent l'importance d'un plan d'action et savent qu'en planifiant temps, ressources, talents et efforts en fonction d'un objectif majeur ils auront beaucoup plus de chances de succès. Dans le but de vous aider à passer à l'action et à atteindre vos objectifs, nous vous proposons, un peu plus loin, d'expérimenter un plan d'action de 10 semaines, qui pour-rait transformer tout à fait votre carrière. Mais auparavant, j'aimerais que nous nous arrêtions sur un point essentiel dans la préparation de votre plan d'action.

LA GESTION DU TEMPS

Le fait de fixer vos objectifs et d'établir vos plans d'action et vos différentes stratégies et tactiques vous fera sûrement comprendre que cela fait beaucoup de choses à faire. «Écoutez, me direz-vous, j'arrivais à peine à tout faire, et voilà qu'avec tous ces objectifs que je viens de définir j'ai encore plus de choses à faire.» Eh bien, rassurez-vous. La définition de vos objectifs vous aidera à régler ce problème. En effet, elle vous aidera à éliminer toute activité inutile ou secondaire par rapport à vos objectifs.

Savez-vous combien d'heures se perdent tous les jours devant la télévision? C'est incroyable! Un individu passe en moyenne entre trois et cinq heures par jour devant son petit écran. Combien d'heures passe-t-on ainsi à des occupations non productives et qui ne sont nullement liées à nos objectifs? Le fait de fixer nos objectifs nous permet d'orienter notre action et de faire certains choix par rapport à nos activités quotidiennes.

Pour ma part, j'ai vraiment compris l'importance d'une saine gestion de mon temps il y a cinq ans, lorsque j'ai commencé à animer mes séminaires de vente. J'anime en moyenne deux séminaires par semaine de sorte qu'il ne me reste plus que trois journées pour vaquer à mes autres occupations.

Croyez-moi, lorsqu'on doit faire en trois jours ce qu'on fait normalement en cinq jours, on apprend rapidement à gérer son temps de manière plus efficace : être efficace, c'est être capable de choisir les actions les plus judicieuses et de les faire le plus rapidement possible et de la meilleure façon possible.

La meilleure chose à faire pour débuter : analysez votre emploi du temps pour chaque journée, pendant une semaine, en vous servant de la formule prévue à cet effet (voir l'annexe 1, à la fin de ce chapitre). Notez tout ce que vous ferez pendant cette semaine. Cette façon de faire vous permettra sûrement d'éliminer plusieurs activités secondaires et peut-être même de changer certaines habitudes qui vous font perdre du temps. Notez le temps que vous passez au téléphone, en réunion, au restaurant pendant l'heure du lunch; le temps que vous passez à vous préparer, le temps d'attente chez un client, le temps passé à vous rendre d'un rendez-vous à un autre et surtout le temps perdu dans la circulation.

Je déteste être immobilisé dans la circulation, à tel point que j'ai déménagé mon bureau deux fois afin de me rapprocher de chez moi; de plus, je demande à nos préposées au téléphone de ne prendre des rendez-vous à Montréal qu'entre 10 h le matin et 3 h l'après-midi. De cette façon, j'évite les problèmes de circulation et je peux employer ce temps de façon beaucoup plus productive.

À la fin de la semaine, analysez votre feuille d'emploi du temps et tentez de déceler les activités qui vous font perdre du temps. Essayez de les éliminer ainsi que toutes celles qui ne vous rapprochent pas des objectifs majeurs que vous vous êtes fixés. Faites-vous ensuite un modèle de journée idéale, en prévoyant du temps pour toutes vos activités. Prévoyez tout : l'heure du lever, l'heure du lunch, la lecture, l'exercice, etc.

Faire ce qui doit être fait au moment le plus propice : voilà le secret de l'organisation. Apprenez donc à vous connaître, à connaître vos forces et vos faiblesses, et agissez en conséquence. Certaines personnes ont beaucoup plus d'énergie le matin alors que d'autres fonctionnent à l'inverse. Étudiez-vous. Si vous êtes rempli d'énergie le matin, profitez-en pour faire les tâches les plus exigeantes, comme la prise de rendez-vous par téléphone et les entrevues de ventes. Apprenez également à connaître vos clients. Quelle est la meilleure heure pour les appeler, pour les rencontrer? Il y a un temps pour chaque chose. À vous de le trouver. Plutôt que de vous laisser contrôler par le temps, soyez maître de votre temps. Si on me demandait de résumer en trois mots tous les cours qui existent sur la gestion du temps, voici ceux que je choisirais : planification, délégation, action immédiate. Ces trois actions, à elles seules, représentent la base de tout système d'organisation. Étudions chacune d'elles.

LA PLANIFICATION

La planification de vos journées et de vos semaines : voilà la seule façon de vous assurer du contrôle des événements. Planifiez d'abord vos semaines. Réservez-vous une journée par semaine pour planifier la semaine qui s'en vient. Cela pourrait prendre deux à trois heures, mais ces quelques heures vous permettront de réserver chaque semaine du temps pour vos activités prioritaires en fonction de vos objectifs majeurs.

La plupart des gens renoncent à toute planification. Ils se présentent au bureau le lundi matin sans aucune idée de ce qu'ils vont accomplir. Soudain, le téléphone sonne, et voilà : ils sont désormais à la merci des événements. Les champions préfèrent décider eux-mêmes de ce qu'ils feront chaque semaine et, pour cela, ils se gardent quelques heures à la fin de chaque semaine pour prévoir les activités de la semaine qui vient. Nous verrons, un peu plus loin, comment planifier vos semaines au moyen d'une feuille de travail appelée «Journée d'organisation».

Planifiez ensuite chacune de vos journées. Le meilleur moment pour le faire, c'est la veille. Prévoyez tous les soirs ce que vous ferez le lendemain. Les rendez-vous, les appels, le dîner, l'exercice, le repos, le courrier, le travail de bureau et, bien sûr, la planification du lendemain.

En 1976, à la réunion de la Table ronde des millionnaires, qui avait lieu à Atlanta, je m'étais procuré le livre de Frank Sullivan, *Le chemin critique vers le succès dans la vente*, dans lequel il nous conseille de diviser toutes nos activités en deux parties : la partie offensive, ou proactive, et la partie défensive, ou réactive. J'ai toujours adopté ce système depuis. La partie proactive concerne les activités où je prends l'initiative : les appels, les entrevues, les présentations de vente. Avant de passer à l'offensive, on n'est même pas en affaires. La partie réactive couvre toutes les activités qui me sont imposées par mon travail : le travail de bureau, le service, la préparation des dossiers.

Bien sûr, les deux types d'activités sont importantes. Le problème qui se pose pour plusieurs personnes qui débutent dans la vente, c'est qu'au début elles consacrent tout leur temps à l'offensive et qu'après avoir réalisé quelques ventes elles deviennent de plus en plus réactives. Elles en viennent à oublier complètement l'offensive, de sorte qu'après un certain temps elles éprouvent des problèmes de production. L'avantage d'un tel système, c'est qu'il nous force à prévoir du temps chaque jour pour l'offensive. C'est la meilleure façon d'éviter les périodes creuses.

Tous les soirs, servez-vous de la feuille «Action 24 heures», que vous trouverez à la fin de ce chapitre (voir l'annexe 2), et faites la liste des 10 activités les plus importantes à accomplir au cours des prochaines heures. Divisez-les en deux selon leur caractère proactif ou réactif et classez les activités personnelles à part. Votre feuille de travail vous laisse suffisamment d'espace pour inscrire 10 priorités dans chaque section. Idéalement, le lendemain, vous devriez d'abord vous attaquer aux cinq premières priorités offensives pour ensuite passer aux cinq priorités défensives. Prévoyez des activités de remplacement au cas où un rendez-vous serait remis.

Prévoyez également un peu de temps pour faire face aux imprévus qui se présenteront tous les jours. Si vous ne pouvez exécuter toutes les activités qui sont sur votre liste, ne vous en faites pas, vous aurez au moins la satisfaction de savoir que vous avez accompli les activités les plus importantes compte tenu de vos objectifs.

LA DÉLÉGATION

Chaque fois que vous pensez que quelqu'un d'autre peut accomplir une partie de votre travail aussi bien que vous, déléguez-lui ce travail. Ceci vous laissera plus de temps pour faire ce que personne d'autre qu'un vendeur ne peut faire : des activités de vente.

Nicole et moi avons trois secrétaires pour nous assister. C'est incroyable le temps qu'elles réussissent à nous faire gagner. Chacune a ses tâches bien précises, et nous savons que nous pouvons compter sur elles. Si un nouveau travail se présente, nous l'évaluons avec elles et, aussitôt que nous pensons qu'elles peuvent l'accomplir, nous leur en laissons la responsabilité. Nous employons aussi deux préposées au téléphone, dont la tâche consiste à sonder continuellement le marché et à fixer nos rendez-vous. Elles nous aident énormément à augmenter notre efficacité.

Comment réagiriez-vous si vous vous présentiez à votre bureau tous les lundis matin et qu'une préposée au téléphone vous donnait la liste de vos rendez-vous pour la semaine? Vous n'auriez pas le choix, n'est-ce pas? Pourtant, il n'en tient qu'à vous de vous entourer de personnel compétent et de lui déléguer toutes ces activités afin de vous libérer et de vous consacrer à ce que vous aimez et devez faire. Ce pourrait bien être un de vos objectifs pour cette année!

L'ACTION IMMÉDIATE

Le plus grand obstacle qui se dresse entre une personne et son objectif, c'est elle-même. Elle seule peut décider d'agir immédiatement chaque fois qu'elle doit le faire. D'où vient donc cette mauvaise habitude qu'ont, à des degrés différents, la plupart des gens? Je veux parler bien sûr de la procrastination, cette habitude de remettre au lendemain les activités qu'on sait fort bien devoir faire aujourd'hui.

Vous avez rempli votre feuille «Action 24 heures» hier soir, vous avez fait la liste des choses que vous deviez faire aujourd'hui, vous les avez classées par ordre de priorité et vous êtes maintenant assis devant cette liste. Pourquoi est-ce si difficile de faire ce qui est écrit au numéro un sur la liste? Pourquoi cette tendance à remettre au lendemain? Encore, si vous n'aviez pas défini vos objectifs, la raison en serait évidente. Mais vos objectifs sont maintenant sur papier, vous vous êtes fait un plan d'action, et pourtant vous hésitez, vous reportez.

Je vous conseille de revoir la liste des 10 qualités des champions. Vous y trouverez sûrement la raison de votre tendance à «procrastiner». Arrêtez-vous particulièrement aux deux premières qualités et interrogez-vous : Avez-vous vraiment un désir sincère de réussir? Avez-vous suffisamment confiance en vous?

La peur de l'échec est la principale cause de la procrastination. En retardant son action, on évite ainsi de se mesurer au défi qui nous attend et à ses conséquences. En cas d'échec, on pourra toujours blâmer les circonstances ou le manque de temps mais jamais soi-même.

La seule façon de surmonter ce problème : prendre l'habitude d'agir immédiatement au lieu de remettre à demain. À partir de maintenant, chaque fois que vous penserez «Je le ferai demain», annulez immédiatement cette pensée et remplacez-la par une action immédiate. Vous devez téléphoner à quelqu'un et tout à coup vous pensez que vous pourriez tout aussi bien l'appeler demain! Annulez cette pensée en composant immédiatement le numéro de cette personne. Voilà la meilleure façon de vaincre cette habitude.

C'est également une bonne idée de diviser votre objectif en différentes étapes. Entreprendre un projet audacieux peut faire peur. Alors divisez ce projet en 8 ou 10 étapes et concentrez-vous sur une seule à la fois. C'est exactement ce que j'ai fait pour écrire ce livre. Je l'ai divisé en 13 chapitres, j'ai réparti tout mon matériel et toutes mes idées dans 13 dossiers différents et je ne travaille que sur un seul chapitre à la fois. Si une idée me vient qui s'applique à un autre chapitre, je la note sur une feuille de travail et je la place dans le dossier qui concerne ce chapitre. En concentrant toute mon attention sur un seul chapitre à la fois, il m'est beaucoup plus facile d'entreprendre chaque action immédiatement, au moment où elle doit être accomplie.

Pour gérer son temps de façon efficace, il importe d'être tous les jours conscient du défi que cela représente. Afin d'éviter de vous laisser prendre par la routine, voici 10 idées-actions que vous pourriez afficher et lire tous les jours.

✓ 1. Planifiez chaque journée la veille et profitez-en pour vous fixer un objectif prioritaire pour le lendemain.

✓ 2. Établissez votre liste de priorités tous les jours et répartissez-les selon leur caractère proactif ou réactif.

✓ 3. Prévoyez votre emploi du temps aussi longtemps à l'avance que vous le pouvez.

✓ 4. Déléguez au maximum votre charge de travail.

✓ 5. Ne manipulez chaque dossier, chaque papier qu'une seule fois.

✓ 6. Mettez-vous à l'heure Lombardi; avancez votre montre de 10 ou 15 minutes.

✓ 7. Fixez chaque semaine une période pour planifier les activités de la semaine qui s'en vient.

✓ 8. Lorsque vous terminez une activité ou lorsque vous franchissez une certaine étape, offrez-vous une récompense ou une période de repos.

✓ 9. Demandez-vous souvent : «Est-ce que cette activité me rapproche de mon objectif?»

✓ 10. Agissez maintenant.

LE BLITZ : UN PLAN D'ACTION DE 10 SEMAINES

C'est Frank Bettger qui eut l'idée de diviser ses objectifs annuels en objectifs trimestriels et de se concentrer sur un plan d'action n'excédant pas 13 semaines. Nous avons donné le nom de «blitz» à ce plan d'action et nous avons jugé bon, en ces temps modernes, de le réduire à 10 semaines afin de s'offrir, la onzième semaine, un repos bien mérité. Mais vous pouvez très bien vous établir des plans d'action de 12 semaines ou de cinq ou six semaines, c'est selon votre goût.

Le premier objectif d'un blitz est simplement de canaliser tous vos efforts en vue d'un résultat à court terme, de concentrer vos énergies pendant une période d'activité intensive et de profiter ensuite d'un court repos avant d'entreprendre la prochaine étape.

Nous possédons tous les talents et les réserves nécessaires pour fournir un effort maximal pendant une telle période, mais, trop souvent, nous oublions de reprendre notre souffle de sorte que nous perdons peu à peu notre enthousiasme, notre constance et que nous nous satisfaisons alors de résultats médiocres, bien au-dessous de nos capacités.

Ainsi, plusieurs individus se fixent des objectifs professionnels pour l'année, des objectifs ambitieux qui exigeront le meilleur d'eux-mêmes. C'est fantastique, sauf qu'ils essaient de diviser ces objectifs en 50 semaines et ne s'accordent que deux petites semaines de vacances.

Personne ne peut donner son maximum pendant 50 semaines. Ceux qui tentent de le faire sont bien forcés d'admettre qu'après une certaine période leur ardeur diminue et que, malgré leurs efforts, ils n'obtiennent plus les mêmes résultats. C'est tout à fait normal. L'être humain, contrairement à une machine, a besoin de repos. Rien n'est plus motivant que de se fixer un objectif à court terme, d'offrir le maximum d'efforts et de se reposer ensuite pendant quelques jours.

C'est ainsi que la vente devient tellement motivante. Rares sont ceux qui peuvent s'offrir ce style de vie. Nicole et moi adorons les vacances. Tous les ans, nous planifions notre année en fonction de blitz de 8 à 10 semaines, que nous entrecoupons de vacances au Club Med. Au cours des cinq dernières années, nous avons ainsi eu la chance de profiter de 21 semaines au Club Med.

Il est très facile de planifier son année en fonction de ces blitz. De toutes façons, il y a les vacances d'hiver, les vacances d'été, les longues fins de semaine. Étudiez votre calendrier et planifiez vos plans d'action en conséquence. Par exemple, chaque année, nous fermons le bureau du 15 au 30 juillet pour les vacances d'été. Lorsque nous reprenons le travail, il reste 21 semaines d'activités avant les vacances d'hiver. La plupart des gens se mettent alors au travail sans se rendre compte qu'il leur faudra énormément d'efforts pour performer pendant 21 semaines. Normalement, ce qui se produit, c'est qu'après 12 ou 15 semaines, parfois bien avant cela, leur motivation commence à diminuer et, la fatigue aidant, leur rendement commence également à s'en ressentir.

Pourquoi ne pas essayer notre formule? 21 semaines, c'est suffisant pour organiser deux blitz entrecoupés d'une semaine de vacances. Je suis convaincu que ceux qui l'essaieront obtiendront en 20 semaines de bien meilleurs résultats que ceux qui travailleront 21 semaines sans arrêt.

Ce qui est fantastique lorsqu'on entreprend un blitz, c'est qu'on repart toujours à zéro. On oublie le passé, on oublie ses statistiques de l'année en cours et on se concentre sur les 10 prochaines semaines. Savez-vous que quatre blitz, quatre plans d'action au cours desquels on travaille d'arrache-pied et on donne le maximum de soi-même produisent une année extraordinaire.

Vous n'êtes pas obligé d'arrêter trois semaines entre

chacun. Bien qu'un trimestre corresponde à 13 semaines, personne ne travaille 13 semaines. Vous pouvez bien travailler 13 semaines si vous le voulez, mais restreignez-vous à 10 semaines de travail acharné, où vous concentrerez toutes vos énergies sur vos objectifs de vente.

Dans son livre *La vente, étape par étape,* Frank Bettger explique qu'en lisant l'autobiographie de Benjamin Franklin il eut l'idée de s'organiser par périodes de 13 semaines. Dans son autobiographie, Franklin raconte en effet que cette idée très simple fut à la base de toute sa réussite. Alors qu'il était en sérieuse difficulté, il choisit 13 sujets qu'il se devait de maîtriser et décida pour éviter la monotonie de consacrer une semaine à chaque sujet.

Bettger choisit de faire la même chose. En plus de s'organiser par périodes de 13 semaines, il décida également de travailler chaque semaine sur un de ses points faibles. Si l'idée était bonne pour Franklin et Bettger, pourquoi devrait-il en être autrement pour nous? Pourquoi alors ne pas en profiter pour travailler sur les 10 qualités des champions?

Cette idée vient renforcer encore plus notre blitz. Elle nous offre la possibilité de faire d'une pierre deux coups : concentrer toutes nos énergies et donner tout ce que nous pouvons pendant 10 semaines, mais également réviser les 10 qualités d'un champion et consacrer une semaine complète au perfectionnement de chacune d'entre elles. Vous rendez-vous compte qu'après quatre blitz vous pourrez constater non seulement une amélioration de vos résultats mais également une transformation de votre personnalité.

Le blitz de 10 semaines que nous vous proposons présente six outils d'organisation qui devraient faciliter grandement votre tâche. Examinons brièvement chacun de ces outils.

1. OBJECTIFS ET PLAN D'ACTION

Il va de soi que le premier outil sera une feuille de travail qui vous permettra de définir vos objectifs professionnels pour les 10 prochaines semaines et d'établir votre plan d'action. Soyez exigeant.

Ainsi, si votre objectif est toujours de gagner 80 000 $ de commissions cette année, pourquoi ne pas tenter de réaliser 20 000 $ lors des 10 prochaines semaines? En se basant sur les mêmes hypothèses que dans notre exemple précédent, il vous faudra donc effectuer 50 ventes résultant de 150 entrevues et de 500 contacts. Ces chiffres divisés par 10 définiront vos objectifs pour chaque semaine : 5 ventes, 15 entrevues et 50 contacts. Analysez vos propres chiffres et choisissez vos objectifs pour votre blitz.

Pensez également à une stratégie que vous pourriez établir pour ce blitz. Par exemple, vous pourriez décider d'inviter vos 10 meilleurs clients à déjeuner afin d'obtenir trois recommandations de chacun d'entre eux. Les activités suivantes pourraient alors constituer vos tactiques :

- Établir la liste des 10 clients.
- Communiquer avec eux individuellement.
- Fixer des rendez-vous, etc.
- Obtenir des noms recommandés.
- Les appeler.

2. INVENTAIRE DES CLIENTS POTENTIELS

Le premier outil vous permet de prendre des décisions quant à vos activités. Les bonnes intentions ne suffisent pas : vous devez communiquer avec 500 personnes au cours des 10 prochaines semaines. Vous devez donc établir une liste précise des personnes que vous appellerez.

Dans le prochain chapitre, nous vous offrirons quelques recommandations quant aux différentes sources de clients potentiels que vous pouvez utiliser. Évidemment, selon le type d'industrie dans lequel vous œuvrez ou le genre de produit ou service que vous offrez, il existe plusieurs différences quant au temps requis et au nombre de visites pour conclure une vente. Pour certains, la vente se fait au moment de la première entrevue. Dans d'autres domaines, elle peut nécessiter quatre ou cinq rendez-vous et même au-delà. Étudiez vos inventaires, vos travaux en cours, vos dossiers et vos pourcentages, et préparez votre liste en conséquence.

3. JOURNÉE D'ORGANISATION

La meilleure façon de passer à l'action est de prévoir chaque semaine une «journée d'organisation», qui vous permettra d'établir vos objectifs de la semaine, de planifier votre emploi du temps, de remplir vos rapports de performance, de préparer vos offres de service et de vous occuper de votre correspondance et de votre suivi. Cette idée fut également mise de l'avant par Frank Bettger. Comme il n'arrivait jamais à s'organiser, il décida de choisir le samedi matin pour faire sa journée d'organisation. Cela lui fut très profitable étant donné qu'il commençait chaque lundi matin en sachant exactement ce qu'il ferait, qui il rencontrerait et de quelle façon il conduirait son entrevue.

Plusieurs personnes attendent au lundi matin pour planifier leur semaine : c'est une erreur. Si vos vendredis après-midi sont plutôt tranquilles, profitez-en pour organiser la semaine suivante. Sinon, faites-le le samedi matin. Cela ne vous demandera qu'une à trois heures, selon votre produit ou votre service, mais vous vous rendrez rapidement compte que votre journée d'organisation vous permet d'être beaucoup plus efficace et d'obtenir des résultats concrets.

4. LA FEUILLE «ACTION 24 HEURES»

Nous avons déjà donné les explications pour remplir

cette feuille. Faites des photocopies et utilisez-la tous les jours. Cette feuille de travail vous permet d'établir vos priorités quotidiennes et de répartir vos efforts selon l'aspect proactif ou réactif de votre travail.

5. Agenda de la semaine

L'agenda vous permet de planifier vos rendez-vous et vos activités de la semaine. N'oubliez pas de prévoir également des moments pour vos activités personnelles, vos exercices physiques, votre famille ou tout autre élément qui vous intéresse. La meilleure façon de ne pas oublier, c'est de noter au fur et à mesure. Prévoyez également des moments pour certaines activités. Ainsi, si vous décidez de faire des appels téléphoniques les mardis et jeudis matin, notez-le immédiatement sur votre agenda, en mettant un trait entre neuf heures et midi. De la même manière, réservez du temps pour votre journée d'organisation.

6. Rapports de performance

Le sixième outil d'organisation est à la fois le plus important et celui que la majorité des vendeurs détestent le plus. Pour toutes sortes de raisons, plusieurs refusent de les remplir sous prétexte qu'ils n'ont pas le temps et que de toute façon ce n'est pas important. Pourtant, ces rapports représentent la seule façon de vous assurer que vous faites vraiment les choses que vous avez décidé de faire pour atteindre vos objectifs et que chaque semaine vous suivez votre plan d'action à la lettre.

Les rapports de performance jouent le même rôle pour un vendeur que le chronomètre pour un marathonien. Ils peuvent vous dire si vous vous rapprochez ou si vous vous éloignez de votre objectif. N'attendez pas à la fin du blitz pour savoir si vos actions ont porté fruit, car, en agissant ainsi, vous risquez d'être très déçu. Une fois que vos objectifs sont sur papier et que vous avez entrepris votre plan d'action, plus rien ne doit compter que votre activité.

Vous devez vous évaluer tous les jours. Vous seul êtes responsable de vos résultats.

Les rapports de performance que nous vous suggérons sont très simples à remplir. Bien sûr, il peuvent être différents selon le produit ou le service que vous offrez et selon le nombre d'entrevues requises pour effectuer une vente. Pour cette raison, nous avons laissé quelques espaces blancs où vous pourrez insérer d'autres activités importantes pour vous. Par exemple, si vous travaillez dans l'immobilier, vous pourriez vous servir d'un de ces espaces pour vérifier vos objectifs d'inscriptions. Pour les autres, vous pourriez vous en servir pour compiler vos appels de service ou le nombre de recommandations que vous obtiendrez.

Au moment de votre journée d'organisation, commencez par fixer vos objectifs de la semaine dans la partie qui est au bas de la feuille (voir l'annexe 2, à la fin de ce chapitre). Reportez-les ensuite sur la partie du haut en prenant soin de les répartir par journée. Entrez vos statistiques tous les jours et à la fin de chaque semaine compilez vos résultats.

Les rapports de performance vous informent constamment sur l'efficacité de vos actions et vous permettent de faire les ajustements qui s'imposent. Si vous n'obtenez pas tout de suite les résultats prévus, ne considérez pas cela comme un échec mais comme un apprentissage très utile. Les activités qui échouent nous en disent souvent plus sur notre performance que celles qui fonctionnent.

À la fin de chaque blitz, établissez vos moyennes et comparez vos différents ratios contacts-ventes, contacts-entrevues, entrevues-ventes. Combien vous ont rapporté chaque entrevue, chaque contact? Comparez vos résultats avec vos objectifs et déterminez les écarts. Essayez de trouver les causes des écarts significatifs et changez ce qui doit l'être pour votre prochain blitz.

Peut-être comprendrez-vous que votre plan d'action

manquait de rigueur ou que vos objectifs étaient tout simplement trop élevés. J'aimerais toutefois faire une mise en garde. Il est souvent difficile d'évaluer ses activités, car les résultats ne sont pas immédiats. Il existe toujours un certain délai entre une action et son résultat, de sorte qu'un contact peut parfois produire une vente une année plus tard. Tenez compte de ce facteur lorsque vous évaluerez vos performances.

Un blitz de 10 semaines vous permettra d'offrir le meilleur de vous-même en tout temps! Définissez donc vos objectifs pour les 10 prochaines semaines; établissez vos plans d'action; créez une méthode d'évaluation et vous serez alors à même d'offrir une extraordinaire performance à la mesure de vos talents.

Tout le monde peut faire une vente; mais faire des ventes chaque semaine, avec constance et régularité, voilà ce qui distingue le champion du vendeur moyen. Concentrez vos énergies pendant 10 semaines et vous accomplirez en 10 semaines ce que d'autres mettent parfois 15, 26 ou 52 semaines à accomplir. Voilà pourquoi la onzième semaine, alors que les autres travaillent, vous pourrez vous permettre d'aller recharger vos batteries.

Soyez créatif. Faites-vous des blitz thématiques en vous concentrant sur un produit en particulier, un segment de marché, un type de clientèle. Si vous êtes à la tête d'une organisation de vente, organisez un concours, faites une promotion spéciale de 10 semaines. Faites participer tous vos représentants ou profitez-en pour offrir une promotion à toute votre clientèle. Un blitz apporte beaucoup de vie dans un plan de marketing et permet de conserver le *momentum* vers la réalisation de ses objectifs.

Si vous traversez une mauvaise période, une très mauvaise période, pourquoi ne pas préparer votre «blitz de la dernière chance»? Faites-vous un plan d'action de 10 semaines, un plan d'action qui vous permettra de déployer toutes les ressources et la concentration nécessaires à vos objectifs pour ces 10 semaines. Un plan d'action où vous décidez d'y aller au maximum de vos capacités, non pas pour toute une année, mais pour 10 semaines seulement. Après ce blitz, vous pourrez décider si vous continuez ou si vous abandonnez. Mais pour les 10 prochaines semaines, il n'est même pas question d'y penser. Ajoutez-y un programme de discipline personnelle couvrant vos habitudes alimentaires, vos activités physiques et votre horaire de tous les jours. Mobilisez toutes vos ressources et tous vos efforts. Consultez votre plan d'action tous les jours. Avec ce plan, vous pouvez maintenir votre enthousiasme. Et, comme le dit si bien Frank Bettger : «Si une personne peut maintenir son enthousiasme suffisamment longtemps, elle réussira à atteindre n'importe lequel de ses objectifs.»

FEUILLE D'EMPLOI DU TEMPS

Date _____

Heure	Activité	Importance*	Commentaires
7h00			
7h30			
8h00			
8h30			
9h00			
9h30			
10h00			
10h30			
11h00			
11h30			
12h00			
12h30			
13h00			

* Importance : 1. Très important   3. Routinier
2. Important   4. Peu important

Heure	Activité	Importance*	Commentaires
13h30			
14h00			
14h30			
15h00			
15h30			
16h00			
16h30			
17h00			
17h30			
18h00			
18h30			
19h00			
19h30			
20h00			
20h30			

Instructions : Analysez votre emploi du temps toutes les demi-heures pour chaque journée pendant une semaine. Posez-vous les questions suivantes :

- Quelles interruptions reviennent le plus souvent?
- Quelles activités ne sont pas nécessaires?
- Que puis-je faire pour les éliminer?
- Comment pourrais-je devenir plus efficace?

LE BLITZ :

UN PLAN D'ACTION DE 10 SEMAINES

Un plan d'action de 10 semaines commençant le _____
et se terminant le _____ .

PLAN D'ACTION (10 SEMAINES)

LE PREMIER OBJECTIF D'UN BLITZ est de canaliser nos efforts en vue d'un résultat à court terme, de concentrer nos énergies pendant une période d'activité intense n'excédant pas 10 semaines.

Nous possédons tous les talents et les réserves nécessaires pour fournir un effort maximal pendant une telle période; mais, trop souvent, nous oublions de reprendre notre souffle, de sorte que nous perdons peu à peu notre enthousiasme, notre régularité et que nous nous satisfaisons alors de résultats médiocres, bien au-dessous de nos possibilités.

Un blitz de 10 semaines vous permettra d'offrir le meilleur de vous-même en tout temps! Définissez vos objectifs pour les 10 prochaines semaines; établissez votre plan d'action, concevez une méthode précise pour évaluer vos performances, et vous serez à même d'offrir un extraordinaire rendement, à la mesure de vos talents. Vous accomplirez en 10 semaines ce que d'autres mettent parfois 12, 15, 26 ou 52 semaines à accomplir.

Le blitz de 10 semaines que nous vous proposons vous donne tous les outils d'organisation nécessaires pour réaliser vos objectifs. Gardez toujours ce plan avec vous; inscrivez-y chaque jour toutes vos statistiques. Chaque semaine, lors de votre journée d'organisation, additionnez les colonnes de chiffres et compilez les résultats. Vous aurez alors le plaisir de vivre l'expérience la plus extraordinaire au monde, celle de la vente.

> «Accomplir une action sans la consigner est pire que de ne pas la faire.» (École de vente japonaise)

Planifiez votre travail et travaillez votre plan chaque jour, chaque semaine. Tout le monde peut faire une vente, mais faire des ventes toutes les semaines, avec constance et régularité, voilà ce qui différencie le champion du vendeur moyen. Si vos résultats ne sont pas satisfaisants, étudiez vos rapports de performance. Vous y trouverez sûrement la cause de ces lacunes.

«Avec ce plan, vous pouvez maintenir votre enthousiasme.» Et, comme ajoute Frank Bettger : «Si une personne peut maintenir son enthousiasme suffisamment longtemps, elle réussira à atteindre n'importe lequel de ses objectifs.»

MES OUTILS D'ORGANISATION

1. Objectifs et plan d'action

Définissez vos objectifs professionnels pour les 10 prochaines semaines et établissez votre plan d'action pour chaque semaine. Imaginez une stratégie susceptible de vous aider à réaliser votre objectif et déterminez les différentes tactiques qui vous permettront de l'exécuter.

2. Inventaire des clients potentiels

Faites une liste de vos clients potentiels pour les 10 prochaines semaines. Selon le type d'industrie ou de service dans lequel vous œuvrez, il existe des différences surprenantes quant au temps requis et au nombre de visites nécessaire pour conclure une vente. Étudiez vos inventaires, vos travaux en cours, vos dossiers et vos pourcentages, et préparez votre liste en conséquence.

3. Journée d'organisation

La meilleure façon de passer à l'action est de prévoir toutes les semaines une journée d'organisation, qui vous permettra d'établir vos objectifs de la semaine, de planifier votre emploi du temps, de remplir vos rapports de performance, de préparer vos offres de service et de vous occuper de votre correspondance et de votre suivi.

4. Feuille «Action 24 heures»

Tous les soirs, faites la liste des 10 choses les plus importantes à faire le lendemain.

La feuille «Action 24 heures» vous permet d'établir vos priorités, de répartir vos efforts selon l'aspect proactif ou réactif de votre travail et de vous concentrer sur un seul point à la fois.

Aspect proactif : Comprend la partie de mon travail où j'ai l'initiative (prises de contacts, entrevues, offres de services, etc.).

Aspect réactif : Couvre toutes les activités qui me sont imposées par mon travail (travail de bureau, service, préparation de dossiers, etc.).

5. Agenda de la semaine

L'agenda vous permet de planifier vos rendez-vous et vos activités de la semaine. N'oubliez pas de prévoir du temps pour vos activités personnelles.

6. Rapports de performance

La seule façon de vous assurer que vous faites vraiment toutes les choses que vous avez décidé d'accomplir pour atteindre vos objectifs est de contrôler vos activités au moyen d'une feuille de vérification. Les rapports de performance vous assurent ce contrôle en plus de vous permettre d'établir vos objectifs de la semaine.

OBJECTIFS ET PLAN D'ACTION

1. Mon objectif professionnel pour les 10 prochaines semaines.

2. Mon plan d'action pour chaque semaine :

Nombre de ventes ( )

Nombre d'entrevues ( )

Nombre de contacts ( )

_____

_____

_____

3. Stratégie à exécuter au cours de ce blitz.

4. Tactiques pour y parvenir :

a) _____

b) _____

c) _____

d) _____

e) _____

INVENTAIRE DES CLIENTS POTENTIELS

À vendre au cours des 10 prochaines semaines

CLIENTS POTENTIELS			
Nom	Adresse	Téléphone	Rendez-vous

JOURNÉE D'ORGANISATION

☐ **1. Objectifs professionnels**

Définissez vos objectifs précis pour cette semaine en ce qui concerne le montant de vos ventes ainsi que le nombre de ventes, d'entrevues et de contacts que vous comptez réaliser.

☐ **2. Rapport de performance**

Remplissez votre feuille «Rapport de performance». Revoyez vos totaux de la semaine dernière. Vérifiez si vous faites toutes les choses que vous avez résolu de faire pour atteindre vos objectifs.

☐ **3. Agenda de la semaine**

Planifiez vos rendez-vous et vos activités de la semaine.

☐ **4. Préparez vos offres de service**

Remplissez une feuille «Présentation-action» pour chaque entrevue que vous réaliserez cette semaine.

☐ **5. Les 10 qualités des champions**

Tous les jours, lisez la pensée de la semaine ainsi que le texte du 1er chapitre du livre *Champion de la vente* se rapportant à la qualité de la semaine.

☐ **6. Ne terminez votre journée d'organisation que lorsque votre semaine sera entièrement planifiée**

Ne laissez rien ni personne déranger vos plans d'action.

LE SECRET DE LA RÉUSSITE

1. Définissez vos objectifs.
2. Établissez votre plan d'action.
3. Concevez une méthode précise pour évaluer vos performances.
4. Passez à l'action.

Gardez vos objectifs bien en vue. Croyez que vous les réaliserez. Prenez l'engagement de continuer jusqu'à la fin de votre blitz malgré les obstacles que vous rencontrerez.

ACTION 24 HEURES

Jour _____ Objectif majeur _____

Appels à faire (Proactif)

	Nom	Téléphone	Objet
1			
2			
3			
4			
5			
6			
7			
8			
9			
10			

À faire (Réactif)

1
2
3
4
5
6
7
8
9
10

Personnel

PLAN D'ACTION POUR LA SEMAINE DU _____ AU _____

	LUNDI	MARDI	MERCREDI	JEUDI	VENDREDI	SAMEDI	DIMANCHE
7h00							
8h00							
9h00							
10h00							
11h00							
12h00							
13h00							
14h00							
15h00							
16h00							
17h00							
18h00							
19h00							
20h00							
21h00							

Le désir de réussir

1. *Je suis décidé à donner tout ce que j'ai et à mettre tous mes efforts dans la réalisation des objectifs qui me tiennent à cœur. Quoi qu'il advienne, j'irai jusqu'au bout.*

RAPPORT DE PERFORMANCE

Semaine n° _____ se terminant le _____.

Aujourd'hui	Contacts		Entre-vues		Ventes						Montants des ventes
	O	R	O	R	O	R	O	R	O	R	
Lundi											
Mardi											
Mercredi											
Jeudi											
Vendredi											
Sam., dim.											
Total											
Semaines précédentes											
Total du blitz											

Cette semaine	Objectif	Résultat	Écart
Contacts			
Entrevues			
Ventes			
Montants des ventes			

PLAN D'ACTION POUR LA SEMAINE DU _____ **AU** _____

	LUNDI	MARDI	MERCREDI	JEUDI	VENDREDI	SAMEDI	DIMANCHE
7h00							
8h00							
9h00							
10h00							
11h00							
12h00							
13h00							
14h00							
15h00							
16h00							
17h00							
18h00							
19h00							
20h00							
21h00							

2. **La confiance en soi**

Je ne crains rien ni personne; je sais que je peux relever tous les défis. Je peux tout entreprendre, tout réussir par mes propres moyens.

RAPPORT DE PERFORMANCE

Semaine n° _____ se terminant le _____.

Aujourd'hui	Contacts		Entre-vues		Ventes						Montants des ventes
	O	R	O	R	O	R	O	R	O	R	
Lundi											
Mardi											
Mercredi											
Jeudi											
Vendredi											
Sam., dim.											
Total											
Semaines précédentes											
Total du blitz											

Cette semaine	Objectif	Résultat	Écart
Contacts			
Entrevues			
Ventes			
Montants des ventes			

PLAN D'ACTION POUR LA SEMAINE DU _____ AU _____

	LUNDI	MARDI	MERCREDI	JEUDI	VENDREDI	SAMEDI	DIMANCHE
7h00							
8h00							
9h00							
10h00							
11h00							
12h00							
13h00							
14h00							
15h00							
16h00							
17h00							
18h00							
19h00							
20h00							
21h00							

3.

La conviction

Je travaille sans cesse à améliorer ma compétence.
Je crois sincèrement que je ne peux gagner
que si mon client est lui-même gagnant.

RAPPORT DE PERFORMANCE

Semaine n° _____ se terminant le _____ .

Aujourd'hui	Contacts		Entre-vues		Ventes						Montants des ventes
	O	R	O	R	O	R	O	R	O	R	
Lundi											
Mardi											
Mercredi											
Jeudi											
Vendredi											
Sam., dim.											
Total											
Semaines précédentes											
Total du blitz											

Cette semaine	Objectif	Résultat	Écart
Contacts			
Entrevues			
Ventes			
Montants des ventes			

PLAN D'ACTION POUR LA SEMAINE DU _____ AU _____

	LUNDI	MARDI	MERCREDI	JEUDI	VENDREDI	SAMEDI	DIMANCHE
7h00							
8h00							
9h00							
10h00							
11h00							
12h00							
13h00							
14h00							
15h00							
16h00							
17h00							
18h00							
19h00							
20h00							
21h00							

4.

L'enthousiasme

Quelles que soient les circonstances,
j'utilise toujours 100 % de mes capacités.

RAPPORT DE PERFORMANCE

Semaine n° _____ se terminant le _____.

Aujourd'hui	Contacts		Entre-vues		Ventes				Montants des ventes	
	O	R	O	R	O	R	O	R	O	R	
Lundi											
Mardi											
Mercredi											
Jeudi											
Vendredi											
Sam., dim.											
Total											
Semaines précédentes											
Total du blitz											

Cette semaine	Objectif	Résultat	Écart
Contacts			
Entrevues			
Ventes			
Montants des ventes			

PLAN D'ACTION POUR LA SEMAINE DU _____ AU _____

	LUNDI	MARDI	MERCREDI	JEUDI	VENDREDI	SAMEDI	DIMANCHE
7h00							
8h00							
9h00							
10h00							
11h00							
12h00							
13h00							
14h00							
15h00							
16h00							
17h00							
18h00							
19h00							
20h00							
21h00							

5.

L'attitude

Ce qui compte n'est pas tellement ce qui m'arrive
mais ma façon d'y réagir.

RAPPORT DE PERFORMANCE

Semaine n° _____ se terminant le _____.

Aujourd'hui	Contacts		Entre-vues		Ventes						Montants des ventes
	O	R	O	R	O	R	O	R	O	R	
Lundi											
Mardi											
Mercredi											
Jeudi											
Vendredi											
Sam., dim.											
Total											
Semaines précédentes											
Total du blitz											

Cette semaine	Objectif	Résultat	Écart
Contacts			
Entrevues			
Ventes			
Montants des ventes			

PLAN D'ACTION POUR LA SEMAINE DU _____ AU _____

	LUNDI	MARDI	MERCREDI	JEUDI	VENDREDI	SAMEDI	DIMANCHE
7h00							
8h00							
9h00							
10h00							
11h00							
12h00							
13h00							
14h00							
15h00							
16h00							
17h00							
18h00							
19h00							
20h00							
21h00							

6.

La persistance

Je n'abandonnerai jamais. Je sais fort bien que tout problème peut être résolu pour autant que je fasse les premiers pas et que je sois déterminé à le résoudre.

RAPPORT DE PERFORMANCE

Semaine n° _____ se terminant le _____.

Aujourd'hui	Contacts		Entre-vues		Ventes				Montants des ventes	
	O	R	O	R	O	R	O	R	O	R	
Lundi											
Mardi											
Mercredi											
Jeudi											
Vendredi											
Sam., dim.											
Total											
Semaines précédentes											
Total du blitz											

Cette semaine	Objectif	Résultat	Écart
Contacts			
Entrevues			
Ventes			
Montants des ventes			

PLAN D'ACTION POUR LA SEMAINE DU _____ AU _____

	LUNDI	MARDI	MERCREDI	JEUDI	VENDREDI	SAMEDI	DIMANCHE
7h00							
8h00							
9h00							
10h00							
11h00							
12h00							
13h00							
14h00							
15h00							
16h00							
17h00							
18h00							
19h00							
20h00							
21h00							

7.

L'image de soi

Je m'emploie obstinément à devenir le champion que je désire être. Mon apparence, mon énergie, mon état de santé et de bien-être, ma force physique et mentale, tout cela dépend de moi seul.

RAPPORT DE PERFORMANCE

Semaine n° _____ se terminant le _____ .

Aujourd'hui	Contacts		Entre-vues		Ventes						Montants des ventes
	O	R	O	R	O	R	O	R	O	R	
Lundi											
Mardi											
Mercredi											
Jeudi											
Vendredi											
Sam., dim.											
Total											
Semaines précédentes											
Total du blitz											

Cette semaine	Objectif	Résultat	Écart
Contacts			
Entrevues			
Ventes			
Montants des ventes			

PLAN D'ACTION POUR LA SEMAINE DU _____ AU _____

	LUNDI	MARDI	MERCREDI	JEUDI	VENDREDI	SAMEDI	DIMANCHE
7h00							
8h00							
9h00							
10h00							
11h00							
12h00							
13h00							
14h00							
15h00							
16h00							
17h00							
18h00							
19h00							
20h00							
21h00							

8.

L'empathie

Avant de porter un jugement, j'essaie de voir la situation du point de vue de l'autre. L'écoute engagée me permet de lui communiquer tout l'intérêt que je lui porte.

RAPPORT DE PERFORMANCE

Semaine n° _____ se terminant le _____.

Aujourd'hui	Contacts		Entre-vues		Ventes						Montants des ventes
	O	R	O	R	O	R	O	R	O	R	
Lundi											
Mardi											
Mercredi											
Jeudi											
Vendredi											
Sam., dim.											
Total											
Semaines précédentes											
Total du blitz											

Cette semaine	Objectif	Résultat	Écart
Contacts			
Entrevues			
Ventes			
Montants des ventes			

PLAN D'ACTION POUR LA SEMAINE DU _____ AU _____

	LUNDI	MARDI	MERCREDI	JEUDI	VENDREDI	SAMEDI	DIMANCHE
7h00							
8h00							
9h00							
10h00							
11h00							
12h00							
13h00							
14h00							
15h00							
16h00							
17h00							
18h00							
19h00							
20h00							
21h00							

9.

La créativité

Qu'est-ce que je pourrais faire de plus
pour mes clients actuels? pour en gagner de nouveaux?

RAPPORT DE PERFORMANCE

Semaine n° _____ se terminant le _____ .

Aujourd'hui	Contacts		Entre-vues		Ventes						Montants des ventes
	O	R	O	R	O	R	O	R	O	R	
Lundi											
Mardi											
Mercredi											
Jeudi											
Vendredi											
Sam., dim.											
Total											
Semaines précédentes											
Total du blitz											

Cette semaine	Objectif	Résultat	Écart
Contacts			
Entrevues			
Ventes			
Montants des ventes			

PLAN D'ACTION POUR LA SEMAINE DU _____ *AU* _____

	LUNDI	MARDI	MERCREDI	JEUDI	VENDREDI	SAMEDI	DIMANCHE
7h00							
8h00							
9h00							
10h00							
11h00							
12h00							
13h00							
14h00							
15h00							
16h00							
17h00							
18h00							
19h00							
20h00							
21h00							

10.

L'action

*Il m'est facile d'agir parce que je sais exactement ce que je veux
et que je connais la façon de l'obtenir. La clé de ma réussite,
c'est ma capacité d'agir de façon constante et régulière.*

RAPPORT DE PERFORMANCE

Semaine n° _____ se terminant le_____ .

Aujourd'hui	Contacts		Entre-vues		Ventes						Montants des ventes
	O	R	O	R	O	R	O	R	O	R	
Lundi											
Mardi											
Mercredi											
Jeudi											
Vendredi											
Sam., dim.											
Total											
Semaines précédentes											
Total du blitz											

Cette semaine	Objectif	Résultat	Écart
Contacts			
Entrevues			
Ventes			
Montants des ventes			

4

Travaille; à toute heure, payé ou non, veille seulement à travailler, et tu n'échapperas pas à la récompense. Que ton travail soit délicat ou rude, que tu sèmes du blé ou écrives des poèmes, s'il s'agit d'un travail honnête, exécuté avec satisfaction, il sera une récompense pour les sens comme pour la pensée. Qu'importe le nombre de tes défaites? Tu es né pour la victoire. La récompense d'une chose bien faite, c'est de l'avoir accomplie.

LE DÉVELOPPEMENT DES AFFAIRES

L'INTENSIFICATION DE LA CONCURRENCE a complètement modifié les règles du jeu. Par la recherche commerciale, on réussit maintenant à déterminer les besoins du consommateur de façon beaucoup plus précise et à orienter la production en fonction de ces besoins. On connaît les problèmes du client, on sait ce qu'il veut et on tente de lui donner satisfaction. Il n'en demeure pas moins que très peu d'affaires peuvent réussir sans un effort de vente planifié.

Que vous travailliez pour votre propre compte ou pour celui d'une grosse entreprise, la sollicitation de nouveaux clients représente la clé de votre réussite et vous devrez planifier cette activité de la même manière qu'une entreprise planifie ses activités de production. Combien d'entreprises, qui pourtant offraient un produit de qualité supérieure à leur concurrence, ont dû fermer leurs portes faute d'une clientèle suffisante? Combien de projets n'ont jamais vu le jour parce qu'on avait tout simplement négligé de prévoir un programme de sollicitation structuré qui aurait permis de faire démarrer l'affaire? Combien de vendeurs talentueux ont été dépassés par d'autres, moins doués, mais qui maîtrisaient l'art de la sollicitation?

Le vendeur moyen continue d'attendre et échoue parce qu'il refuse d'admettre que la réussite dans la vente commence par une planification méthodique de ses efforts de sollicitation, que certains nomment prospection, accroissement de la clientèle ou développement des affaires. Mais ces différentes désignations signifient toutes la même chose : pour faire des affaires, il faut rencontrer des gens. Il n'y a pas d'autre solution.

Pourtant, aussi simple que puisse paraître cette définition, la sollicitation demeure la pierre d'achoppement de la majorité des vendeurs. Leur incapacité à organiser un système méthodique de sollicitation et à fournir un effort soutenu a causé la perte de plus de vendeurs que toute autre étape du processus de vente. D'ailleurs, lorsqu'on leur demande quel est le plus grand défi qu'ils rencontrent, la plupart des vendeurs avouent que la sollicitation représente leur problème majeur.

La principale raison de tout cela est évidemment la peur du rejet. On hésite à communiquer avec de nouveaux clients tout simplement parce qu'on a peur d'essuyer un refus. On a peur qu'ils nous frappent au point le plus sensible de notre personnalité : notre ego, notre orgueil, notre désir d'être accepté.

Nous plaçons trop souvent notre fierté au-dessus de l'occasion de faire des affaires. Combien de fois, après avoir confié à quelqu'un que vous veniez de faire l'acquisition d'un nouveau produit ou de vous abonner à un service, n'avez vous pas entendu celui-ci vous dire : «Tu aurais dû m'en parler, j'aurais pu t'aider moi aussi!» Pourquoi ne vous en avait-il jamais parlé? Pourquoi ne pas avoir osé vous solliciter?

Pour certains vendeurs, la peur revêt une autre forme : ils craignent d'approcher certains types de clients. Ils s'arrêteront devant le nom d'une corporation prestigieuse ou d'une personne célèbre et les jugeront inaccessibles. Ils imagineront que ceux-ci refuseront de les voir. Qu'étant donné leur importance il y a sûrement quelqu'un qui s'occupe déjà d'eux.

La seule façon de le savoir, c'est pourtant de le demander. Les champions de la vente trouvent des occasions là où les autres n'osent pas frapper. Ils approchent le plus de gens possible, sachant fort bien que la loi des proportions finit toujours par jouer en leur faveur.

Les gens achètent parfois pour les raisons les plus étranges et, souvent, le *timing* joue un rôle important dans le processus de vente. La personne que vous approchez pouvait très bien ne pas avoir besoin de votre produit le mois dernier, mais aujourd'hui les choses ont changé, un événement quelconque s'est produit et vous lui en parlez juste au bon moment. Mais vous ne l'auriez jamais su si vous ne l'aviez pas demandé! Demandez, c'est votre droit, c'est même votre devoir. Vous êtes convaincu du service que vous offrez? Alors pourquoi craindre d'en parler? Pourquoi cette gêne devant la sollicitation?

Il n'y a rien de plus tragique que le vendeur qui débute sa semaine sans aucune liste de noms, sans rendez-vous, sans savoir à qui il offrira ses services. Il est impossible de réussir dans ces conditions. Peu importe le résultat, on n'insistera jamais assez sur l'importance de rencontrer des gens. L'habileté que vous développerez à le faire est aussi importante que le résultat, que celui-ci soit positif ou négatif. Si vous ne rencontrez qu'une personne de temps à autre, vous ne pourrez jamais établir un système de sollicitation adéquat et encore moins manifester le talent nécessaire pour communiquer avec les gens.

Le chemin le plus sûr et le plus rapide pour réussir dans la vente consiste à trouver des clients potentiels, à communiquer avec eux et à les sélectionner, et ce, de façon constante, efficace et ininterrompue. Vous ne devez jamais arrêter. Évidemment, il existe des situations de vente où le client se présente chez vous. Mais aujourd'hui, avec la concurrence féroce qui s'annonce, toutes les organisations ont avantage à établir un système de sollicitation.

Cette année, nous avons même offert nos séminaires à des groupes d'opticiens et de dentistes. Nous avons également animé un séminaire de sollicitation téléphonique à l'intention des officiers de crédit d'une importante banque qui œuvre dans la province de Québec. Je connais d'ailleurs plusieurs bureaux de professionnels qui ont mis sur pied un service de télémarketing chargé de communiquer avec leur clientèle et de solliciter de nouveaux clients. Peut-être vos affaires vont-elles très bien en ce moment, mais qu'arriverait-il en cas de récession? Qu'arriverait-il si une partie de votre clientèle commençait à vous délaisser au profit d'un nouveau concurrent?

Pour les années à venir, les spécialistes en marketing prévoient que la responsabilité de solliciter de nouveaux clients incombera non seulement aux vendeurs mais à chaque personne d'une organisation. Ils prévoient également que les entreprises qui ne prendront pas la peine de planifier et d'implanter une politique rigoureuse de développement des nouvelles affaires seront complètement dépassées par la concurrence.

L'implantation d'une telle politique requiert deux étapes :

1. l'analyse de son marché;

2. l'établissement d'un système de sollicitation.

1. L'ANALYSE DE SON MARCHÉ

Analyser son marché consiste à évaluer son potentiel de sollicitation et à définir sa clientèle avec précision. Une telle analyse vous permettra d'établir un système de sollicitation qui tienne compte des particularités de votre marché et de concentrer vos efforts sur les méthodes qui vous paraîtront les plus efficaces.

La majorité des entreprises et des industries ont un marché particulier, de telle sorte que leur effort de sollicitation est limité à une clientèle précise; d'autres entreprises s'adressent à un marché beaucoup plus étendu. Pensons par exemple aux entreprises ou aux vendeurs qui offrent des produits comme l'assurance ou les placements financiers. Dans un cas comme dans l'autre, il importe de définir son marché. Même si celui-ci semble illimité, vous ne pouvez rencontrer tout le monde. Par où allez-vous débuter? Où allez-vous concentrer vos efforts?

Commencez par faire un inventaire complet de votre potentiel de sollicitation en vous posant les question suivantes :

- À qui s'adresse mon produit?

- Quels sont les entreprises ou les individus susceptibles de s'y intéresser?

- Quel est le profil de mon utilisateur type?

- Avec quel genre d'utilisateur ai-je le plus de facilité à travailler?

- Quel genre de clientèle m'apporte le plus de résultats?

- Existe-t-il de nouveaux débouchés pour mon produit, de nouvelles tendances que je pourrais exploiter?

- Est-il possible d'approcher une clientèle plus attrayante?

Ces deux dernières questions sont particulièrement importantes. Peut-être avez-vous l'habitude de travailler avec la même clientèle depuis des années. Un effort de sollicitation dans un autre segment de marché pourrait sûrement vous apporter de meilleurs résultats sans exiger beaucoup plus d'efforts.

Pour faciliter votre tâche, il existe toutes sortes de publications, gouvernementales, municipales et privées, que vous pouvez consulter, dont voici les principales :

- Les annuaires, bottins et listes téléphoniques.
- Les répertoires industriels et commerciaux.
- Les listes des abonnés des revues et journaux spécialisés.
- Les listes louées d'entreprises spécialisées.
- Les listes des membres d'associations et de professions.
- Les listes des chambres de commerce.
- Les listes des hôtels de ville.
- Les guides d'affaires, d'achat, de fabricants, etc.

Après avoir bien analysé votre marché, vous devez ensuite le segmenter. Cette opération vous permettra de cibler votre clientèle avec encore plus de précision et de répartir vos efforts de sollicitation entre des groupes présentant des caractéristiques semblables. Vous pouvez segmenter votre marché par catégories de produits, de clients, d'industries ou de commerces. Vous pouvez également le segmenter par territoires, par régions, par classes socioculturelles ou par catégories d'individus, selon que vous désirez concentrer vos efforts sur des professionnels, des gens d'affaires ou des salariés. De la même manière, vous pouvez subdiviser chacun de ces segments en sous-segments encore plus précis. Plus vous évaluerez votre clientèle cible avec précision, plus votre travail de sollicitation sera facile.

Une fois cette étape franchie, faites une liste des clients potentiels que vous aimeriez solliciter pour chaque segment de marché que vous aurez délimité. Cela pourra demander beaucoup de temps et exiger de nombreuses recherches. Mais vos efforts seront largement récompensés. Ils vous permettront d'être plus efficace et de travailler d'une façon méthodique et structurée.

Votre liste vous assurera de toujours avoir de nouveaux *prospects* à appeler. Aucune vente n'est possible si vous n'avez d'abord un client potentiel en vue. Et vous ne pouvez en avoir sans une longue liste de noms. Mettez régulièrement cette liste à jour. Toutes les semaines, lors de votre journée d'organisation, ajoutez-y les nouveaux noms que votre système de sollicitation vous aura fournis.

• • • • • • • • • • • • • • • • • • • •

2. L'ÉTABLISSEMENT D'UN SYSTÈME DE SOLLICITATION

Parmi toutes les techniques que nous allons vous présenter, choisissez celles qui vous sembleront les plus efficaces compte tenu de vos habitudes, du segment de marché que vous désirez percer et des résultats que vous voulez obtenir. Pour porter ses fruits, ce système de sollicitation exigera beaucoup de discipline et de constance de votre part. Engagez-vous à y consacrer une partie régulière de votre temps toutes les semaines et si possible choisissez toujours les mêmes journées de façon à acquérir des habitudes de sollicitation.

Ces habitudes vous aideront à maintenir vos efforts même si, à court terme, vous ne semblez pas obtenir de résultats. Si au contraire vous obtenez d'excellents résultats, n'abandonnez surtout pas votre système. C'est malheureusement une erreur que commettent plusieurs vendeurs. Dès que les choses commencent à bien aller, ils ont tendance à délaisser leur système. À court terme, leur production n'est pas touchée, mais après une certaine période ils se rendent compte de leur erreur : il n'y a plus de noms sur leur liste; ils doivent donc recommencer à zéro.

Adoptez des habitudes avec lesquelles vous vous sentez à l'aise. Certains téléphonent, d'autres se déplacent, après avoir envoyé ou non une lettre ou des brochures. Le système que nous vous proposons se prête à plusieurs modifications et l'adaptation que vous en ferez ne dépendra que de vous. Établissez votre propre système et respectez-le. C'est la façon la plus sûre de vous assurer continuellement de nouveaux clients. La loi des proportions favorise ceux qui s'engagent et qui persévèrent jusqu'à ce qu'ils atteignent leur objectif. Voyons donc les différentes techniques de sollicitation.

A) LA SOLLICITATION PAR RECOMMANDATION

La façon la plus professionnelle et la plus favorable de rencontrer un client potentiel est d'être recommandé par un de vos clients actuels. Lorsqu'un client vous recommande auprès de quelqu'un d'autre, il est beaucoup plus facile d'établir le contact et de prendre un rendez-vous. La première entrevue s'effectue également de façon plus détendue étant donné le lien qui se crée immédiatement entre deux personnes qui en connaissent une troisième, et un climat de confiance s'installe.

Pour toutes ces raisons, vos chances de réaliser votre prochaine vente s'accroissent énormément lorsque vous travaillez sur recommandation. Vous aurez toutefois à surmonter un obstacle de taille : savoir demander. Cela peut vous paraître curieux, mais pourtant la plupart des vendeurs hésitent à demander des recommandations et, s'ils le font, ils le font souvent avec une telle maladresse qu'ils échouent.

J'ai entendu des vendeurs m'avouer pendant nos séminaires qu'ils n'osaient pas demander des recommandations à leurs clients parce qu'ils se sentaient gênés de le faire et avaient l'impression de quémander. Ces vendeurs avaient pourtant la conviction d'offrir un excellent produit doublé d'un service hors pair. Ils étaient convaincus que lorsqu'ils finalisaient une vente ils rendaient un service à leur client et sentaient que celui-ci l'appréciait.

Quand j'ai la certitude d'avoir donné à mon client encore plus que ce qu'il n'attendait de moi; quand je sens que mes conseils ont porté fruit et que les produits ou services recommandés ont amené les résultats escomptés; quand ce client me témoigne sa satisfaction alors qu'il avait essayé de m'éviter, je suis en excellente posture pour lui demander des recommandations. C'est même mon devoir! Et la meilleure façon de me garantir une source intarissable de clients potentiels.

Si chaque fois que vous effectuez une vente vous trouvez le moyen de vous faire recommander auprès de trois, quatre ou cinq autres personnes, vous deviendrez rapidement le meilleur vendeur de votre organisation. Cette source de sollicitation est tellement phénoménale que nous allons nous y attarder quelque peu.

Tout d'abord, parlons du moment propice pour demander des recommandations. Certains préfèrent les demander immédiatement après la conclusion d'une vente; quant à moi, je préfère laisser mes nouveaux clients expérimenter mes services. Si j'agis vraiment avec compétence et professionnalisme, mes clients le constateront et n'hésiteront pas à me recommander auprès de leurs amis ou connaissances. Je ne sais pas si vous avez déjà invité un client à un petit déjeuner : c'est la meilleure façon d'obtenir des recommandations et cela, pour plusieurs raisons. D'abord, les gens sont beaucoup plus détendus le matin. Il se peut qu'ils ne soient pas tout à fait réveillés, mais au moins ils ne sont pas encore pris dans le tourbillon des affaires de la journée. Leur esprit est beaucoup plus présent. De plus, cela est beaucoup plus rapide et plus économique. Il est très rare qu'un client demande un carafon de vin avec son petit déjeuner.

Cela vous permet également de commencer vos journées très tôt. Les gens qui se lèvent tôt aiment faire des affaires avec ceux qui se lèvent tôt aussi et ils apprécieront énormément un rendez-vous avant les heures de bureau, particulièrement si votre demande ne concerne pas leur travail. Prenez donc la décision d'inviter vos nouveaux clients pour le petit déjeuner. Cela vous permettra de mieux les connaître et de renforcer votre relation. Lors de ce repas, il ne sera pas question de leur proposer de nouvelles affaires. Votre seul objectif sera de leur demander des recommandations.

Voici une stratégie en six étapes pour demander des recommandations.

1. Demandez.

2. Stimulez vos clients.

3. Inscrivez les noms communiqués.

4. Demandez des renseignements.

5. Demandez-leur d'appeler la personne recommandée.

6. S'il refusent, demandez la permission d'utiliser leur nom.

Voyons maintenant chacune de ces étapes en profondeur.

1. Demandez

La façon de demander des recommandations est de toute première importance. En 1975, à la réunion de la Table ronde des millionnaires, j'ai appris d'un vendeur de Détroit, Norm Papas, une façon de demander que j'ai adaptée à ma situation et qui m'a toujours procuré d'excellents résultats. Cette méthode exige que vous donniez à vos clients une qualité de service exceptionnelle, grâce à laquelle vous pourrez justifier votre demande.

Dites simplement à votre client : «M. Martel, je pense bien que vous appréciez la qualité des services que je vous offre.» (Laissez-le répondre.) «Voyez-vous, je passe environ 90 % de mon temps à servir mes clients et 10 % à solliciter de nouveaux clients. J'ai donc besoin de votre aide pour continuer mon travail, car je dépends uniquement des gens qui me sont recommandés; j'attache donc une importance extrême au fait d'obtenir des recommandations. M. Martel, en échange des services que je vous offre et que je continuerai à vous offrir, pouvez-vous m'aider dans la partie la plus difficile de mon travail?»

C'est ce qu'on appelle savoir demander, et je n'ai jamais entendu quelqu'un répondre négativement à ma demande. Si vous êtes sincère, les gens le sentiront. Si vous leur donnez une bonne raison d'avoir confiance en vous, en faisant pour eux un peu plus que ce à quoi ils s'attendent, alors il deviendra tout à fait naturel de demander et d'obtenir des recommandations.

2. Stimulez vos clients

Évidemment, si vous voulez obtenir de bons résultats, vous devez aider les gens à vous aider. Il ne s'agit pas simplement de demander des noms et d'attendre; il faut aussi stimuler vos clients. Par exemple, si vous demandez simplement à votre client s'il joue au golf régulièrement, ses partenaires de golf lui viendront à l'esprit, parmi lesquels il choisira un bon *prospect* pour votre produit ou votre service. Afin de stimuler vos clients, posez-leur des questions comme celles-ci, que vous adapterez à votre situation selon que vous œuvrez dans la vente personnelle ou commerciale.

- Qu'est-ce que vous faites dans vos loisirs, dans vos passe-temps?

- Êtes-vous membre d'une association professionnelle, d'un club social, de la chambre de commerce?

- Y a-t-il plusieurs employés dans votre bureau, votre
service?

- Qui sont vos fournisseurs, vos clients?

- Quelles relations professionnelles avez-vous avec
des gens d'autres entreprises?

- Quelles sont les personnes que vous connaissez qui
réussissent le mieux?

- Connaissez-vous quelqu'un qui vient d'ouvrir un
nouveau commerce?

- Avec qui êtes-vous allé en vacances la dernière fois?

- Avez-vous parlé de votre nouvelle acquisition à
votre famille, vos voisins, vos amis?

- Avez-vous un carnet d'adresses?

La liste est longue. Il n'en tient qu'à vous de préparer
les questions qui faciliteront la tâche de votre client. Posez-
lui une de ces questions et ensuite laissez-le penser. Attendez sa réponse. Il vous fournira peut-être un nom, puis
un deuxième.

3. *Inscrivez les noms communiqués*

Inscrivez sur une feuille les noms qu'il vous communique. Certains préfèrent les inscrire sur des fiches. Si vous
procédez ainsi, n'inscrivez qu'un nom par fiche et continuez à poser d'autres questions pour obtenir d'autres
noms. Vous pouvez également suggérer des noms en disant
par exemple : «Je me propose de communiquer avec
M. Veilleux, qui travaille à votre bureau. Est-ce que vous le
connaissez bien?» Cette façon de faire est très professionnelle et exige une certaine recherche de votre part.

4. Demandez des renseignements

Lorsque vous aurez noté tous les noms communiqués par votre client, reprenez votre liste afin d'obtenir plus de renseignements sur chacun des noms communiqués. Selon votre produit ou votre service, voici certains renseignements qui pourraient vous être utiles.

- Son adresse et son numéro de téléphone.

- Depuis quand il habite à cette adresse.

- Est-il marié? A-t-il des enfants?

- Son occupation, ses revenus.

- Son âge.

Essayez ainsi d'en savoir un peu plus sur chacun afin de mieux les connaître. Plus vous en saurez, plus la prise de contact sera facile. C'est pourquoi j'aime bien poser des questions comme celles qui suivent :

- Est-ce quelqu'un qui désire s'améliorer?

- Est-il proche de sa famille?

- Croit-il à la nouvelle technologie?

- Est-il ouvert aux nouvelles idées?

- Qu'est-ce qui vous fait dire que ce serait une bonne idée de le rencontrer?

- Est-ce quelqu'un de bien? De positif?

Assurez-vous également que la personne qu'on vous recommande détient l'autorité nécessaire pour prendre une décision quant à l'achat de vos produits ou services, particulièrement si vous œuvrez dans la vente commerciale ou industrielle.

5. Demandez-leur d'appeler les personnes recommandées

Lorsque je leur mentionne cette étape, plusieurs

vendeurs font la grimace. Pourtant, c'est facile si vous savez vous y prendre et si, encore une fois, vous démontrez énormément de professionnalisme dans votre approche. Dites-leur simplement : «M. Martel, ces gens-là, vous les connaissez bien?» (Attendez sa réponse.) «Quant à moi, je ne les connais pas. Il serait vraiment dommage, compte tenu de la qualité de nos services, que je les appelle et qu'ils refusent de me rencontrer. Pourriez-vous simplement leur téléphoner pour les prévenir de mon appel et pour leur dire ce que vous pensez de ma façon de travailler? Voyez-vous, nous sommes mardi et je m'engage à les appeler seulement lundi prochain. Est-ce que cela vous donne suffisamment de temps pour les joindre?» La plupart des gens accepteront de téléphoner aux personnes qu'ils vous auront recommandées, ce qui facilitera d'autant plus votre tâche.

6. S'ils refusent, demandez la permission d'utiliser leur nom

Il peut arriver que certains clients refusent la cinquième étape soit parce qu'ils sont mal à l'aise, soit qu'ils n'ont pas le temps ou qu'ils ne connaissent pas suffisamment bien la personne qu'ils vous recommandent. À ce moment-là, demandez-leur si vous pouvez utiliser simplement leur nom. Cela évitera qu'un client vous communique un nom sans que vous ne puissiez être recommandé par lui.

Certaines personnes hésiteront tout de même à vous recommander auprès de leurs amis. Tentez alors de les rassurer en leur rappelant votre façon de procéder. Dites-leur : «Écoutez, M. Martel, je vais les approcher de la même façon professionnelle dont je vous ai approché. S'ils disent "Oui, venez me voir", alors ce seront eux qui m'auront invité et non vous qui m'aurez envoyé. S'ils refusent de me voir, alors je laisserai tomber. Je vous promets que je n'insisterai pas.»

Il existe différentes façons d'approcher les gens. Certains préfèrent communiquer avec eux directement alors que d'autres choisissent de faire précéder leur appel d'une lettre. Vous trouverez dans l'annexe 1, à la fin de ce chapitre, un exemple de lettre que vous pourriez adapter et adresser à tous ceux qu'on vous a recommandés.

Si vous décidez plutôt de les appeler, allez-y directement. Soyez concis et tentez avant tout d'obtenir un rendez-vous sans entrer dans les détails. Dites simplement «Bonjour, M. Delisle. Mon nom est _____ , de _____ . J'ai promis à M. Martel de vous appeler. Vous a-t-il déjà mis au courant de mon appel? Je suis en train d'établir mon horaire pour la semaine prochaine. Est-ce que mardi matin à 10 h vous conviendrait ou préférez-vous mercredi à 16 h?»

Ce serait une grave erreur de tenter d'obtenir autre chose par téléphone. N'essayez pas de vendre votre produit. Votre seul objectif est d'obtenir que ce client potentiel vous accorde un rendez-vous. Il se peut qu'il soulève quelques objections, mais nous verrons dans le prochain chapitre comment réagir.

La sollicitation par recommandation exige beaucoup de préparation et de conviction personnelle. Les résultats sont cependant extraordinaires. Une bonne recommandation peut s'avérer le point de départ d'une réaction en chaîne : une personne vous donne trois recommandations et chacune d'elles vous en donne trois autres. Vous avez alors une progression géométrique qui devient très vite phénoménale.

Si vous prenez le temps d'établir une stratégie pour obtenir des recommandations et si vous la mettez toujours en pratique, vous ne tarderez pas à constater les résultats. Mettez donc autant de temps à préparer cette stratégie que vous faites d'efforts à préparer vos entrevues de vente.

B) *LES CENTRES D'INFLUENCE*

Les personnes qui vous estiment sont souvent prêtes à

exercer leur influence en votre faveur. Alors que je faisais carrière dans l'assurance-vie, je décidai de visiter certains confrères de classe qui étaient maintenant comptables agréés. Deux d'entre eux sont devenus d'excellents centres d'influence, dont un en particulier, qui m'envoya quantité de clients pendant plusieurs années.

J'étais allé lui rendre visite pour lui exposer la nature de mon travail. J'avais l'impression que plusieurs de mes clients s'en remettaient à leur comptable pour certaines décisions, dont celles touchant l'assurance et ses domaines connexes. Je savais fort bien, par ailleurs, que les comptables n'avaient pour la plupart aucune connaissance dans ce domaine.

J'étais en train de lui parler de régime de participation aux bénéfices lorsqu'il me dit qu'il songeait à en mettre un sur pied pour un de ses clients. Il me demanda de m'en occuper. Je rencontrai le client en question et après quelques rencontres le régime de participation était installé à sa grande satisfaction et à celle du comptable.

Celui-ci me demanda de faire la même chose pour un autre client, si bien qu'après un certain temps il m'appelait presque chaque semaine pour me diriger vers sa propre clientèle. Il devint un centre d'influence indispensable à mon travail.

Essayez de vous constituer quelques centres d'influence en recherchant des individus qui, par la nature de leurs activités, sont amenés à rencontrer une foule de gens et qui, en outre, répondent aux conditions suivantes :

- Ils vous connaissent bien et ont confiance en votre compétence et en votre intégrité.

- Ils s'intéressent à votre réussite et croient en votre produit ou service.

- Ils sont en contact avec le genre de personnes avec qui vous aimez faire des affaires.

• Ils ont la réputation de provoquer les événements.

Les centres d'influence ne sont pas nécessairement des clients. Souvent, ils n'ont aucun besoin de votre produit ou de votre service. Les comptables, les banquiers, les entrepreneurs, les architectes, les notaires et les avocats font d'excellents centres d'influence. Recherchez des gagnants parmi ceux-ci, des gens influents et énergiques.

Lorsque vous aurez trouvé un centre d'influence, cultivez-le. Informez-le de la nature des transactions que vous aurez effectuées avec les clients qu'ils vous aura recommandés. Faites-lui part des résultats et informez-le constamment des différentes facettes de votre travail. Par exemple, si un changement se produit dans votre entreprise ou si vous mettez sur pied un nouveau service, assurez-vous qu'il sera le premier à en être informé.

Il est également important de lui recommander vos propres clients chaque fois que vous en avez l'occasion. Montrez-lui que vous avez vous aussi confiance en lui et que la relation que vous êtes en train d'établir n'est pas à sens unique, mais qu'elle est fondée sur des avantages mutuels.

c) LES «NIDS DE CLIENTS»

Les «nids de clients» correspondent à des segments de marché qui regroupent des individus ayant les mêmes caractéristiques ou partageant des liens ou des objectifs communs. Ainsi en est-il des gens qui habitent le même quartier, appartiennent au même club ou font partie de la même association. Il peut s'agir d'un regroupement par profession, région, occupation, niveau de revenu, lieu de travail ou ethnie. Les membres d'un nid forment un groupe dont les comportements et les habitudes d'achat sont souvent semblables. Ils ont des intérêts communs et échangent parfois leurs informations de sorte que, si vous réussissez à vous faire accepter par certains membres du groupe, les autres l'apprendront rapidement.

Pour arriver à gagner l'estime d'un groupe et pour être considéré par eux comme un spécialiste dans votre domaine d'activité, cherchez à comprendre ce qui les intéresse en tant que groupe. Renseignez-vous sur leur travail, leurs problèmes communs, leurs aspirations et les défis auxquels ils font face. N'essayez pas seulement de tirer quelque chose du groupe, mais apportez votre contribution et ainsi vous bâtirez une relation de confiance qui durera longtemps et qui rapportera à chacune des parties.

Obtenez un annuaire du groupe et travaillez de façon systématique. Demandez à chaque nouveau client d'encercler les noms de ceux qu'il connaît bien ou de mettre ses initiales à côté des noms qu'il aimerait vous recommander. Si le groupe publie un bulletin de liaison, soumettez-leur un article. Ce sera une façon efficace de vous faire connaître de tous les membres du groupe.

D) *LES CLUBS DES INITIÉS*

Les clubs des initiés ont été fondés au Canada par un de mes amis, Robert Richard. Robert avait eu cette idée au cours d'une réunion de la Table ronde des millionnaires. L'idée était simple : il s'agissait de réunir toutes les deux semaines de 20 à 25 personnes, de professions ou d'entreprises différentes et non concurrentes, pour un petit déjeuner au cours duquel on s'échangeait des recommandations de clients. Le mérite de Robert est d'être passé à l'action et d'avoir fondé le premier club, qu'il nomma Le club des initiés de Laval.

Le mot «initié» vient du terme anglais *insider*, qui sert à désigner une personne possédant une information privilégiée. Et c'est justement ce que tentent de s'échanger les membres d'un club : des informations, que l'on a convenu d'appeler des «tuyaux».

Un tuyau comprend et signifie toute recommandation de clients, tout conseil ou assistance quelconque à l'un des membres du club ou à sa clientèle. Les clubs des initiés ne ne poursuivent donc pas de buts civiques. Leur seul objectif est de permettre aux membres de diverses professions et de différents domaines d'activité de s'entraider et de promouvoir leurs intérêts commerciaux et financiers.

Constatant le succès de son club, certains amis de Robert Richard lui demandèrent de les aider à former leur propre club. Au fil des ans, Robert aida ainsi plusieurs personnes de sorte qu'aujourd'hui il existe plus de 25 clubs des initiés. En 1986, ils se sont regroupés en une fédération, qui devrait connaître un très grand mouvement de croissance dans les années à venir.

Vous pouvez très bien former un club semblable sans passer par la fédération, mais vous vous rendrez compte rapidement que, sans soutien, c'est une tâche très difficile. Pourquoi ne pas vous servir de leur expérience, de leurs conseils et surtout de la constitution et des règlements qu'ils ont formés et qui contribueront à la réussite de votre club.

En 1988, j'ai décidé, avec l'aide de Robert Richard, de fonder un club des initiés afin de vivre l'expérience dans sa totalité. Ce n'est pas une tâche aisée de trouver 25 personnes de différents domaines ayant une compatibilité de caractère et d'idées. À un certain moment, nous étions une vingtaine, puis nous nous sommes retrouvés à trois membres seulement.

Il a fallu beaucoup d'efforts pour rebâtir le club et constituer le noyau solide que nous avons aujourd'hui. Cette année, nous entreprenons notre troisième année avec 17 membres réguliers, qui ont appris à se connaître et à s'apprécier, et, d'ici peu, notre club fonctionnera à pleine capacité au bénéfice de tous ses membres.

Pour vous aider à former votre club des initiés, il me fait plaisir de vous donner la liste de nos membres actuels.

Club des initiés champions de Laval inc.

Président

Touchette, Luc. Comptable Agréé, Luc Touchette, C.A. 4, Place Laval, bureau 200, Laval, Québec H7N 5Y3. Tél. : 629-1422, téléc. : 629-2150.

Vice-président

Rodier, Claude. Agent d'immeuble, Century 21 Clef d'Or. 1600, boul. Le Corbusier, bureau 201, Chomedey, Laval, Québec H7S 1Y9. Tél. : 682-8585, téléc. : 682-8663.

Secrétaire

Thomas, Marc. Avocat, Me Marc Thomas, LL.B. 26, rue Saint-Florent, Pont-Viau, Laval, Québec H7G 2H8. Tél. : 688-0485, téléc. : 682-8663.

Trésorier

Baril, André. Courtier en valeurs mobilières, Lévesque, Beaubien, Geoffrion. 4, Place Laval, bureau 130, Laval, Québec H7N 5Y3. Tél. : 629-3104, téléc. : 629-7609.

Ancien président

Bélanger, Michel. Président, Pro Concept Vente. 255, boul. Curé-Labelle Nord, bureau 200, Sainte-Rose, Laval, Québec H7L 2Z9. Tél. : 963-3020, téléc. : 963-3018.

Membres

Beaulieu, Francine. DMD ltée. 3535, rue de Rouen Est, Montréal, Québec H1W 1M2. Tél. : 527-2381, téléc. : 527-1381.

Brosseau, J.P. Conseiller en administration, J.P. Brosseau, C.M.A. 3131, boul. de la Concorde Est, bureau 304, Duvernay, Laval, Québec H7E 2C1. Tél. : 329-4949, téléc. : 664-3749.

Carré, Bruno. Chirurgien-dentiste, Dr Bruno Carré, D.M.D. 1859, boul. René-Laennec, Vimont, Laval, Québec H7M 5E2. Tél. : 662-6060.

Delisle, Luc. Gescom. 16312, boul. Gouin Ouest, Sainte-Geneviève, Québec H9H 1E1. Tél. : 644-1537, téléc. : 257-1747.

Forest, Jacinthe. Courtière en assurance-vie, Assurances Baril Forest. 8000, boul. Langelier, bureau 812, Saint-Léonard, Québec H1P 3K2. Tél. : 322-0931, téléc. : 322-8793.

Girard, Marc. Hôtel Le Châteauneuf Laval. 3655, autoroute des Laurentides, Chomedey, Laval, Québec H7L 3H7. Tél. : 681-9000, téléc. : 681-2501.

Loyer, Jean-Pierre. Courtier en assurances générales, Assurances Loyer. 1965, boul. Industriel, bureau 201, Chomedey, Laval, Québec H7S 1P6. Tél. : 663-4343, téléc. : 382-7823.

Marchand, Y.R. Directeur, Photographie Avant-plan. 1903, boul. René-Laennec, bureau 107, Laval, Québec H7M 5E2. Tél. : 967-0067, téléc. : 967-0068.

Renaud, Philippe V. Président, Imprimerie Renaud. 230, boul. Marc-Aurèle-Fortin, Laval, Québec H7L 1Z5. Tél. : 625-3368, téléc. : 625-6883.

Thibault, Jean-Yves. Conseiller en informatique, Micronomie. 9867, rue Saint-Denis, Montréal, Québec H3L 2H8. Tél. : 383-7166, téléc. : 383-7812.

Touchette, Guy. Conseiller, GT Marketing. 235, boul. Annecy, Sainte-Thérèse, Québec J7E 5J3. Tél. : 433-7953, téléc. : 433-7959.

Trudeau, Richard. Copropriétaire, Voyages Funtastique. 1903, boul. René-Laennec, Place Villamont, Laval, Québec H7M 5E2. Tél. : 629-6191, téléc. : 629-8456.

À toutes les rencontres de notre club, les membres en règle peuvent amener des invités qui pourraient éventuellement joindre le club selon les conditions de notre constitution. Ainsi, au cours des dernières rencontres, nous avons reçu la visite d'un fleuriste, d'un entrepreneur, d'un notaire et d'un dentiste. Les clubs des initiés représentent une méthode de sollicitation très originale et très efficace. Vous seriez vraiment étonné de constater la qualité et le nombre de tuyaux que s'échangent les membres de notre club. À lui seul, notre avocat, Me Marc Thomas, en a reçu 26 l'an dernier. J'espère qu'il profitera de cette source d'affaires supplémentaires pour réduire ma note de frais.

Il n'en tient qu'à vous de former votre propre club des initiés. Il n'y a qu'une façon d'y parvenir : prendre la décision de le faire. Pensez à vos contacts d'affaires, surtout à ceux avec lesquels vous échangez déjà des tuyaux et des recommandations. Constituez-vous un bon noyau et appelez la Fédération des clubs des initiés du Québec (CP 128, Succ. Anjou, Anjou, Québec H1K 4G6); on veillera à vous faire parvenir un manuel de formation.

Vous pouvez également téléphoner à notre bureau, et Nicole Bronsard ou moi-même nous ferons un plaisir de vous donner tous les renseignements nécessaires pour former votre propre club des initiés.

e) *Les séminaires et les soirées d'information*

Autrefois très négligée, cette technique de sollicitation devient de plus en plus populaire parce qu'elle permet de présenter ses idées à un groupe de personnes parmi lesquelles vous sélectionnerez celles qui manifesteront un intérêt pour votre produit ou pour votre service.

Elle demande par contre énormément de préparation et de temps, sans compter le talent d'orateur nécessaire pour parler en public. Si vous n'êtes pas préparé ou si votre façon de communiquer laisse à désirer, vous risquez de parler à des chaises malgré le temps et les efforts investis. Il est vrai qu'il n'existe qu'une façon d'apprendre à faire quoi que ce soit : c'est de le faire.

Les séminaires gratuits et les soirées d'information représentent une technique de sollicitation très efficace que vous pouvez apprendre à maîtriser. Ils peuvent servir à solliciter de nouveaux clients et peuvent également contribuer à vous faire découvrir de nouveaux centres d'influence.

Si vous organisez une soirée d'information, soignez particulièrement son aspect logistique. Assurez-vous que la salle est accessible et que tout a été prévu (système de son, éclairage, disposition de la salle). Si vous prévoyez parler longtemps et amener les gens à prendre des notes, pensez à faire équiper la salle de tables comme l'est une salle de cours.

Les invitations peuvent être faites sous forme de lettres, de cartes-réponses ou simplement par téléphone, mais, d'une façon ou d'une autre, assurez-vous de la présence de chacun en les appelant la veille ou la journée même, sinon vous risquez de vous retrouvez devant une salle vide. Croyez-moi : ça m'est arrivé, et pourtant la plupart des gens avaient réservé à l'avance.

Prévoyez les dépenses et commencez de préférence avec de petits groupes. Décidez également la façon dont vous conclurez votre présentation afin d'être en mesure d'évaluer le niveau d'intérêt de toutes les personnes présentes.

Une dernière suggestion : disposez votre salle pour accueillir environ 60 % des gens qui auront confirmé leur présence. De cette façon, s'il en manque quelques-uns, votre salle aura tout de même l'air comble et si tout le monde est présent on dira : «C'était plein à craquer.» Bien sûr, vous prendrez soin de prévoir quelques chaises supplémentaires.

f) Les clients actuels

Vos clients actuels représentent une source importante de nouvelles affaires. Plusieurs organisations négligent de communiquer régulièrement avec leur clientèle une fois celle-ci acquise. Que vous travailliez pour votre propre compte ou pour celui d'une entreprise, prenez l'habitude d'entrer en rapport avec votre clientèle au moins une fois ou deux par année soit en les visitant, soit en communiquant avec eux.

Plusieurs moyens s'offrent à vous : un appel, une lettre personnelle, une brochure, une carte de Noël ou d'anniversaire, un article de revue se rapportant à leur entreprise, une circulaire trimestrielle. Donnez-leur de vos nouvelles et informez-vous de leur situation. C'est la meilleure façon de conserver vos relations. Si vous lancez un nouveau produit ou décidez d'offrir un nouveau service, communiquez avec tous vos clients. Ils vous connaissent et ont confiance en vous. Pourquoi ne pas leur offrir votre produit en primeur?

Si vous débutez dans la vente et que vous vous joignez à une entreprise déjà existante, demandez qu'on vous remette les dossiers des clients des vendeurs qui ont quitté l'organisation. Reprenez contact avec leurs clients. Ils ont besoin qu'on s'occupe d'eux. Allez les rencontrer, donnez-leur du service et demandez-leur des recommandations.

g) L'observation personnelle

Tous les jours, de nouvelles entreprises voient le jour, d'autres ferment leurs portes. Des gens se marient, ont des enfants, achètent des maisons. Un commerce s'ouvre au coin de la rue et, j'ajouterais, avec de l'argent emprunté. Des associations sont formées, des gens changent d'emploi, déménagent, obtiennent des promotions alors que d'autres prennent leur retraite.

Toutes ces situations représentent des changements et chaque changement est une occasion de vente. Sachez reconnaître les situations propices à enrichir votre liste de clients potentiels. Lisez les journaux ou revues qui vous concernent. Personnellement, je scrute attentivement les revues d'affaires et j'y relève tous les renseignements utiles à mes affaires. Ainsi, je découpe toutes les annonces de promotion au poste de vice-président ou de directeur des ventes. Je les remets à notre préposée au téléphone, qui s'occupe immédiatement de m'obtenir un rendez-vous avec ces personnes.

L'observation est une qualité qui se développe. Soyez vigilant. Parfois, une simple information conduit à une autre. Soyez attentif également à la situation de vos propres clients ou de vos clients potentiels. Plusieurs changements peuvent se produire au sein d'une entreprise : promotions, mutations, contrats gouvernementaux, soumissions; ces changements peuvent parfois vous être favorables.

h) LA SOLLICITATION DIRECTE

La dernière méthode dont j'aimerais vous faire profiter est la sollicitation directe. D'ailleurs, si vous débutez dans la vente à commission, vous devrez fort probablement utiliser cette méthode de sollicitation. Car avant d'obtenir des recommandations, il faut bien avoir quelques clients.

Différents moyens s'offrent à vous selon l'ampleur et l'étendue du marché que vous désirez exploiter. Vous pouvez envoyer une lettre, téléphoner ou vous déplacer. Cela dépendra de votre type de marché, de votre produit ou service et surtout de vos préférences. Certaines personnes sont plus à l'aise au téléphone alors que d'autres aiment encore mieux se déplacer. D'autres encore préfèrent téléphoner tout en faisant précéder leur appel d'une lettre.

Si vous envoyez des lettres, soyez bref et ne traitez que d'un seul sujet. Si possible, joignez à votre lettre une copie d'une coupure de journal, une lettre de témoignage d'un client ou un article de revue susceptible d'intéresser votre client potentiel et de piquer sa curiosité. Assurez-vous également de faire suivre votre lettre d'un coup de fil.

Les gens reçoivent tellement de courrier de nos jours qu'ils ne prennent pas la peine de lire toutes les lettres de sollicitation, toutes les brochures et circulaires qui leur sont adressées. Si vous n'envoyez que des lettres, sans les faire suivre d'un coup de fil, à moins de disposer d'un budget phénoménal et de travailler à grande échelle, vous n'aurez que très peu de réponses. Le prochain chapitre traitera de la façon de prendre un rendez-vous par téléphone.

Si vous vous présentez sans rendez-vous, votre objectif devrait être simplement d'obtenir un rendez-vous. Je n'accepte aucune entrevue sans rendez-vous et je crois que c'est la tendance prédominante dans les affaires. La plupart des gens d'affaires ont un horaire très chargé et ne peuvent certainement pas vous recevoir et travailler en même temps.

Je pense que, lorsqu'un vendeur tente de vendre son produit ou son service dès le premier contact avec un client éventuel, il manque de correction. C'est comme s'il lui disait : «Abandonnez tout ce que vous faites actuellement et écoutez-moi. J'ai quelque chose d'important à vous communiquer.» Respectez les horaires de vos éventuels clients.

Si vous parvenez à les rencontrer, dites-leur que vous n'avez pas l'intention de prendre leur temps maintenant, mais que vous aimeriez les rencontrer la semaine prochaine afin de leur faire partager une idée qui a fait ses preuves ou qui a été bénéfique pour d'autres personnes dans leur situation. Encore une fois, n'essayez pas de vendre votre produit lors du contact initial. Votre seul objectif devrait être de fixer un rendez-vous pour une étape ultérieure, à moins, bien sûr, que le client n'insiste pour vous recevoir immédiatement.

Les huit techniques de sollicitation que nous vous avons présentées serviront à étoffer votre liste de clients éventuels. Révisez-les souvent afin de vous rappeler que la réussite dans la vente exige de rencontrer des gens de façon continuelle et que la meilleure façon d'y parvenir, c'est de mettre sur pied un système de sollicitation qui tienne compte de votre marché et de vos objectifs.

Pour que votre système de sollicitation soit plus efficace, transposez tous les noms de votre liste de clients éventuels sur les fiches de sollicitation (annexe 2) ou sur les fiches communication-action (annexe 3), que nous vous proposons à la fin de ce chapitre. Ces fiches ont exactement la même fonction. Les fiches de sollicitation sont plus faciles à classer. Vous pouvez cependant inscrire beaucoup plus de renseignements sur les fiches communication-action et vous en servir pendant votre entretien de vente pour prendre des notes et après celui-ci pour y faire votre rapport d'entrevue.

Jusqu'à cette année, je m'étais toujours servi d'un système de fiches pour noter les coordonnées de mes clients et pour faire mon suivi. Mais, avec les années et le nombre de clients qui assistaient à nos séminaires de vente, il nous fallait un outil plus efficace. Nous avons donc demandé à un membre du Club des initiés champions de Laval, Jean-Yves Thibault, de nous proposer un système qui utilise l'ordinateur comme outil de gestion des ventes.

Jean-Yves, qui se spécialise dans le domaine de la vente, a modifié son logiciel de base pour les besoins particuliers de notre entreprise. Mais vous pouvez facilement utiliser ce logiciel, commercialisé sous le nom de

Dossier-Suivi-Agenda, pour inventorier tous vos *prospects* et clients, et pour faire vos rapports d'entrevue.

En cet âge de l'informatique, il importe d'utiliser tous les outils qui sont à notre disposition. Une bonne organisation informatique amène des avantages incontestables. Elle permet de mieux structurer son travail et de contrôler ses résultats plus facilement. Mais surtout, elle permet d'augmenter son efficacité et d'améliorer la qualité du service à la clientèle.

ANNEXE 3

Monsieur Albert Gravel
39, av. Jaffa
Candiac (Québec)
J5R 3R4

Monsieur,

Les quelques lettres de témoignage qui accompagnent celle-ci ont pour objet de me présenter. J'ai récemment eu le plaisir de travailler avec un de vos amis, M. Jacques Laplante, qui m'a fortement recommandé de communiquer avec vous.

Je n'ai aucune raison de penser que vous pourriez être intéressé par nos services dans l'immédiat. J'aimerais toutefois vous rencontrer afin de vous faire part de quelques idées qui pourraient sûrement vous être profitables.

Je communiquerai avec vous d'ici peu afin de fixer une rencontre à une date qui vous convienne.

Dans l'attente de vous voir, je vous présente mes salutations distinguées.

Signature

FICHES DE SOLLICITATION

VENTE PERSONNELLE

Nom _____

Adresse (domicile) _____ Téléphone _____

Adresse (travail) _____ Téléphone _____

Profession _____ Entreprise _____

Salaire approx. _____ Valeur nette approx. _____

Âge _____ Marié ou célibataire _____

Fils _____ Âge _____ Filles _____ Âge _____

Autres personnes à charge _____

Recommandé par _____

VENTE COMMERCIALE

Entreprise _____ Téléphone _____

Adresse _____ Télécopieur _____

Personne à visiter _____ Fonction _____

Recommandé par _____

Remarques _____

Rapport de visite _____

_____

_____

_____

FICHE COMMUNICATION-ACTION

Entreprise _____ Téléphone _____

Adresse _____ Télécopieur _____

Ville _____ Code postal _____

Personne à visiter _____ Fonction _____

Autres personnes clés _____

Recommandé par _____

Remarques _____

_____

RAPPORT DE VISITE

Date	Résultat/Action requise	Échéance

Date	Résultat/Action requise	Échéance

5

L'échec fait partie du succès. La prospérité et les menus plaisirs sont bons pour les jeunes gens, qui se satisfont de ces choses; le succès du héros, du vrai, est composé d'échecs parce qu'il vit tous les jours de nouvelles expériences et affronte de nouveaux risques, et que, «plus il tombe, plus il avance rapidement»; il est toujours défait, et cependant né pour la victoire.

LA PRISE DE RENDEZ-VOUS AU TÉLÉPHONE

LE TÉLÉPHONE EST DEVENU UN OUTIL de vente exceptionnel. Ses applications sont nombreuses : prise de rendez-vous, étude de marché, sondages, service après-vente, vente de produits et services. Dans ce chapitre, nous travaillerons particulièrement la prise de rendez-vous.

Évidemment, dans certains domaines il est possible de vendre par téléphone. Tout dépend du genre de produit ou service que vous offrez. Par exemple, les assurances automobile et résidentielle représentent un très fort potentiel pour la vente téléphonique de même que le marché des valeurs mobilières. D'ailleurs, plusieurs personnes se servent du téléphone pour commander directement toutes sortes de produits ou services et, si votre domaine d'activité se prête bien à la vente par téléphone, profitez-en et servez-vous de toutes les idées de ce livre pour conclure vos affaires par ce moyen.

Par contre, si vous offrez un nouveau produit ou encore si vous œuvrez dans un domaine très technique où chaque vente représente un investissement appréciable et doit être effectuée en tenant compte de la situation particulière de chaque client, si le marché dans lequel vous œuvrez est très compétitif, vous conviendrez avec moi qu'il est très difficile, en quelques minutes de conversation téléphonique, d'établir une relation de confiance et de présenter votre offre de façon professionnelle en tenant compte des besoins particuliers de votre client potentiel. Dans ce cas-là, servez-vous du téléphone uniquement pour prendre un rendez-vous.

Rares sont les gens qui n'utilisent pas le téléphone tous les jours. Pourtant, dès qu'il s'agit de faire un appel de sollicitation, la plupart des vendeurs hésitent et, pour plusieurs, la sollicitation téléphonique devient une cause de stress intense et d'anxiété incontrôlable. Peur du refus, peur d'importuner ou de déranger, toutes ces raisons dénotent un certain manque de confiance et de conviction.

Il est vrai que le téléphone dérange, mais cela fait partie du jeu des affaires. Si personne n'osait interrompre un client potentiel pour lui faire part d'un nouveau produit, d'une nouvelle technique, d'un nouveau concept susceptible d'améliorer ses affaires, plusieurs entreprises devraient fermer leurs portes rapidement. Que dire alors du harcèlement de la publicité à la radio et à la télévision? C'est pourtant un mal nécessaire, qui nous apprend l'existence de nouveaux produits, de nouvelles idées et de nouvelles entreprises.

Pour réussir à prendre des rendez-vous par téléphone, il faut être positif et convaincu de l'intérêt de votre produit ou de votre service. Toutefois, la préparation est essentielle. La plupart des vendeurs qui s'en font une montagne n'ont jamais pris le temps de se préparer, d'établir un système de sollicitation, de structurer leurs appels de façon rationnelle et de bâtir un scénario téléphonique cohérent qui tienne compte de leur personnalité et de celle de la clientèle qu'ils visent. De la même manière que l'on ne peut improviser une présentation de vente, un appel de sollicitation doit être préparé.

Vous devez prévoir les objections de votre client et préparer des réponses assez persuasives pour qu'il consente à vous accorder un rendez-vous. Vous devez surtout vous entraîner en faisant des dizaines d'appels chaque jour. C'est la seule façon d'aiguiser vos réflexes et de maîtriser cet outil de vente exceptionnel que représente le téléphone.

Cela exigera beaucoup d'efforts, mais vous réaliserez rapidement les nombreux avantages que procurent une utilisation systématique du téléphone. Vous exploiterez de nouveaux marchés. De plus, vous économiserez temps et argent autant pour votre client que pour vous-même en décidant par téléphone de la pertinence d'un rendez-vous.

Nous établirons une distinction entre les appels d'entrée et les appels de sortie en mettant nettement l'accent sur ces derniers, qui sont beaucoup plus difficiles. Il vaut toutefois la peine de s'arrêter aux appels d'entrée, car, même si les gens vous appellent, cela ne veut pas dire qu'ils vous accorderont automatiquement un rendez-vous.

Pour ce qui est des appels de sortie, nous insisterons sur trois points : l'organisation d'un système d'appels, la structuration d'un appel et la conception d'un scénario téléphonique personnalisé. La façon de répondre aux objections pourra s'appliquer aux deux genres d'appels. Commençons par quelques principes de base.

PRINCIPES DE BASE

VOTRE VOIX

Au téléphone, les gens se forment une image de vous très rapidement. En quelques secondes, ils peuvent deviner votre personnalité, simplement au son de votre voix, et décider sur-le-champ s'ils ont envie ou non de faire affaire avec vous. Vous avez sûrement déjà parlé à quelqu'un qui avait une voix nasale, ou trop aiguë, ou trop faible, et je suis certain que son timbre de voix a influencé votre jugement.

Voici 10 idées-actions qui vous aideront à mettre votre voix en valeur :

✓ 1. Pour être certain qu'on vous entende bien, tenez le récepteur à environ deux pouces de la bouche. N'hésitez pas à demander à votre interlocuteur s'il vous entend bien.

✓ 2. Parlez clairement en prenant soin de bien articuler. Soignez votre diction.

✓ 3. Le volume de votre voix devrait correspondre à celui que vous prendriez pour parler à quelqu'un qui serait assis en face de vous.

✓ 4. Généralement, une voix basse est mieux audible et plus harmonieuse qu'une voix aiguë.

✓ 5. Votre attitude se reflète dans votre voix. Celle-ci devrait donc être suffisamment ferme pour démontrer que vous êtes confiant, actif et dynamique. Mettez-y du caractère, sans toutefois exagérer.

✓ 6. Ajustez votre débit à celui de votre interlocuteur. Cela facilitera votre relation.

✓ 7. Abstenez-vous surtout de parler trop vite et, lorsque vous désirez mettre en valeur un point important, n'hésitez pas à faire une pause.

✓ 8. Pour éviter de paraître monotone, variez vos intonations ainsi que les inflexions de votre voix. En appuyant sur certains mots, vous donnez plus de personnalité à votre voix et vous conservez l'attention de votre client.

✓ 9. Un ton trop familier ne vaut guère mieux qu'un ton hésitant ou mielleux : adressez-vous à votre interlocuteur d'égal à égal et non comme si vous étiez inférieur ou supérieur à lui.

✓ 10. Même si votre client potentiel semble s'impatienter, restez toujours aimable, poli et courtois. En aucun temps vous ne devriez hausser le ton.

Votre vocabulaire

Comme vous ne pouvez exposer votre produit par téléphone et que votre client ne peut voir l'expression de votre visage, choisissez scrupuleusement votre vocabulaire. Évitez les mots ternes, négatifs, ordinaires. Employez plutôt un vocabulaire dynamique et convaincant.

Les gens pensent en fonction d'images et non de mots. Chaque mot que vous employez évoque une image dans l'esprit de votre client. Employez des mots colorés, expressifs, qui donnent envie d'en savoir plus. Voici quelques exemples de mots dynamiques qui fixent l'attention et que vous pourriez facilement glisser dans vos conversations au téléphone :

Accélérer	Efficace
Accroître	Éprouvé
Affirmatif	Équitable
Authentique	Essentiel
Avantageux	Excellent
Captivant	Exceptionnel
Cohérent	Exclusif
Compétent	Expérimenté
Croissant	Fascinant
Économique	Fiable

Flexible	Reconnu
Garanti	Rehausser
Impact	Rentable
Intègre	Réputé
Judicieux	Résistant
Perspicace	Stable
Polyvalent	Stimulant
Positif	Tangible
Professionnel	Unique
Puissant	Valorisant
Recommandé	

L'ART DE COMMUNIQUER

La communication est un échange à double sens. Autant vous tentez de communiquer un message à votre client, autant celui-ci tente de vous communiquer sa réponse.

Parfois, on est tellement préoccupé par ce qu'on veut dire qu'on oublie d'écouter l'autre. Il arrive qu'on interprète comme de l'agressivité un simple manque de disponibilité de la part de l'interlocuteur.

La moitié du temps que nous passons à communiquer avec les autres consiste à écouter. Écouter, ce n'est pas seulement entendre : c'est voir, comprendre et réagir à ce que l'on entend. La meilleure façon de s'assurer qu'on nous écoute, c'est d'écouter soi-même de façon engagée. Nous analyserons dans le prochain chapitre le principe de l'écoute engagée.

Il se peut toutefois que ce soit votre client qui ne vous écoute pas et que cela vous empêche d'arriver à votre objectif. Dans ce cas, essayez de ramener la conversation sur le sujet qui vous intéresse, particulièrement s'il anticipe vos questions. Vous pourriez lui dire par exemple : «Voilà en effet un point important et je pense bien que ma présentation pourra répondre à cette question. Avez-vous votre agenda? Je serai dans votre quartier le... »

VOTRE ATTITUDE

Au téléphone, il est primordial de se dominer. Il n'est pas facile de communiquer avec des gens qu'on ne voit pas et surtout de continuer à afficher le sourire après plusieurs refus consécutifs. Mais si vous entretenez des idées négatives, elles se refléteront dans votre voix et vous ne pourrez réussir.

Partez du principe que votre message intéressera sûrement quelques personnes et qu'il vous faudra appeler un grand nombre de gens pour en intéresser quelques-uns. Vous offrez un service valable, vous faites votre travail, qui pourrait vous blâmer? J'ai fait des milliers d'appels de sollicitation au cours des 20 dernières années et très peu de gens m'ont raccroché au nez. Au contraire, plusieurs m'ont dit qu'ils appréciaient beaucoup mon enthousiasme même s'ils n'avaient aucun intérêt pour le produit que j'offrais.

Lorsque je fais de la sollicitation par téléphone, je m'amuse énormément. Je suis poli, très expressif, persuasif, mais je n'exagère jamais. Cela ne veut pas dire que j'abandonne facilement, mais j'ai appris à reconnaître les situations sans issue et celles qui méritent qu'on insiste. À faire la distinction entre un client qui a besoin de se laisser convaincre et un faux client. Dans ce dernier cas, je prends congé de lui rapidement mais poliment. Et si je constate que mon *prospect*, bien que valable, refuse absolument de me rencontrer, je le remercie du temps qu'il m'a accordé et j'appelle quelqu'un d'autre. Pourquoi s'en faire? Il y a tellement de gens qu'on peut appeler et qui ont besoin de notre produit ou service. Ne perdez pas trop de temps avec quelqu'un qui n'est pas intéressé. Vous risqueriez de perdre également votre calme et votre efficacité.

J'aime bien faire mes appels debout. Cela me procure beaucoup d'énergie. Je bouge, je marche, je gesticule. Essayez cette façon de travailler et vous constaterez rapidement qu'elle permet de conserver votre dynamisme et de vous engager davantage dans la conversation. Votre façon de vous vêtir est également importante. Même si votre seule activité de la journée consiste à faire des appels et que vous ne rencontrez aucun client, habillez-vous comme si vous deviez les rencontrer. Votre tenue vestimentaire influe sur l'image que vous avez de vous-même et agit sur votre attitude. Si vous faites vos appels à partir de votre résidence, habillez-vous. Habillez-vous comme si vous alliez au bureau. Ne faites pas vos appels en pyjama. Vous auriez vous-même de la difficulté à vous prendre au sérieux.

Un autre point fondamental lorsque vous faites des appels de sollicitation : souriez. Si vous avez de la difficulté à sourire, placez un miroir à côté du téléphone. À l'autre bout du fil, votre client peut facilement discerner les vibrations de votre voix et sentir si vous êtes préoccupé, anxieux ou souriant. Il est tellement plus plaisant de parler à une personne souriante et dynamique. Peu importe les techniques de sollicitation que vous utilisez présentement au téléphone, vous obtiendrez beaucoup plus de rendez-vous avec un sourire.

• • • • • • • • • • • • • • • • • • •

LES APPELS D'ENTRÉE

À notre bureau, nous recevons beaucoup d'appels, que ce soit de la part de personnes qui nous connaissent par ouï-dire ou de gens qui ont lu un article ou une publicité à notre sujet; ce sont des appels d'entrée. D'autres, parfois, ont trouvé notre nom dans un annuaire ou, mieux encore, veulent comparer nos prix avec ceux d'un concurrent. Je suis convaincu que, quel que soit votre domaine d'activité, vous recevez vous aussi ce genre d'appels. Si vous n'avez jamais reçu un seul appel d'entrée, ne vous en faites pas, ça va venir! Si vous voulez profiter de ces occasions pour obtenir un rendez-vous, il importe de bien établir votre stratégie.

Pour ma part, lorsque je reçois un appel d'entrée, je me

fixe trois objectifs : obtenir 1) le nom de la personne qui appelle; 2) ses coordonnées; et 3) un rendez-vous.

Lorsque j'obtiens le nom de mon interlocuteur, cela facilite notre relation. Pourtant, plusieurs personnes refusent de s'identifier au téléphone. Il faudra donc prévoir une tactique qui nous permette d'arriver à notre objectif.

Je désire également connaître ses coordonnées afin d'établir une fiche sur ce client potentiel. Ainsi, je serai en mesure de communiquer avec lui plus tard si je n'obtiens pas de rendez-vous tout de suite.

Je considère toutefois comme essentiel le fait d'obtenir un rendez-vous avec la personne qui appelle. Si cette personne téléphone à mon bureau, c'est qu'elle s'intéresse à mes services et la meilleure façon de lui exposer mes services consiste à la rencontrer.

Tellement de gens appellent et nous disent : «Tout ce que je veux, c'est le prix!» Comment répondre à cela lorsque vous savez fort bien qu'on ne peut comparer des prix sans connaître la qualité du produit ou du service. Mon produit est très différent de celui de ma concurrence et, pour cette raison, il est certainement plus cher. Si je donne mon prix, il sera très facile de m'éliminer. Et c'est ce que recherchent ceux qui vous appellent pour connaître votre prix : vous éliminer.

Autant que possible, je ne donne pas de prix au téléphone et nous verrons plus loin comment contourner le problème. À moins, évidemment, que vous n'organisiez une promotion spéciale et que vous receviez tellement de demandes de renseignements qu'il vous soit impossible de rencontrer tous ceux qui vous appellent. Si vous donnez un prix, il y a de fortes chances pour que vous n'entendiez plus jamais parler de la personne qui vous appelle. Et c'est exactement ce que vous méritez.

J'avais un client qui se spécialisait dans les chaînes

stéréo pour automobiles. Tous les jours, des gens l'appelaient et demandaient un prix pour un article en particulier. Il leur donnait le prix sans savoir qui l'appelait. Méfiez-vous : ce sont parfois des concurrents qui téléphonent pour connaître vos prix et ajuster les leurs en conséquence.

Après avoir assisté à notre séminaire, il décida de ne plus donner de prix. Maintenant, il répond simplement : «Je peux vous donner le prix de détail, mais, vous savez, nous avons des soldes dans notre salle de montre et ceux-ci changent tous les jours. Je suis disponible pour vous rencontrer maintenant; peut-être préféreriez-vous demain matin?» Depuis qu'il utilise cette technique, il m'a confirmé qu'il réussit à fixer un rendez-vous avec plus de la moitié de ceux qui appellent. Et lorsqu'ils se présentent à sa salle de montre et qu'ils peuvent apprécier le professionnalisme de son commerce, 90 % d'entre eux deviennent ses clients. Vous pouvez faire la même chose. Il suffit que vous preniez le temps d'adapter la stratégie que nous vous proposons à votre domaine d'activité. Voyons les différentes étapes de cette stratégie.

1. *Le meilleur moment pour répondre* : à la deuxième ou à la troisième sonnerie. Certains répondent après 5 ou 10 sonneries. C'est trop long. Par contre, d'autres se précipitent sur le téléphone aussitôt qu'il sonne. C'est trop court. Attendez deux ou trois sonneries : cette courte pause donne le temps à la personne qui appelle de s'installer et de rassembler ses pensées.

2. *Répondez avec enthousiasme* : parfois, on a l'impression de déranger la personne qui répond. Une voix sèche, ennuyante, brusque ou automatique rebutera votre interlocuteur. Répondez avec un sourire, comme s'il était votre meilleur client.

3. *Laissez d'abord parler votre client* : laissez-le dire pourquoi il vous appelle, sans l'interrompre, en lui donnant toute votre attention dès les premiers moments de la conversation.

4. Obtenez son nom : la meilleure façon que je connaisse pour obtenir le nom d'une personne qui appelle, c'est de la mettre en attente. Supposons qu'on m'appelle pour avoir des renseignements sur mes cours, je réponds simplement : «Certainement; d'ailleurs, nous recevons beaucoup d'appels à ce sujet. Voulez-vous m'attendre un instant s'il vous plaît?» Et je fais patienter mon interlocuteur.

Cette façon de procéder me permet tout d'abord de rassembler mes idées et de me rappeler mes trois objectifs. Tellement de vendeurs répondent d'une façon automatique. Ils sont en train de discuter avec un collègue et soudain le téléphone sonne; sans réfléchir, ils se mettent à fournir une foule de renseignements à leur interlocuteur et à répondre à toutes ses questions.

Le fait de faire patienter la personne qui appelle vous offre un autre avantage indéniable. En reprenant l'appareil, c'est maintenant vous qui avez le contrôle de la situation, ce qui a pour effet de prendre un peu par surprise la personne qui appelle. Elle voulait simplement un prix et ne voulait pas donner son nom. Mais vous reprenez l'appareil et vous dites simplement, toujours d'une voix souriante : «Merci d'avoir attendu, mon nom est Michel Bélanger; puis-je savoir qui m'appelle?»

Si vous pratiquez cette simple technique et parvenez à l'appliquer de façon naturelle, la plupart des gens vous donneront leur nom spontanément : renseignement précieux que vous utiliserez au cours de la conversation pour vous rapprocher de votre interlocuteur. À propos, ne faites pas attendre votre interlocuteur. Ne l'oubliez surtout pas : la patience a ses limites. Une période variant entre 5 et 10 secondes est tout à fait convenable. C'est tout ce qu'il vous faut pour vous préparer mentalement et penser à vos trois objectifs.

5. Demandez un rendez-vous : répondez aux questions qu'on vous pose et profitez-en pour amener subtilement la question du rendez-vous. Par exemple : «Certainement;

d'ailleurs, il me fera plaisir de vous le démontrer lors de votre visite. Préférez-vous venir nous rencontrer demain ou est-ce que vendredi après-midi ferait mieux votre affaire?»

Évidemment, les gens peuvent vous opposer des objections, mais ces objections sont les mêmes que celles que vous recevrez lorsque vous ferez des appels de sortie; nous apprendrons à les traiter un peu plus loin.

6. *Confirmez le rendez-vous* : après avoir pris le rendez-vous, faites-le confirmer : «Donc, je vous attends mercredi matin à 10 heures. Si jamais vous aviez un empêchement, j'apprécierais que vous m'appeliez. De mon côté, je m'engage à faire la même chose. Au fait, quel est votre numéro de téléphone?» Cette façon de procéder démontre que vous êtes sérieux et permet en même temps de réaliser votre triple objectif.

• • • • • • • • • • • • • • • • • • •

Les appels de sortie

Si les gens ne vous appellent pas, il faudra bien vous résoudre à les appeler. Il est bien évident que le défi n'est pas le même. S'il vous faut user de stratégie même avec les gens qui vous appellent, qu'en sera-t-il lorsque vous devrez prendre l'initiative des coups de fil?

Système d'organisation

Avant d'établir votre stratégie d'appel, il faudra d'abord penser à organiser votre travail : c'est votre seule chance de succès. Vous ne pouvez tout simplement décider de faire des appels dans vos moments libres ou quand le cœur vous en dit : vous risqueriez de ne pas vous servir de votre téléphone très souvent! Votre système devra répondre à trois questions :

1. Qui appellerez-vous?

2. Quand les appellerez-vous?

3. Quels sont vos résultats?

1. Qui appellerez-vous?

Si vous avez fait les exercices recommandés à la leçon précédente, vous devriez déjà avoir une liste de noms ou d'entreprises que vous désirez solliciter. Cette liste est essentielle à votre réussite. Même avec les meilleures dispositions du monde et le meilleur scénario téléphonique, vous n'arriverez à rien sans une liste de noms. Si, sur 20 personnes par jour, une seule devient votre client, à la fin de l'année, vous aurez 250 nouveaux clients. Mais, pour appeler 20 personnes par jour, il vous faut 100 nouveaux noms sur votre liste chaque semaine.

Plus vous attacherez d'importance à votre liste, plus vous en tirerez de profits. En segmentant votre marché de façon précise, vous aurez une bien meilleure idée du potentiel de vente que représente chaque nom de votre liste. Comparez ce procédé avec celui d'un vendeur qui appellerait des gens au hasard. Bien sûr, en faisant des centaines d'appels, il finira par appeler quelqu'un juste au bon moment : tous les jours, la situation des clients évolue et parfois il suffit d'appeler au bon moment. Par contre, il devra faire des dizaines d'appels avant de joindre un acheteur potentiel qui corresponde à la description de son client type. Cela lui demandera beaucoup de temps et, étant donné le nombre très élevé de refus auxquels il devra faire face, il risque fort de se décourager. La sollicitation par téléphone obéit invariablement à la loi des statistiques. Toutefois, si vous élaborez judicieusement votre liste en sélectionnant vos futurs clients, vous accroîtrez vos chances.

2. Quand appellerez-vous?

Il faut maintenant que vous décidiez si vous ferez tous

vos appels la même journée ou tous les jours aux mêmes heures. Il importe que vous adoptiez une discipline de travail rigoureuse et que vous vous y teniez. Toutes les raisons sont bonnes pour échapper à la sollicitation par téléphone. Je connais plusieurs vendeurs qui consacrent une journée par semaine à faire leurs appels afin de prendre des rendez-vous pour la semaine qui suit. Certains préfèrent le lundi, d'autres le vendredi, d'autres y consacrent deux matinées par semaine.

Selon vos préférences, prenez une décision et réservez immédiatement cette période dans votre agenda, pour toutes les semaines, pour les 10 prochaines semaines au moins. Si un client tient à vous rencontrer pendant cette période, dites-lui que c'est impossible, que vous êtes déjà pris. Sinon vous risquez de saboter votre travail de la semaine suivante.

3. Quels sont vos résultats?

La seule façon de savoir si vos efforts sont féconds, c'est de compiler vos résultats. Servez-vous de la feuille télé-contrôle qui figure plus loin. Pour chaque appel que vous ferez, notez le résultat et à la fin de la semaine analysez votre feuille télé-contrôle. Vous y trouverez une foule de statistiques révélatrices. Comparez-les entre elles chaque semaine. Remarquez-vous certaines tendances? Vous semble-t-il que vous obtenez de meilleurs résultats certains jours de la semaine? Vos ratios nombre de rendez-vous— nombre de contacts vous satisfont-ils? Avez-vous testé différents scénarios? Obtenez-vous plus de résultats avec un scénario en particulier? Avec un certain type de clientèle?

Assumez la responsabilité de vos résultats. Analysez-les et, s'ils ne vous satisfont pas, changez ce qui doit être changé. Personne d'autre que vous ne peut prendre ces décisions qui vous concernent et qui représentent la base de votre système de sollicitation et de développement des nouvelles affaires.

FEUILLE TÉLÉ-CONTRÔLE

Semaine du _____ au _____

Jour	Lundi	Mardi	Mercredi	Jeudi	Vendredi	Total
Heure du jour						
Nombre d'heures						
Contacts						
Rendez-vous						
Références						
Rappels						
Pas intéressés						
Pas de réponse						
Autres						
Total						

STRUCTURE D'UN APPEL

Vous ne pouvez improviser un appel téléphonique. Structurer son appel, c'est lui donner un corps, une forme, un sens. Vous n'avez qu'un seul objectif lorsque vous appelez un client potentiel : obtenir un rendez-vous. Lorsque vous structurez votre appel, vous le subdivisez en différentes étapes, toutes orientées vers ce seul objectif.

Votre stratégie devrait comporter six étapes.

1. Attirez l'attention du client.

2. Identifiez-vous clairement.

3. Établissez le contact.

4. Donnez la raison de votre appel.

5. Demandez un rendez-vous.

6. Confirmez le rendez-vous.

1. Attirez l'attention du client

Il faut toujours se rappeler que la sollicitation au téléphone dérange l'interlocuteur. Le client n'attend pas cet appel et il est fort probable qu'il préférerait s'en passer. Au moment où son téléphone sonne, il est sûrement occupé à faire quelque chose. C'est pourquoi il importe d'attirer son attention pour l'aider à faire la transition entre ses occupations du moment et votre appel. La meilleure façon de le faire consiste à mentionner son nom deux fois. À moins d'être sourd, nous réagissons spontanément chaque fois que quelqu'un prononce notre nom. «M. Martel, s'il vous plaît. Bonjour, M. Martel!»

2. Identifiez-vous clairement

À ce moment, plusieurs questions lui viennent immédiatement à l'esprit : «Qui est-ce, qu'est-ce qu'il me veut?» «Pourquoi m'appelle-t-il?» Prévenez ses questions en vous identifiant clairement ainsi que l'entreprise que vous représentez (si vous appelez d'une autre ville, mentionnez également l'endroit d'où vous appelez) : «Mon nom est Michel Bélanger, je représente Les systèmes de formation ProVente.»

3. Établissez le contact

Cette étape est très importante. Jusqu'ici, il n'y a que vous qui avez parlé. Si vous donnez immédiatement la raison de votre appel, le client aura l'impression d'assister à un monologue. La meilleure façon d'établir le contact est de poser une question qui appelle une réponse. Que celle-ci soit positive ou négative importe peu pour le moment. Il est essentiel d'engager un dialogue.

Voici quelques exemples de questions que vous pourriez poser à votre client pour établir le contact :

«Je vous appelle au sujet d'une lettre que je vous ai fait parvenir, l'avez vous reçue?»

«Connaissez-vous notre entreprise (ou division, produit, service)?»

«Êtes-vous bien la personne qui est responsable des_____?»

«Avez-vous remarqué notre publicité dans les journaux? À la télévision?»

Arrêtez-vous un instant et pensez à une question que vous pourriez poser en rapport avec votre domaine d'activité. La deuxième question est celle que nous utilisons lors de nos appels de sollicitation. Vous pouvez facilement l'adapter à votre situation. Si votre client connaît votre entreprise, passez à l'étape suivante. Sinon, expliquez-lui qui vous êtes en décrivant brièvement la nature de vos produits ou services. Insistez sur tout ce qui pourrait vous distinguer de la concurrence.

4. Donnez la raison de votre appel

Voici la partie centrale de votre stratégie. Nous y consacrerons la prochaine section et nous vous suggérerons quelques scénarios que vous pourrez facilement adapter à votre produit ou à votre service.

5. Demandez un rendez-vous

La seule façon d'obtenir un rendez-vous, c'est de le demander. Et la meilleure façon de le demander consiste à proposer un choix au client. C'est probablement la plus vieille technique de vente au monde, mais c'est la meilleure que je connaisse. Par exemple : «Préférez-vous qu'on se rencontre en début de semaine ou vers la fin de la semaine?» «Est-ce que lundi à 10 h vous conviendrait ou préférez-vous mardi après-midi vers 16 h?» «Préférez-vous le matin de bonne heure ou vers la fin de l'après-midi?»

6. Confirmez le rendez-vous

Je n'aime pas confirmer un rendez-vous la veille ou la journée même. Le client risque de vous dire : «Vous savez, j'ai bien réfléchi à tout cela et je préférerais vraiment attendre.» Pour éviter ce volte-face, je confirme mes rendez-vous sitôt après les avoir pris en disant simplement : «Alors, c'est bien noté pour mercredi 7 h? Écoutez, j'apprécierais énormément, si jamais vous aviez un empêchement, que vous m'en avisiez au numéro _____. Pour ma part, je m'engage à faire la même chose, ça vous va? Merci et à bientôt.»

VOTRE SCÉNARIO TÉLÉPHONIQUE

Vous vous êtes présenté, vous avez établi une relation avec votre client potentiel; il s'agit maintenant de donner la raison de votre appel. Rappelez-vous que votre seul objectif est d'obtenir un rendez-vous. Évitez de vendre à cette étape. Si votre client insiste pour que vous lui donniez plus d'information, dites-lui simplement : «Je suis désolé, mais je pense qu'il serait injuste que vous preniez une décision après des explications trop brèves; je préférerais vraiment vous exposer mon idée en personne, la semaine prochaine. Est-ce que_____ ou_____ vous conviendrait?»

Votre client ne vous accordera un rendez-vous que s'il y voit un avantage pour lui-même ou pour sa société. Faites donc une liste complète de tous les avantages qui pourraient vous aider à obtenir un rendez-vous. Un avantage augmente les bénéfices de quelqu'un ou diminue ses problèmes ou ses tracas. Voici les avantages que nous citons :

- Augmenter votre productivité.

- Augmenter votre volume de ventes.

- Rendre votre équipe de vente plus efficace.

- Augmenter leur motivation et leur professionnalisme.

- Rentabiliser votre commerce en sensibilisant davantage votre équipe de vente à ses responsabilités.

- Diminuer le taux de rotation de vos vendeurs.

Voici une liste d'avantages qui peuvent s'appliquer à toutes sortes de produits et de services. Analysez-les. Voyez s'ils peuvent être adaptés à votre domaine d'activité. Sinon, inspirez-vous de ces quelques exemples pour formuler des avantages propres à votre domaine.

Liste des avantages

Vente commerciale

- Rehausser l'image que vous projetez à votre clientèle.

- Augmenter votre productivité (vos profits, votre efficacité).

- Améliorer la qualité de vos imprimés (des services que vous offrez).

- Augmenter votre clientèle sans pour autant augmenter votre personnel.

- Réduire vos frais d'exploitation (de publicité, d'inventaire).

- Attirer plus de gens à votre commerce.

- Rentabiliser votre temps.

- Devancer vos compétiteurs.
- Accroître votre part du marché.

Vente industrielle

- Augmenter votre sécurité.
- Réduire vos dépenses (votre coût variable, vos frais d'exploitation).
- Économiser du temps (de l'argent).
- Créer une meilleure ambiance pour vos employés.
- Réduire le taux de rotation de votre personnel.
- Éliminer les réclamations manuelles (les rejets de production).
- Rentabiliser votre équipement (votre main-d'œuvre).
- Réduire les erreurs de commande (le taux d'absentéisme, les frais de courrier, les frais de déplacement, etc.).

Vente d'assurances ou de placements financiers

- Améliorer le rendement sur vos investissements.
- Garantir l'avenir et la sécurité de votre famille.
- Éviter un éventuel problème de taxation.
- Réduire vos impôts.
- Réaliser des gains en capital sans utiliser vos économies.
- Diversifier votre portefeuille de façon sécuritaire.
- Augmenter vos épargnes.
- Améliorer vos performances financières.
- Assurer votre indépendance financière.

Assurances d'affaires

- Éliminer certains risques rattachés à votre commerce.

- Sauvegarder vos intérêts et l'avenir de votre compagnie.

- Améliorer le rendement sur vos placements.

- Vous éviter des problèmes futurs.

Choisissez deux ou trois avantages avec lesquels vous vous sentez à l'aise et incorporez-les à votre scénario. Celui-ci devra être très concis et aller directement au but que vous poursuivez : obtenir un rendez-vous.

Voici un des scénarios que nous utilisons à notre bureau. «M. Martel, s'il vous plaît. Bonjour, M. Martel. Mon nom est Michel Bélanger, de Pro Concept Vente. Connaissez-vous notre entreprise? Bien. M. Martel, si nous avions quelques idées qui pourraient aider vos représentants à augmenter leur productivité ou leur volume de ventes, je suppose que ça pourrait vous intéresser? (Attendez sa réponse.) Le but de mon appel, M. Martel, est simplement de vous rencontrer afin de vous présenter nos services pour vous permettre de les évaluer et de décider si éventuellement nous pourrions aider votre force de vente. Préférez-vous_____ ou _____ ?»

Voici quelques exemples de scénarios téléphoniques. Choisissez celui qui se prête le mieux à votre domaine d'activité, ajoutez-y les deux avantages qui correspondent au segment de marché que vous désirez exploiter. Il ne vous restera plus qu'à composer le premier numéro. Ou encore mieux, inspirez-vous de toutes les idées contenues dans ce chapitre et composez votre propre scénario téléphonique.

SCÉNARIO N° 1

M._____, s'il vous plaît. Bonjour,
M._____. Mon nom est _____, de
_____. Connaissez-vous bien notre entreprise? En
fait, on se spécialise dans_____(domaine d'activité)
et je vous appelle à propos d'un nouveau service que nous
offrons. M._____, je présume que si nous avions
quelques idées qui pourraient vous aider à _____ et
à _____ vous seriez sûrement intéressé, non?
M._____, je remarque que vous êtes situé à
_____ (région). Êtes-vous toujours au_____?
(Donner l'adresse.) Voyez-vous, je serai dans votre secteur
la semaine prochaine. Préférez-vous qu'on se ren-
contre_____ ou est-ce que_____ vous conviendrait mieux?

SCÉNARIO N° 2

M._____, s'il vous plaît. Bonjour,
M._____. Mon nom est _____, de
_____. Je vous appelle à propos d'une lettre que je
vous ai fait parvenir, l'avez-vous reçue? M._____,
nous avons aidé plusieurs entreprises dans votre domaine
à_____ tout en_____. M._____,
j'aimerais vous rencontrer afin de vous permettre d'évaluer
nos services et de considérer les possibilités pour votre
entreprise de faire affaire avec nous. Avez-vous votre
agenda? Je serais disponible_____, à moins que
vous ne préfériez_____.

SCÉNARIO N° 3

M._____, s'il vous plaît. Bonjour,
M._____. Mon nom est _____, de
_____. Connaissez-vous notre entreprise?
M._____, je n'ai aucune raison de croire que
vous avez besoin de nos services pour le moment. Mais je
me demandais si vous auriez des objections à ce qu'on se

rencontre pour vous présenter une idée qui pourrait sûrement vous aider à _____ et à _____. Êtes-vous toujours à _____ ? (Donner l'adresse.) Je serai dans votre secteur la semaine prochaine, seriez-vous plus disponible_____ ou est-ce que _____ vous conviendrait mieux?

Votre scénario

M._____ , s'il vous plaît. Bonjour, M._____. Mon nom est _____,
de_____.

_____

_____

_____

_____

_____

_____

_____

_____

_____

Un bon scénario téléphonique s'adapte à toutes sortes de situations. Très flexible, il vous permet de parler de façon naturelle. Appelez au moins 25 à 30 personnes avant d'y changer quoi que ce soit. Vous pourrez alors évaluer vos résultats. Si ceux-ci ne sont pas satisfaisants, changez-y quelques mots, améliorez-le et faites le test à nouveau. Lorsque vous serez satisfait, conservez toujours le même scénario. Ainsi, vous obtiendrez régulièrement des rendez-vous, surtout si vous avez judicieusement choisi vos clients potentiels.

À ce sujet, plusieurs personnes me demandent s'il ne vaudrait pas mieux sélectionner les clients au téléphone. Personnellement, je préfère les sélectionner avant même de les appeler. Nous mettons beaucoup d'efforts dans notre recherche de marché. Parfois, un de nos agents de télémarketing communique avec des entreprises que nous jugeons susceptibles d'utiliser nos services dans le seul but de connaître le nom du directeur des ventes ainsi que le nombre de représentants attachés à son service. Ces renseignements sont transmis à un autre agent, qui ne communique qu'avec les entreprises ayant au moins cinq représentants à leur service. Le premier appel n'est en fait qu'un appel de reconnaissance alors que le deuxième est une sollicitation de rendez-vous. Nous savons qu'il existe une occasion d'affaires. Nous voulons maintenant une rencontre.

Nous convenons d'abord d'un rendez-vous : c'est notre premier objectif. Une fois le rendez-vous fixé, nous tentons d'évaluer le pouvoir décisionnel de notre interlocuteur en lui demandant : «M. Martel, pendant que j'y pense, si nos services vous intéressaient, seriez-vous la seule personne à prendre la décision?» Certains nous répondent affirmativement, d'autres nous disent que la décision ne leur appartient pas uniquement. À ce moment, nous tentons d'obtenir que toute personne concernée assiste aussi à la rencontre.

Évidemment, certains produits ou services, en raison de leur usage et de leur prix, ne conviennent qu'à un type particulier de client. Dans ce cas, il importe de s'entendre dès le début de l'entretien téléphonique.

• • • • • • • • • • • • • • • • • • • •

LE TRAITEMENT DES OBJECTIONS

Il est évident que, même avec le meilleur scénario possible, vous ne pourrez obtenir de rendez-vous à chaque coup de fil. Pour toutes sortes de raisons ou de circonstances, vous ne pourrez intéresser tout le monde. Ne vous laissez pas abattre par les refus. L'essentiel, ce sont les rendez-vous que vous obtenez. Pour les obtenir, vous devez faire plusieurs appels.

Par contre, cela ne veut pas dire d'abandonner dès

qu'on vous oppose une objection. Ces objections ne sont souvent qu'un simple réflexe et vous vous rendrez compte rapidement que ce sont pratiquement toujours les mêmes objections qui reviennent. Si un client vous dit qu'il n'est pas intéressé, il peut se tromper, surtout s'il ne connaît pas votre produit ou votre service. S'il vous dit qu'il est déjà bien servi actuellement ou qu'il a tout ce qu'il lui faut, peut-être est-ce une façon polie de vous éviter. Avec un peu d'habitude, vous apprendrez à faire une distinction entre une objection justifiée et un simple prétexte de la part du client.

Il importe donc de vous organiser en conséquence et de préparer des réponses appropriées à chaque circonstance. Nous vous suggérerons quelques réponses pour repousser les objections les plus fréquentes, mais auparavant voyons la stratégie à observer lorsqu'un client potentiel vous oppose une objection.

STRATÉGIE POUR CONTRER LES OBJECTIONS

1. Écoutez l'objection

Écoutez ce que dit la personne et surtout comment elle le dit. Ses intonations, son timbre de voix reflètent son humeur et peuvent vous révéler la vraie nature de son objection. S'agit-il d'un malentendu, d'une marque d'indifférence ou d'une objection sérieuse?

2. Placez une phrase «coussin»

Exemples : «C'est tout à fait normal, M._____.» «Je comprends votre point de vue (votre situation).» «J'apprécie votre position, M._____.» «Je vous comprends très bien, M._____.» «Cette question est très importante.»

Ces phrases coussins indiquent à votre client que vous êtes de son côté et que vous faites un effort pour le comprendre. Elles évitent de vous montrer trop agressif et incitent votre client à écouter votre réponse. Si l'objection ne vous semble pas claire, n'hésitez pas à questionner votre interlocuteur.

3. *Répondez à l'objection*

Pour chaque objection prévisible, préparez une réponse appropriée.

4. *Demandez un rendez-vous*

Lorsque vous aurez répondu à l'objection de votre client, demandez encore une fois un rendez-vous. Si le client formule d'autres objections, n'ayez crainte; il vous en fera part.

Exemples de réponses

Voici quelques exemples de réponses que nous utilisons lorsqu'on nous oppose les objections les plus courantes. Adaptez-les à votre domaine d'activité et vous constaterez vous aussi pourquoi nous réussissons à fixer la plupart de nos rendez-vous malgré une ou deux objections.

«Je possède déjà un_____.»

«M._____, je comprends votre situation. Et croyez-moi, il ne s'agit pas de mettre de côté ce que vous utilisez déjà, surtout si ça fonctionne bien. Mais si nous pouvions vous donner quelques idées qui vous permettront d'améliorer vos performances actuelles, j'imagine que vous seriez ouvert à cela, non? Dans ces conditions, M._____, préférez-vous qu'on se rencontre _____ ou _____ ?»

«Envoyez-moi de la documentation.»

«M._____, je ne sais pas si vous êtes comme nous, mais des brochures, on en reçoit tellement. Maintenant, le but de notre visite est justement de vous donner un bref aperçu de nos services et de répondre à vos questions. Il nous fera d'ailleurs plaisir de vous laisser de la documentation en main propre. Alors, seriez-vous plus disponible... »

«Je ne suis pas intéressé.»

«M._____, c'est tout à fait normal, mais vous avez quand même droit à toutes nos suggestions, sans obligation de votre part. Voyez-vous, nous pensons qu'en vous offrant toutes les informations concernant nos services nous pourrions peut-être avoir le plaisir de faire affaire avec vous à une date ultérieure. Dans ces conditions, préférez-vous... »

«Je ne suis pas intéressé.»

«M._____, je comprends votre point de vue. Mais vous savez, toutes nos idées peuvent sûrement vous être profitables même si vous n'êtes pas intéressé. Si vous aimez notre approche, ce sera tant mieux, sinon, tant pis; mais au moins, nous serons fixés pour l'avenir. Si plus tard vous décidez de faire un changement, vous saurez au moins ce que notre entreprise peut vous offrir. Dites-moi, M._____, êtes-vous plus disponible... »

«Je vous rappelle.»

«C'est très bien, M._____; quand prévoyez-vous me rappeler? (Attendez sa réponse.) C'est bien. Maintenant, si vous n'arrivez pas à me joindre avant cette date, permettez-vous que je vous rappelle le_____?» (Mentionnez-lui une date qui correspond à deux ou trois jours après celle qu'il vous a donnée.)

Important : lorsque vous le rappellerez, dites lui : «M._____, vous m'aviez demandé de communiquer avec vous aujourd'hui afin de fixer une rencontre. Je vous appelle donc pour connaître votre disponibilité au cours des prochains jours. Je serai à_____(ville) le_____; est-ce que ça vous conviendrait?»

Encore une fois, nous insistons sur l'importance

d'adapter ces réponses à votre domaine d'activité, à votre personnalité ainsi qu'au genre de clientèle que vous appelez. Entraînez-vous à répondre aux objections les plus fréquentes en prenant bien soin d'utiliser un vocabulaire qui vous convient. Apprenez vos réponses par cœur afin de développer votre vivacité d'esprit, qualité essentielle pour quiconque désire des résultats lorsqu'il s'agit de faire de la sollicitation au téléphone.

Si votre client doute que vous puissiez l'aider, dites-lui : «M._____, je comprends votre position. On croit parfois qu'il est impossible de s'améliorer. Afin d'être bien certain de comprendre votre situation, est-ce que je peux vous poser quelques questions?»

Posez-lui des questions sur son expérience en affaires, sur le produit qu'il utilise déjà. Montrez-lui que vous êtes de son côté et non contre lui. Évitez toute agressivité. Si vous n'obtenez pas de rendez-vous, demandez-lui s'il peut vous diriger vers d'autres organisations. Montrez-lui votre respect et remerciez-le pour le temps qu'il vous a accordé.

S'il veut absolument recevoir une brochure ou un dépliant, faites-lui-en parvenir en prenant soin de souligner avec un marqueur quelques points qui pourraient l'intéresser. Ajoutez si possible une lettre de témoignage et faites suivre cet envoi d'un autre appel. En cas de refus absolu, ne vous vexez pas. Gardez votre sourire et votre enthousiasme et composez immédiatement un autre numéro.

• • • • • • • • • • • • • • • • • • •

LA PRÉPARATION AVANT L'APPEL

Pour toute personne qui débute dans la vente, la sollicitation au téléphone représente un immense défi, que seule une préparation adéquate et un effort constant permettront de relever. Lorsque vous prévoyez faire des appels de sollicitation, décidez d'y consacrer au moins quelques heures consécutives. Il ne servirait à rien de faire quelques appels, de poursuivre d'autres occupations et de revenir ensuite à vos appels. Vous ne seriez pas préparé mentalement et risqueriez, par manque de présence d'esprit, de rater plusieurs occasions de rendez-vous. Avant de commencer vos appels, réservez-vous quelques minutes de préparation en considérant les cinq idées-actions qui suivent :

✓ 1. *Révisez votre scénario.* Assurez-vous qu'il s'adresse bien au genre de clientèle que vous êtes sur le point d'appeler et que les avantages que vous ferez valoir sont très bien choisis pour la circonstance.

✓ 2. *Révisez vos fiches de clients potentiels.* Révisez la liste des gens que vous vous apprêtez à solliciter. Placez-les par ordre d'appel.

✓ 3. *Dégagez votre espace de travail.* Éliminez toute distraction qui risquerait de vous faire perdre votre concentration. Libérez votre bureau de tout document et de toute paperasse. Vous n'avez besoin que de trois choses : un téléphone, votre agenda et vos fiches de sollicitation.

✓ 4. *Préparez-vous mentalement.* Imaginez les bénéfices de vos futurs clients. Visualisez votre réussite et imaginez votre satisfaction quand vous aurez réussi à prendre plusieurs rendez-vous. Aussi bizarre que cela paraisse, préparez-vous également à échouer. Vous ne pourrez obtenir un rendez-vous à chaque appel : peut-être vous en faudra-t-il cinq! Ce qui suppose que vous devrez essuyer quatre refus pour chaque rendez-vous obtenu. Aussi bien vous préparer en conséquence afin de ne pas vous laisser abattre.

✓ 5. *Fixez-vous des objectifs précis.* Combien d'appels au cours de la prochaine heure? Combien de rendez-vous? De petites réussites apportent parfois de grandes joies et procurent énormément d'enthousiasme. Cet enthousiasme est communicatif et vous aidera à obtenir plus de rendez-vous.

LE FILTRAGE DES APPELS

Malgré toute votre préparation et votre bonne volonté, il peut arriver qu'un obstacle majeur se dresse entre vous et la personne dont le nom figure sur votre liste : l'intermédiaire chargé de filtrer les appels d'entrée. Il peut s'agir d'un assistant, d'une réceptionniste, d'une secrétaire ou même parfois d'un conjoint, mais, qui qu'ils soient, ils ont sûrement une bonne raison de le faire. Que faire en pareille situation? D'abord, restez courtois envers la personne qui vous répond. Plutôt que de vous en faire une ennemie, faites-vous-en une alliée. Vous constaterez souvent qu'une bonne attitude est encore la meilleure façon d'obtenir la communication.

La plupart du temps, l'intermédiaire vous demandera si votre appel est attendu ou si son patron vous connaît. Si vous appelez sur la recommandation d'un ami ou en rapport avec une lettre que vous auriez envoyée, mentionnez-le à l'intermédiaire. «M. Boutin m'a demandé d'appeler M. Martel. Est-ce que je peux lui parler s'il vous plaît?»

Si tel n'est pas le cas, l'intermédiaire vous demandera alors la raison de votre appel. Ne donnez pas la raison exacte de votre appel. L'intermédiaire pourrait avoir du mal à interpréter correctement votre domaine d'activité et vous pourriez ainsi perdre d'excellentes occasions de parler à votre éventuel client, qui est sans doute plus en mesure de juger de la pertinence de votre visite. Dites plutôt que vous appelez par affaires ou pour un sujet qui le concerne personnellement. «J'appelle à propos d'une proposition d'affaires qui va sûrement l'intéresser. Est-ce que je peux lui parler s'il vous plaît?»

Il est très important que vous redemandiez chaque fois si vous pouvez parler à la personne. Cette façon de procéder laisse bien savoir à l'intermédiaire que vous considérez avoir répondu à sa question et que vous vous attendez maintenant à parler à la personne que vous avez demandée.

Évitez toutefois la fausse représentation. Ne dites pas que c'est un appel personnel lorsque tel n'est pas le cas ou que votre appel est attendu si ce n'est pas vrai. Vous risqueriez de vous attirer des ennuis si votre ruse était découverte.

Contournez plutôt la question et dites avec enthousiasme et conviction, de façon à faire sourire l'intermédiaire : «J'ai une bonne nouvelle pour lui. Est-ce que je peux lui parler s'il vous plaît?» «J'ai une super idée à lui communiquer. Est-ce que...?»

S'il est impossible de parler à cette personne, demandez à l'intermédiaire quel serait, à son avis, le meilleur temps pour la rappeler : «À quel moment prévoyez-vous qu'il sera disponible? (Attendez sa réponse.) Seriez-vous assez aimable pour l'aviser que je l'appellerai à cette heure-là, s'il vous plaît?»

Avant de terminer l'appel, n'hésitez pas à demander le nom de l'intermédiaire et prenez l'habitude de le noter sur votre fiche de sollicitation. Lorsque vous rappellerez, dites son nom. Vous ne pouvez imaginer à quel point vous obtiendrez sa collaboration.

La prise de rendez-vous est un facteur clé dans l'élaboration de votre système de vente. Si vous ne parvenez pas à fixer un rendez-vous avec un client, votre effort s'arrête là. Vous ne parviendrez jamais à faire une vente si vous ne pouvez rencontrer votre *prospect*. Par contre, si vous réussissez à obtenir un rendez-vous, une véritable aventure va bientôt commencer.

Établir un contact avec un parfait étranger et le convaincre que, par l'entremise de vos produits ou services, vous l'aiderez à atteindre plus facilement ses objectifs, voilà ce qui représente l'essence de la vente. Un nouveau défi vous attend maintenant; dans la deuxième partie de ce livre, nous verrons comment, par une méthode de vente interactive, vous pourrez relever ce défi de façon à ce que vous et votre client sortiez tous les deux gagnants de cette relation.

2e PARTIE

LA VENTE INTERACTIVE

6

---

*Nous ne pouvons découvrir au-
dehors que ce que nous avons au-
dedans. Si nous ne rencontrons pas
de dieux, c'est parce que nous n'en
logeons aucun. S'il y a de la grandeur
en vous, vous en trouverez aussi
chez les commissionnaires et les
balayeurs.*

LE PROCESSUS DE VENTE INTERACTIF

LA PHILOSOPHIE DES ENTREPRISES a beaucoup changé. Au début de l'âge industriel, leur seule préoccupation était liée à la production de biens et services, si bien que la fonction vente de l'entreprise n'était orientée que sur l'écoulement de la productivité. La demande étant beaucoup plus forte que l'offre, on n'avait aucune difficulté à vendre ses produits.

Les années 1950 virent apparaître des concurrents de plus en plus nombreux, ce qui força les entreprises à accroître leur effort de vente. Soutenues par des programmes de publicité, les équipes de vente devaient surtout conquérir de nouveaux marchés pour chaque produit et liquider ces produits. Ce fut l'apparition des premières techniques de vente, fondées principalement sur l'art de convaincre quelqu'un sans aucun égard pour ses besoins. La vente était alors considérée comme l'exercice d'une action unilatérale. Une activité à sens unique, où l'accent était mis avant tout sur le produit.

On vendait «sous pression» et toute la présentation de vente était axée uniquement sur les caractéristiques et les avantages du produit. On pensait pour le client sans jamais l'avoir consulté. On présumait que le besoin existait et que la logique de notre argumentation nous permettrait de sortir vainqueur de toute confrontation avec un client.

Plusieurs entreprises préparaient d'ailleurs des argumentaires pour leurs vendeurs, que ceux-ci devaient suivre à la lettre. On n'hésitait pas à y inclure des techniques de manipulation et même plusieurs faussetés destinées à piéger le client. Comme si on prenait pour acquis que le client se devait de résister et que, pour faire une vente, il fallait lutter contre lui.

Mais les clients ont bien changé eux aussi. Au cours des dernières années, leur niveau de vie a évolué de façon remarquable. Ils sont devenus beaucoup plus exigeants, mais surtout beaucoup mieux informés. Des associations de consommateurs se sont formées et de nombreux clubs et regroupements d'achats ont vu le jour. Si bien que la plupart des entreprises doivent à nouveau réviser leur philosophie de base : après être passées d'une économie de production à une économie de marché, elles doivent à présent se tourner vers le consommateur.

Dans ce nouveau contexte, la réussite d'une entreprise ne dépend plus de sa capacité de produire et de vendre mais de son habileté à deviner les désirs et les besoins de ses clients et à les satisfaire par l'intermédiaire de ses produits et services. Le consommateur est maintenant celui qui décide de ce qu'il veut consommer. C'est lui qui dicte ses désirs et ses besoins. En satisfaisant ces besoins, l'entreprise assure ainsi sa survie et sa croissance.

L'ancien style de vente fondé sur les techniques de persuasion ne correspond plus à la réalité actuelle. Pour réussir, le vendeur devra réviser complètement sa stratégie. Il devra trouver un moyen d'établir avec ses clients un nouveau modèle de relation. Un modèle qui devra s'appuyer sur la confiance et la compréhension mutuelles. Un modèle où toutes les parties concernées sortiront gagnantes de chaque transaction. Un modèle de relation que nous nommons «interactif».

La vente interactive représente beaucoup plus qu'une simple transaction commerciale. Elle fait de chaque client le centre de toutes les préoccupations de l'entreprise. Elle se fonde donc sur deux principes de base :

1. La communication, basée sur les besoins du client.

2. La nécessité d'adapter le processus de vente au processus décisionnel du client.

Voyons ces deux principes.

• •

1. LES BESOINS DU CLIENT

Pourquoi les gens achètent-ils? Pourquoi achètent-ils une auto japonaise plutôt qu'une américaine? Pourquoi n'achètent-ils pas tous une Mazda et pourquoi n'achètent-ils pas tous votre produit? Évidemment, me direz-vous, les gens achètent des produits différents parce qu'ils ont le choix. Mais ces choix, par quoi sont-ils motivés? Pourquoi certains attachent-ils tant d'importance à l'acquisition d'une automobile, alors que pour d'autres cet achat ne représente qu'une décision purement économique? La réponse est simple : les gens achètent pour satisfaire leurs besoins et ces besoins sont très différents d'un individu à l'autre.

Les besoins humains ont fait l'objet de nombreuses études. La plus célèbre, et celle qui a servi de base à toutes les autres, est certes celle du professeur Abraham Maslow. Dans son livre *Motivation and Personality*, Maslow a divisé les besoins humains en cinq grandes catégories. Le tableau 1 montre la pyramide des besoins selon Maslow. Analysons cette pyramide des besoins.

TABLEAU 1

LA PYRAMIDE DES BESOINS SELON MASLOW

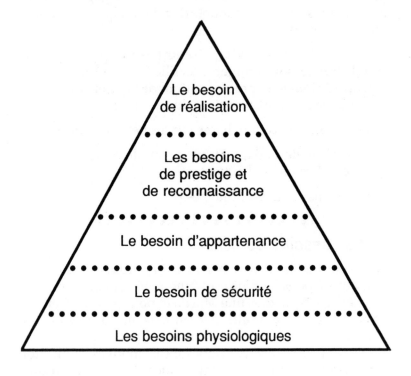

Le besoin
de réalisation

Les besoins
de prestige et
de reconnaissance

Le besoin d'appartenance

Le besoin de sécurité

Les besoins physiologiques

A) LES BESOINS PHYSIOLOGIQUES

À la base de la pyramide, on retrouve les besoins physiologiques, c'est-à-dire ceux relatifs aux exigences du corps humain. Boire, manger, dormir, se protéger font partie de nos besoins essentiels. Par rapport à ces besoins de base, tous les autres sont secondaires. L'homme qui a faim n'est aucunement concerné par son image. Il n'a qu'un seul objectif : se nourrir. Néanmoins, même s'ils sont très puissants, ces besoins demeurent relativement faciles à satisfaire dans une économie comme la nôtre.

b) Les besoins de sécurité

Une fois qu'il a comblé ses besoins physiologiques, l'être humain cherche ensuite à satisfaire son besoin de sécurité. S'il a bien mangé, il espère pouvoir continuer : il cherche une situation stable et une garantie de revenu. L'homme, en général, a peur du changement et de tout ce qui pourrait compromettre sa sécurité. C'est ce même besoin de sécurité qui empêche plusieurs personnes d'entreprendre une carrière dans la vente ou de se lancer en affaires. Pourtant, les personnes les plus rassurées sont souvent celles qui acceptent de prendre leur destin en main. Qui comprennent que la vraie sécurité n'existe que dans la mesure où on est capable d'assumer sa propre insécurité. Mais pour la majorité des individus, la sécurité demeure un besoin primordial qu'il faut être en mesure de comprendre même si nous nous situons à un autre niveau de la pyramide.

c) Les besoins d'appartenance

Cette catégorie de besoins se rapporte aux relations sociales et aux communications. L'amitié, le contact humain, l'amour et l'affection constituent une très grande force de motivation. Certains ne peuvent supporter la solitude. La popularité grandissante des associations et des comités de toutes sortes reflète notre besoin d'échanger et de communiquer avec les autres. Les entreprises font de plus en plus d'efforts pour que leurs employés s'intègrent et se sentent responsables. Certains individus iront jusqu'à faire des achats dans le seul but d'être acceptés par les membres de leur groupe. Les adolescents en particulier ont un énorme besoin d'appartenance et sont très facilement influencés par la mode et par tout ce qui répond aux normes d'un groupe.

D) LES BESOINS DE PRESTIGE ET DE RECONNAISSANCE

Tout le monde désire être reconnu, remarqué. Et c'est pour cette raison que les symboles de prestige abondent : auto luxueuse, bateau de plaisance, voilier, maison à la campagne, bureau prestigieux. Lorsqu'on réussit un coup d'éclat, on aimerait que tout le monde en parle. D'ailleurs, les entreprises de vente directe ont compris cela depuis longtemps, et c'est la raison pour laquelle ils publient chaque mois les noms des meilleurs vendeurs et récompensent ceux-ci en public. Les trophées, les plaques sont autant de façons d'honorer les gagnants et de reconnaître leurs efforts et leur efficacité.

E) LE BESOIN DE RÉALISATION

Que peut donc désirer celui qui possède tout? À cela, le docteur Maslow répond qu'il reste un désir fondamental au-dessus de tous les autres : réaliser la plénitude de son être. Réaliser son potentiel, voilà qui est différent selon les individus. À chacun de décider ce qu'il désire réaliser, ce qu'il désire faire de sa vie. Ce qui est fantastique, c'est que ce besoin semble sans limites. Il augmente au fur et à mesure de nos réalisations. Plus on se réalise, plus on désire se réaliser. C'est ce qui explique les changements et les bifurcations qui surviennent au cours d'une carrière. C'est ce qui explique également les nouveaux défis que recherchent constamment ceux qui atteignent les plus hauts sommets de leur profession.

Selon leur situation dans la pyramide des besoins, les gens accorderont une priorité à certains produits plutôt qu'à d'autres et cela au détriment de votre offre. Vous pourrez toujours prétendre que le *timing* n'était pas bon, cela fait partie de votre travail de découvrir si le *timing* est bon et si les priorités de votre client concordent avec votre proposition.

Bien entendu, la satisfaction des besoins humains ne procède pas toujours selon un ordre aussi précis. Même si la plupart des gens ont tendance à respecter la hiérarchie de leurs besoins, ils se laissent tenter et achètent pour satisfaire un ensemble de besoins plutôt qu'un en particulier.

Nos besoins influencent notre comportement. Mais il y a également plusieurs autres facteurs qui entrent en ligne de compte au moment d'un achat : les facteurs d'influence. Notre système de valeurs et de croyances, notre éducation, nos expériences passées, nos perceptions, nos comporte-ments, nos préjugés, notre attitude, nos émotions, nos contraintes financières, nos habitudes, nos passions et notre état d'esprit au moment d'un achat sont autant de facteurs susceptibles d'influer sur notre décision.

Ainsi, une personne qui aurait récemment été victime d'un vol par effraction serait beaucoup plus tentée par un système d'alarme ou par une protection d'assurance sup-plémentaire. Les émotions associées à cette expérience influeraient sur sa décision plus que ses préjugés ou ses contraintes financières. Les facteurs d'influence, loin d'être stables, varient constamment selon les événements de tous les jours et les changements qui se produisent dans la vie de chaque individu.

En somme, personne n'achète un produit pour lui-même. On choisit un produit pour son utilité, pour satis-faire un ensemble de besoins compte tenu de tous les facteurs d'influence que nous venons de mentionner. Les gens ont leurs raisons personnelles d'effectuer chacun de leurs achats. Pour vendre, il faut donc apprendre à découvrir ces raisons. Voyons maintenant le deuxième principe sur lequel se fonde la vente interactive.

• • • • • • • • • • • • • • • • • • •

2. LE PROCESSUS DÉCISIONNEL

Lorsqu'un individu effectue un achat, il cherche évi-demment à accroître sa satisfaction ou à réduire son insatis-faction. Chaque achat représente une décision. Lorsqu'il prend une décision, que ce soit consciemment ou inconsciemment, l'individu passe par différentes étapes qu'il est possible de déterminer. Le fait d'isoler ces différentes étapes nous permettra de mieux comprendre comment se prend une décision d'achat et d'établir un parallèle entre le processus d'achat et le processus de vente.

Mais d'abord, voyons ce qu'on entend par prise de décision. Prendre une décision, c'est faire un choix afin d'arriver à un but déterminé. Ce choix viendra modifier la situation actuelle. Autrement dit, lorsqu'un individu prend une décision, il perçoit la situation recherchée, il considère sa situation actuelle comme insatisfaisante et il entreprend une action afin de réduire l'écart entre la situation recherchée et la situation actuelle. Cette démarche, qu'on appelle processus décisionnel et qu'on enseigne dans la plupart des cours d'administration et de management, se fait en quatre étapes.

Pour prendre une décision, il faut :

a) Poser un diagnostic sur la situation actuelle.

b) Déterminer les solutions possibles.

c) Évaluer les solutions.

d) Choisir la meilleure solution.

Ces quatre étapes sont reproduites dans le tableau 2. Étudions chacune d'entre elles.

A) Le diagnostic

Le besoin de prendre une décision se manifeste lorsqu'on constate un certain sentiment d'inconfort ou d'insatisfaction par rapport à une situation donnée. On sent que quelque chose ne va pas. Notre première tâche devrait être de préciser ce sentiment d'inconfort, de définir cet écart entre la situation recherchée et la situation actuelle.

Le diagnostic devrait permettre également de rechercher la cause de cet écart ainsi que les obstacles à la situation souhaitée. En somme, il s'agit de comprendre la situation dans son ensemble. De définir le problème avec exactitude afin de lui accorder toute l'importance qui lui revient et de préciser les facteurs sur lesquels on est en mesure d'intervenir.

B) LA DÉTERMINATION DES SOLUTIONS

À tout problème, il existe plusieurs solutions. Il s'agit donc, à cette étape, d'être créatif et d'isoler toute la gamme de solutions possibles, de penser à toutes les possibilités qui s'offrent à nous sans les éliminer au départ. Il faut utiliser son imagination au maximum et se méfier des solutions toutes faites.

C) L'ÉVALUATION DES SOLUTIONS

Lorsque toutes les solutions possibles ont été déterminées clairement, il faut évaluer les avantages, les inconvénients et les conséquences de chacune d'entre elles. Une analyse complète de chaque solution facilitera votre choix.

D) LE CHOIX DE LA MEILLEURE SOLUTION

Certains pensent que le choix est la partie la plus difficile. C'est la partie la plus difficile si on a brûlé les trois étapes précédentes. Mais si on a pris soin de définir le problème avec précision, d'isoler toutes les solutions possibles et d'évaluer chacune d'elles, la solution apparaît clairement, ce qui facilite la prise de décision.

Dans le tableau 2, nous avons pris soin d'encadrer différemment les quatre étapes pour vous aider à visualiser le temps que vous devriez consacrer à chacune. Ainsi, vous devriez consacrer beaucoup plus de temps à la 1re étape. Plus vous mettrez de temps à définir le problème de façon claire et précise, plus il vous sera facile de trouver les solutions. Et mieux vous les évaluerez, plus il vous sera aisé de choisir la solution appropriée.

Tableau 2

Le processus décisionnel

1.

Le diagnostic

2.

La détermination des solutions

3.

L'évaluation des solutions

4.

Le choix

Le processus décisionnel représente une démarche logique et rationnelle : l'objectif consiste à choisir la meilleure solution. Ce modèle est enseigné dans les écoles de management afin de bien préparer les futurs administrateurs à prendre des décisions. De même, chaque fois qu'un individu effectue un achat, il doit prendre une décision. Sans s'en rendre compte, il passe lui aussi par les mêmes étapes.

Le processus d'achat commence lorsqu'un individu réalise qu'il existe un certain écart entre sa situation actuelle et la situation optimale. Il devient tout à coup conscient de ses besoins et ceux-ci posent un problème qui exige une solution. Il se met donc à la recherche des produits ou services qui pourraient résoudre son problème et les évalue en fonction de ses besoins et des facteurs d'influence. Il prend alors une décision, qui est d'acheter le produit ou le service qui semble le plus en mesure de le satisfaire.

Pour vous convaincre davantage, pensez au dernier achat que vous avez fait. Que ce soit une automobile, une maison ou un voyage, revoyez les étapes qui vous ont conduit à votre décision. Posez-vous les questions suivantes :

- Qu'est-ce qui vous a décidé à effectuer cet achat?

- Pouvez-vous définir le sentiment d'inconfort ou d'insatisfaction qui a donné naissance à votre problème?

- Y a-t-il des facteurs d'influence qui ont joué un rôle important dans votre décision?

- Avez-vous recherché d'autres solutions?

- Les avez-vous évaluées avec soin?

- Avez-vous eu des doutes sur la solution avant de prendre votre décision? Avez-vous pesé le pour et le contre?

- Qu'est-ce qui a motivé votre choix?

- Pourquoi avez-vous opté pour un modèle en particulier et pourquoi l'avez-vous acheté de telle entreprise plutôt que d'une autre?

Évidemment, lorsqu'on tente d'isoler chaque étape

du phénomène de prise de décision, on se rend compte que ce n'est pas un modèle linéaire et que parfois certaines étapes s'entremêlent. Ainsi, lorsque vous définissez un problème, il est normal que vous commenciez déjà à penser aux solutions et, en évaluant celles-ci, il se peut que vous ayez déjà une bonne idée de la solution qui vous intéresse. Il n'en demeure pas moins que ce modèle s'oppose tout à fait aux méthodes de ventes traditionnelles centrées uniquement sur un produit et sur sa capacité de satisfaire des besoins qui n'ont pas encore été décelés.

Dans le contexte actuel, la plus grande erreur d'un vendeur consiste à présenter son produit d'abord et à discourir sur ses avantages sans avoir établi au préalable s'il existait une relation entre ces avantages et les besoins du client. Cette façon de procéder démontre, de la part du vendeur, une complète ignorance des motivations de l'acheteur et de son processus décisionnel.

Elle ne peut qu'amener de la méfiance et de la résistance de la part d'un acheteur qui ne se sent pas du tout concerné par la proposition qu'on lui fait. Il sent très bien qu'on essaie simplement de lui vendre un produit sans se soucier de ses préoccupations. La vente se fait par opposition plutôt que par interaction et il devient impossible pour le vendeur d'obtenir ainsi la collaboration de l'acheteur, qui reste continuellement sur la défensive.

Cette façon de vendre, fondée sur des méthodes de persuasion, est complètement révolue. Elle ne correspond plus à la réalité des années 1990 et s'oppose tout à fait au processus décisionnel. Dans les années qui viennent, la réussite d'un vendeur dépendra de plus en plus de sa capacité à comprendre les besoins et les motivations de son client et à discuter avec lui de façon interactive.

LA VENTE INTERACTIVE

Les deux principes sur lesquels s'appuie la vente interactive nous permettent de tirer les conclusions suivantes.

1. Chaque individu a ses propres raisons d'effectuer chacun de ses achats.

2. Ces raisons dépendent d'un ensemble de besoins et de différents facteurs d'influence.

3. Pour vendre, il faut d'abord déterminer ces raisons.

4. Il faut également tenir compte du processus décisionnel du client.

Dans une situation de vente interactive, les deux parties ne se considèrent pas comme des antagonistes mais comme des partenaires. Elles tentent de se comprendre mutuellement en échangeant leurs idées, leurs valeurs, leurs points de vue et leurs connaissances.

On est tellement habitué à cette image du vendeur qui tente d'influencer le client contre son gré, de lui imposer ses idées et sa volonté, et qui essaie par tous les moyens de lui vendre un produit sans qu'il en ait besoin ou les moyens. Un jour où j'expliquais cette approche à un groupe de conseillers pour qui la vente ne représentait qu'une infime partie de leur travail, l'un d'eux me dit : «Tu veux dire qu'il serait possible de faire une vente honnête?»

Imaginez! Pourtant, c'est encore l'image que la plupart des gens se font des vendeurs. Avec raison, souvent, et les vendeurs sont eux-mêmes responsables de cet état de fait. Par contre, cette sorte de vendeur tend à disparaître et à être remplacée par une nouvelle catégorie de vendeurs interactifs, qui voient dans chaque client non pas un adversaire qu'il faut convaincre mais un futur partenaire d'affaires; qui considèrent la vente comme une relation à long terme, où toutes les parties y gagneront en avantages.

Le rôle du vendeur interactif devient celui d'un consultant dont la tâche consiste à évaluer la situation de son client dans son ensemble, à analyser à fond ses problèmes et ses facteurs d'influence et à lui proposer une solution. Afin de conserver son objectivité, le vendeur doit mettre de côté ses propres valeurs et ne pas présumer des besoins de son client.

Ce point est capital si l'on veut bien comprendre la notion d'interaction. Si vous commencez une entrevue avec la certitude que le client aura besoin de vos services, votre présentation sera faussée au départ. Vous risquerez d'orienter votre intervention en fonction d'un besoin non vérifié et de présenter une solution sans connaître la situation particulière du client.

Dans une situation de vente interactive, il ne peut y avoir aucune hypothèse de départ selon laquelle il existe un besoin ou un problème à résoudre. C'est plutôt l'objectif même de l'entrevue de découvrir s'il existe un tel besoin ou problème. Toute l'entrevue devrait être structurée en fonction de cet objectif. C'est la seule façon d'adapter le processus de vente au processus décisionnel. L'objectif de l'entrevue devrait être d'abord de découvrir les raisons qui pourraient motiver votre client à effectuer un achat. Lorsque vous aurez découvert ces raisons, vous pourrez alors adapter votre processus de vente à la situation.

Votre processus de vente devra suivre le même cheminement que le processus d'achat de votre client. Ce processus de vente comprendra lui aussi quatre étapes.

1. LA CONSULTATION

C'est la partie la plus importante de tout le processus de la vente interactive : celle où l'on tente de comprendre la situation globale du client. Si le point de départ du processus d'achat repose sur les besoins de l'acheteur, il importe de découvrir ces besoins. Les besoins ne sont pas toujours évidents. Un besoin commence à se faire sentir par un léger malaise, une insatisfaction par rapport à la situation actuelle.

Ainsi, si j'ai changé d'automobile il y a à peine quelques mois et que je suis pleinement satisfait de mon achat, je n'ai pas besoin d'une nouvelle automobile. Par contre, si elle date de cinq ou six ans et que le compteur marque plus de 200 000 kilomètres, il y a de fortes chances pour que je commence à être de moins en moins satisfait de cette automobile. Les nombreux problèmes qu'elle m'occasionne commencent à m'irriter et il suffirait d'une autre panne pour que je décide que mon degré d'insatisfaction a atteint un tel niveau d'intolérance qu'il me faut maintenant une nouvelle automobile.

La première étape consiste donc à découvrir s'il existe un tel degré d'insatisfaction entre la situation actuelle de votre client et la situation qu'il recherche compte tenu des produits ou services que vous offrez. Mais avant de lui proposer une solution, il faudra apprendre à bien le connaître. Quelle sorte d'auto devrez-vous lui proposer? Pour le savoir, vous devez connaître ses préférences, l'utilisation qu'il compte en faire, l'importance qu'il accorde à cet achat, le nombre de personnes qui s'en serviront ainsi que tous les autres paramètres qui pourraient vous aider à mieux circonscrire ses besoins.

Il faudra également découvrir ses facteurs d'influence : ses préjugés, ses valeurs et ses croyances, ses expériences passées, ses habitudes, son éducation, son attitude, son comportement, ses perceptions, ses émotions, ses passions, ses contraintes financières et son état d'esprit au moment de l'achat. Selon votre domaine d'activité et la nature du produit proposé, certains de ces facteurs pourraient influer sur sa décision. La compréhension des besoins du client n'est pas une tâche facile et nous verrons, dans le chapitre 9, comment y arriver en menant une entrevue de consultation structurée et méthodique.

2. L'offre de service

Voici la partie que préfèrent la majorité des vendeurs. Vous réaliserez rapidement qu'une offre de service fondée sur les besoins de l'acheteur est très différente d'une présentation de vente axée simplement sur les caractéristiques et les avantages d'un produit ou d'un service. Dans le premier cas, il vous est possible de mettre en évidence les avantages de votre produit ou de votre service directement liés au problème ou aux besoins particuliers de votre client.

Dans l'autre cas, en faisant une longue énumération de toutes les caractéristiques et des avantages de votre produit ou de votre service, votre effet est mitigé : vous risquez de voir le client s'objecter à tous ces avantages onéreux et dont il n'a peut-être pas besoin. Nous apprendrons, dans le chapitre 10, à faire une offre de service comme seul peut en faire un véritable champion de la vente.

3. Faire face aux objections

Votre présentation peut laisser votre client perplexe. Est-ce bien la meilleure solution? Quelles sont les autres possibilités qui lui sont offertes? Quels sont les avantages de votre produit par rapport à ceux de vos concurrents?

L'acheteur, avant de prendre une décision, tient à être rassuré. Ses objections ne sont parfois que des moyens pour retarder le processus décisionnel, pour prendre le temps de bien évaluer toutes les solutions et pour s'assurer que votre produit répond bien à ses besoins. Le chapitre 11 vous apprendra à faire face aux objections du client sans perdre votre calme.

4. Conclure la vente

Il reste maintenant l'étape décisive, la conclusion de l'affaire en cours. Le client doit maintenant décider si, de toutes les options qui lui sont offertes, celle que vous lui proposez est bien celle qui correspond le mieux à ses attentes et qui lui permettra d'atteindre la situation optimale qu'il recherche.

Certaines personnes sont indécises. C'est une question de personnalité, et vous devez en tenir compte. Vous avez un rôle important à jouer lors de cette étape : celui d'aider votre client à prendre une décision qui lui soit profitable. C'est ce que le chapitre 12 tentera de vous démontrer.

S'il faut prendre une décision et que votre client se dérobe, vous sortez tous les deux perdants de cette relation : votre client, qui n'a pas réussi à prendre une bonne décision, et vous-même, qui avez perdu un temps précieux.

Le tableau 3 trace un parallèle entre le processus de vente et le processus décisionnel.

Tableau 3

Parallèle entre le processus décisionnel
et le processus de vente

PROCESSUS DÉCISIONNEL	PROCESSUS DE VENTE
Le diagnostic	La consultation
La détermination des solutions	L'offre de service
L'évaluation des solutions	Faire face aux objections
Le choix	Conclure la vente

L'ART DE QUESTIONNER

La vente interactive repose donc essentiellement sur l'habileté du vendeur à bien mener une entrevue de consultation avec la participation de son client. Pour réaliser cet objectif, il est très important de savoir poser des questions et de savoir écouter.

L'art de questionner fait partie de tous les cours de technique de vente. C'est la première chose qu'on enseigne à celui qui débute; pourtant, combien de fois ai-je été témoin de la première présentation d'un nouveau vendeur qui n'a su poser aucune question. Cela n'était pas sans me rappeler mes premières présentations de vente, alors que mon seul talent (!) consistait à parler, parler et parler. Si le client parvenait à placer un mot, je ne comprenais rien, l'esprit obnubilé par la suite de ma présentation et par mon prochain argument de vente.

La plupart des vendeurs débutants ont tendance à faire cette même erreur. C'est comme si leur rôle consistait à dire tout ce qu'ils savent sur leur produit ou service. Ils oublient complètement que chaque client est différent et qu'il a ses propres raisons d'acheter. Ils oublient également que la seule façon de connaître ces raisons consiste à poser des questions au client.

Certains cours font une distinction entre les questions ouvertes, qui invitent l'autre à parler, et les questions fermées, qui demandent une réponse du type «oui» ou «non». Dans ces cours, on insiste tellement sur ces deux formes de questions et sur les situations particulières qui s'y rattachent que cette distinction paralyse le vendeur, qui risque ainsi de perdre le fil de son discours.

Ce qui importe n'est pas tellement la forme d'une question mais l'intention de celui qui la pose. Que désire-t-il savoir ou connaître de son interlocuteur? De toute façon, vous vous rendrez compte rapidement que la plupart des questions que l'on pose sont des questions ouvertes et qu'il ne sert à rien de trop se concentrer sur cette distinction, qui, avec l'expérience, se fera naturellement. Une bonne consultation dépend beaucoup plus de la compétence du vendeur, de sa souplesse, de sa préparation, de son intuition, de sa qualité d'écoute et de sa façon bien réfléchie d'orienter ses questions selon les renseignements qu'il recherche que de la forme de celles-ci.

Pourquoi poser des questions

Il existe plusieurs raisons pour lesquelles vous devriez poser des questions. Voici les principales :

1. Faciliter l'interaction

Les questions facilitent l'interaction entre deux individus. Elles permettent de capter et de garder l'attention du client. Elles l'incitent à parler, à participer et à jouer un rôle actif. Elles établissent une véritable communication.

2. Connaître son client

Nous avons tous des points communs : nous conduisons les mêmes automobiles, nous nous habillons aux mêmes endroits et fréquentons les mêmes restaurants. Mais autant nous nous ressemblons, autant nous sommes différents. Ce sont ces différences qu'il nous faut apprendre à découvrir chez nos clients.

Chaque individu, comme chaque organisation, est unique et se différencie des autres par de nombreux facteurs d'influence susceptibles d'orienter son comportement, que nous devons nous appliquer à découvrir par des questions réfléchies et habilement posées.

3. Découvrir ses besoins

Nous l'avons dit à quelques reprises : les gens achètent pour des raisons personnelles. Leurs besoins, leurs problèmes sont différents. Rappelons-nous que la vente interactive ne suppose aucune hypothèse de départ selon laquelle notre client a un besoin et que l'objectif de l'entrevue de consultation est de déterminer s'il existe effectivement un problème que nous pouvons solutionner.

En posant des questions, nous nous abstenons de penser à la place de notre client et nous évitons de faire reposer nos arguments sur des préjugés ou des suppositions. La découverte des besoins est au cœur même du processus de vente interactif; nous y reviendrons en détail dans le chapitre portant sur la consultation.

4. Orienter l'entrevue

Celui qui pose les questions oriente l'entrevue dans la direction qu'il souhaite. Si le client pose toute les questions, c'est lui qui dirige l'entrevue, forçant ainsi le vendeur à être continuellement sur la défensive.

Par exemple, si dès le début de l'entrevue le client vous demande combien coûtent vos services, il vient de donner une direction à celle-ci. Sa question peut vous faire croire que vous l'intéressez, mais ce n'est peut-être qu'une ruse pour pouvoir vous dire : «C'est trop cher, ça ne m'intéresse pas.»

Puisque celui qui pose les questions oriente l'entrevue, il n'y a qu'une façon de répondre à une telle question : être évasif et revenir à la charge avec une autre question. Par exemple, vous pourriez répondre : «C'est très relatif. Voyez-vous, nous offrons plusieurs services, qui correspondent à différents besoins. Dites-moi, qu'est-ce que vous faites présentement pour...?» ou encore «Si vous permettez, avant de vous dire combien ça coûte, j'aimerais vous montrer ce que ça représente. Dites-moi, qu'est-ce que...?»

En répondant à une question par une question, vous pouvez reprendre la direction de l'entrevue. De toute façon, comment pourriez-vous risquer de répondre à une telle question alors que vous n'avez aucun élément qui vous permet d'établir un prix satisfaisant?

Il se peut également qu'à la suite d'une question ou d'un commentaire votre client devienne moins attentif. Même s'il semble vous regarder droit dans les yeux, vous sentez que son regard est transparent et qu'il a l'esprit tout a fait ailleurs. Dans ce cas, une question suivie d'un silence aura tôt fait de le ramener à l'attention et de réorienter l'entretien.

5. Bâtir la confiance du client

Les gens adorent acheter, mais se méfient des vendeurs. Lorsqu'ils sentent que vous êtes en train de leur vendre un produit sans vous soucier d'eux, ils se questionnent sur vos intentions réelles. Pourquoi tant d'insistance? Ils commencent alors à être méfiants.

En questionnant votre client sur ses besoins et ses attentes, et en l'écoutant attentivement, vous le mettez progressivement en confiance. Il sent que vous vous intéressez à lui et que vous cherchez à l'aider. En en faisant le centre de vos préoccupations et en l'obligeant à réfléchir, vous excitez sa curiosité et l'incitez à participer. La façon dont les clients répondent à vos questions vous fournit une excellente indication sur le degré de confiance qu'ils sont prêts à vous accorder.

6. Évaluer sa compréhension et son intérêt

À chaque étape du processus de vente, vous devez évaluer l'intérêt du client et vous assurer qu'il comprend bien vos intentions. En plus de ramener le client à l'attention, cette façon de procéder permet d'orienter la conversation en fonction de ses réponses. Dans le but d'évaluer la compréhension et l'intérêt du client, n'hésitez pas à demander la permission de continuer, chaque fois que vous le jugerez nécessaire : «M. Martel, afin de vous conseiller le mieux possible, pourrais-je vous demander une information personnelle?»

7. Préciser les faits

Parfois, une réponse vague peut demander des précisions. Encouragez le client à préciser sa pensée et à confirmer certaines informations dont vous n'êtes pas sûr et dont vous avez besoin pour mener à bien votre présentation.

D'ailleurs, une fois le contact bien établi, il est bon de commencer une entrevue par des questions qui demandent certaines précisions. D'une part, ces questions ne sont pas agressives et, d'autre part, elles témoignent de l'intérêt que vous portez à votre client : «Si mes informations sont exactes, M. Jalbert, vous êtes directeur des ventes depuis trois ans, c'est bien ça?»

8. Déceler ses objections

Les réponses d'un client vous révéleront non seulement ses désirs, ses goûts, ses mobiles et ses besoins mais aussi ses craintes, ses doutes, ses hésitations et ses objections. Certes, il importe de découvrir les raisons d'achat de chaque client, mais il est également important de connaître tous les obstacles, toutes les objections qui pourraient vous empêcher de réaliser votre vente.

Souvent, ces objections sont nées d'un malentendu ou d'une expérience malencontreuse dans le passé. Par des questions habiles, vous pourrez les détecter et vous préparer ainsi à y faire face.

9. Être attentif au client

Les questions éveillent l'attention du client, mais elles éveillent également l'attention de celui qui les pose. Lorsque vous posez des questions, vous vous placez en position d'observation et d'écoute du client. Si vous êtes attentif, vous aurez le double avantage de pouvoir placer vos questions au moment propice et d'orienter l'entrevue selon les réactions de vos clients.

Vendre, c'est motiver le client à faire un achat, c'est l'aider à prendre une bonne décision. Mais vous ne pourrez l'aider sans obtenir un minimum de renseignements. Il est essentiel que, d'une part, vous sachiez où vous voulez en venir et que, d'autre part, vous orientiez vos questions en ce sens. Encore faut-il que vous sachiez écouter!

• • • • • • • • • • • • • • • • • • •

L'ÉCOUTE ENGAGÉE

Hélas, voici un autre défaut que partagent plusieurs vendeurs : ils ne savent pas écouter. Je sais de quoi je parle, car j'avais moi-même ce défaut à mes débuts dans la vente. J'étais tellement anxieux et préoccupé par ce que j'allais dire que je négligeais complètement d'écouter ce que mon client tentait de me communiquer.

On aime beaucoup mieux parler qu'écouter. On se préoccupe en général beaucoup plus de soi-même que d'autrui sans compter tous les facteurs qui viennent brouiller notre capacité d'écoute. Ainsi, il existe toujours un certain décalage entre l'émission et la perception de la parole. Cet écart, souvent amplifié par des difficultés d'élocution, peut facilement diminuer votre attention.

Un autre problème vient du fait qu'on a souvent tendance à écouter de façon sélective. Pendant que l'autre parle, on écoute ce que l'on veut bien entendre, ce qui fait notre affaire ou ce qui correspond à nos idées. On pense à ses propres pensées et on s'attarde aux mots qui ont plus d'effet sur nous.

Pour toutes ces raisons, l'écoute engagée exige un effort conscient et beaucoup de pratique. Écouter d'une façon engagée, c'est être capable de se mettre à la place de l'autre, de voir la situation de son point de vue, de partager ses pensées et d'éprouver ses sentiments. C'est la meilleure façon de faire sentir à l'autre tout l'intérêt que vous lui portez. Lorsque vous écoutez vraiment quelqu'un de façon engagée, il s'en trouve désarmé : vous le forcez à s'écouter lui-même, à se concentrer sur ce qu'il dit et à définir ses problèmes.

En le laissant s'exprimer, vous lui permettez de clarifier sa pensée, de rationaliser son choix et de se convaincre lui-même. Il n'hésite surtout plus à vous dire qui il est, ce qu'il veut, ce qu'il souhaite. Il vous parle de ses préoccupations, de ses contraintes, de ses préférences et de ses attentes.

Voici neuf idées-actions qui vous permettront d'écouter de façon engagée.

✓ 1. *Soyez patient.* Même si votre client a de la difficulté à exprimer son point de vue, donnez-lui toute l'attention qu'il demande et qu'il reçoit si peu souvent. C'est encore la meilleure façon de créer chez lui un état de réceptivité.

✓ 2. *Écoutez pour comprendre.* N'essayez pas de juger ses propos. Essayez plutôt de les comprendre, d'en déceler le sens caché et de découvrir les émotions qu'ils renferment. Montrez-lui que vous avez compris par des remarques telles que : «Très intéressant.» «Je comprends très bien votre point de vue.»

✓ 3. *Ne l'interrompez pas.* Encouragez-le plutôt à parler et à développer sa pensée, en répétant les mots clés de sa dernière phrase, en utilisant des expressions comme : «Ah oui!» «Vraiment!» ou simplement en hochant la tête. Laissez-le étaler ses connaissances.

✓ 4. *Respectez ses périodes de silence.* Une pause ne signifie pas que votre client a fini de parler. C'est souvent l'occasion de rassembler ses idées. Laissez-le réfléchir et contraignez-vous à ne rien dire pendant cette pause. Maîtrisez vos réactions même si vous savez ce qu'il cherche à exprimer.

✓ 5. *Concentrez-vous.* Ne vous laissez pas distraire par ses manières ou par des phénomènes extérieurs. Fixez-le sans cesse, surtout si vous êtes dans un endroit public où il est beaucoup plus facile d'être distrait. Il comprendra à votre regard si vous l'écoutez ou non. Concentrez-vous sur son message et démontrez-lui ainsi que vous vous intéressez à ce qu'il vous dit.

✓ 6. *Ne dites rien d'inutile.* Plus vous serez concis et réservé dans vos propos, plus vous gagnerez votre client à vos idées.

✓ 7. *Ne le devancez pas.* Mettez de côté vos pensées, vos valeurs et vos sentiments. Écoutez-le objectivement, sans préjugés et sans idées préconçues et, surtout, évitez de terminer ses phrases.

✓ 8. *Portez attention à son langage non verbal.* Ses gestes, ses manières, son timbre de voix, son regard, sa façon de s'exprimer en disent parfois plus sur le fond de sa pensée que ses paroles.

✓ 9. *Évitez d'argumenter.* Si vous n'êtes pas d'accord avec ce qu'il dit, questionnez-le afin de bien comprendre la raison de son comportement. Plutôt que d'argumenter, tentez d'évaluer son argument.

7

J'admire encore plus que l'invention
de la scierie l'ingéniosité qui, sur le
rivage de la mer, a amené le flux et le
reflux à mouvoir les roues et à broyer
le grain, empruntant ainsi l'aide de
la lune pour moudre, tourner,
pomper, scier, fendre des pierres et
rouler du fer, comme un serviteur à
gages... Qu'il s'agisse de n'importe
quel labeur, la sagesse de l'homme
consiste à attacher son char à une
étoile et à contempler ce labeur fait
par les dieux mêmes.

PRÉPAREZ VOS ENTREVUES

APRÈS PLUSIEURS TENTATIVES INFRUCTUEUSES, vous avez finalement réussi à obtenir un rendez-vous avec un client potentiel que vous avait fortement recommandé un de vos
meilleurs clients. Vous vous apprêtez à le rencontrer, alléché
par le volume d'affaires qui pourrait résulter de cette
rencontre. Stop! Arrêtez-vous un instant et répondez franchement aux questions suivantes : Êtes-vous prêt à le
rencontrer? Combien de temps avez-vous investi dans
votre préparation? Que savez-vous de ce client, de sa
situation, de sa vie, de ses ambitions et de son entreprise?
Au fait, quel est votre objectif pour cette rencontre?

Si vous ne pouvez répondre précisément à ces questions et à plusieurs autres que nous aborderons dans ce chapitre, c'est un signe évident que vous ne vous êtes pas préparé à votre entrevue. Mais ne vous en faites pas, vous n'êtes pas le seul. Nous avons pu constater souvent que la préparation à une entrevue était un point faible chez la plupart des vendeurs.

Cette situation est quand même étonnante. Le développement des nouvelles affaires est sûrement la partie la plus difficile du travail d'un représentant. Il demande un effort constant et discipliné. Pourtant, après s'être donné tant de peine pour solliciter, c'est souvent sans aucune préparation qu'il se présente chez un client potentiel et ce, à tous les points de vue : non seulement il n'a pas préparé son entrevue, mais il ne s'est même pas préparé mentalement pour cette rencontre.

La journée a été tellement chargée qu'il n'a pu s'arrêter un seul instant, et c'est avec un retard de 10 minutes qu'il se présente à son rendez-vous. Il est absent, absorbé par ses deux dernières rencontres, sans compter cette contravention pour vitesse excessive qu'il a reçue ce matin et qui ne cesse de le hanter. C'est dans cet état d'esprit qu'il se présente chez ce client potentiel qu'on lui a recommandé et sur lequel il fonde tellement d'espoirs.

Pourriez-vous imaginer un athlète se présentant à une compétition sans aucune préparation, sans connaître ses adversaires ni l'état du terrain, sans en entrevoir les répercussions possibles sur sa carrière? Au contraire, l'athlète passe beaucoup plus de temps à se préparer qu'à participer à une compétition.

Pensez à tous les athlètes qui participent aux Jeux olympiques. La plupart ont mis entre quatre et huit ans à se préparer à raison de six à huit heures par jour, six jours par semaine et 50 semaines par année. Et tout cela pour un événement qui ne durera que quelques secondes, parfois quelques minutes et rarement quelques heures.

Le champion olympique ne laisse rien au hasard. Il apprend à fragmenter chacun de ses gestes en différents mouvements qu'il tente de maîtriser et de perfectionner par un entraînement constant et sans relâche. À l'aide d'un enregistrement vidéo, il étudie sous tous les angles les séquences de ses moindres mouvements, espérant y déceler une faute à corriger qui pourrait améliorer ses performances. Il étudie également les points forts et les points faibles de ses adversaires, les conditions du terrain, du vent et de la température. Il attache une grande importance à sa bonne forme et à son régime alimentaire et il se penche sur tout facteur susceptible d'influer sur sa performance.

C'est la même chose pour les sports d'équipe. Prenez, par exemple, le football américain. Chaque équipe ne joue qu'un match par semaine. Mais que font les joueurs pendant les six autres journées? Ils se préparent. Physiquement, mentalement et surtout stratégiquement. Ils étudient différentes formations et les pratiquent des journées entières jusqu'à la perfection. Ils visionnent également les derniers matchs de leur prochain adversaire pour prévoir leurs différentes formations et les jeux qui pourraient en résulter.

À l'aide d'ordinateurs, les entraîneurs essaient même de prévoir en toutes circonstances la stratégie de l'équipe adverse. Chaque joueur étudie le comportement de celui qu'il affrontera sur le terrain. Quelles sont ses forces, comment les contrer? Comment exploiter ses faiblesses? Les quelques heures qui précèdent l'affrontement tant attendu sont consacrées à la préparation mentale. Chacun se concentre sur son objectif et sur le rôle qu'il aura à jouer au cours de ce match. Il revoit mentalement chacun des gestes qu'il devra accomplir et se remémore ses exploits, essayant d'en ressentir l'émotion afin de retrouver cet état d'esprit qui lui avait permis de triompher la dernière fois.

Bien sûr, vous me direz que vous ne pouvez prendre autant de temps pour vous préparer à chacune de vos présentations parce que vous n'avez pas qu'une seule présentation à faire chaque semaine. Mais entre ce que font les athlètes et ce que vous faites actuellement, il existe sûrement un juste milieu! Je connais d'ailleurs certains domaines d'activités où les vendeurs ne font pas plus d'une présentation de vente par semaine. Cette entrevue ne mérite-t-elle pas autant de préparation qu'un match de football?

Concrètement, cela signifie que, plus une présentation de vente est importante pour vous-même et pour votre entreprise, plus il y a d'argent et de bénéfices en jeu et plus vous devriez prévoir de temps pour la préparation. Il ne s'agit pas simplement d'y réfléchir, mais de le faire de façon ordonnée, structurée et méthodique en tenant compte de tous les facteurs susceptibles d'influer sur la décision finale.

Plusieurs ventes sont perdues avant même que la présentation ne commence tout simplement parce que le vendeur ne s'est pas préparé. Il se présente chez son client de façon mécanique, en pensant que sa connaissance du produit suffira à lui permettre de décrocher une commande. Ses présentations de vente deviennent routinières et il s'adresse à tous ses clients potentiels dans les mêmes termes. Faute d'une bonne préparation, il risque de négliger l'aspect interactif du processus de vente et de conduire l'entrevue en ne songeant qu'à son point de vue.

● ● ● ● ● ● ● ● ● ● ● ● ● ● ● ● ● ● ● ●

TROIS PRÉALABLES

La préparation est à la base de la réussite de toutes vos entrevues de vente et pour cette raison nous lui accorderons toute l'importance qui lui revient. Nous apprendrons à utiliser la feuille de travail «Présentation-action», dont nous analyserons en détail les sept points. Mais auparavant, j'aimerais souligner trois préalables à la préparation d'une entrevue de vente :

- Connaître son produit.
- Connaître sa concurrence.
- Connaître la nature humaine.

1. Connaître son produit

Le client, nous l'avons déjà dit, est de plus en plus informé et il espère, lorsqu'il rencontre un vendeur, que celui-ci sera capable de le conseiller. Pour conseiller habilement quelqu'un, le vendeur doit connaître suffisamment son produit, être en mesure de répondre à toutes ses questions et calmer toutes ses appréhensions.

J'ai œuvré pendant plusieurs années dans le domaine des assurances et je peux vous affirmer que très peu de clients éprouvent le besoin de s'assurer. Seul un spécialiste peut démontrer les avantages d'un produit aussi intangible que l'assurance. Il faut connaître non seulement l'aspect technique du produit mais également toutes ses particularités et ses nombreuses implications juridiques, comptables et fiscales.

Examinez votre produit ou votre service sous tous ses angles. À quoi peut-il servir? Quelles seront les conséquences d'un achat? Essayez d'en comprendre le fonctionnement technique, mais également les avantages qu'il procure à vos clients. Nous reviendrons d'ailleurs sur ce point dans le 10e chapitre.

Une bonne connaissance de votre produit exige également que vous connaissiez bien votre industrie, votre entreprise, son historique, ses dirigeants, ses objectifs et ses projets. Plusieurs vendeurs, ignorant ces renseignements, se privent ainsi d'arguments propres à inspirer confiance et à convaincre le client de la supériorité de leur offre.

2. CONNAÎTRE SES CONCURRENTS

Une bonne connaissance de la concurrence est aussi un atout. Pour le vendeur connaissant bien les différents aspects des activités de ses principaux concurrents, il est souvent plus facile de faire valoir les avantages de sa proposition. Apprenez donc à connaître tout ce que vous pouvez de vos concurrents, notamment leur localisation, leurs principaux territoires de vente, leurs comptes majeurs, leurs politiques, leur volume d'affaires, leur échelle de prix, leur équipe de direction, leurs campagnes promotionnelles, leurs différents produits et services, leurs forces et leurs faiblesses.

Vous utiliserez ces connaissances non pas pour discréditer la concurrence, mais pour mettre en valeur les points qui vous distinguent. En entrevue, lorsqu'un client me demande mon opinion sur un de mes concurrents, je réponds : «Vous savez, je pense que nous avons tous un excellent message pour vos représentants-vendeurs, mais ce qui a fait notre réputation, c'est... » et ensuite je lui parle des points qui nous distinguent de la concurrence et des avantages qu'il pourrait tirer de notre entreprise en relation avec ses besoins particuliers. Mais il me serait impossible de faire ressortir les points qui me différencient de ma concurrence sans connaître celle-ci.

Les articles de revues ou de journaux, les rapports annuels, les répertoires industriels, les rapports Dun and Bradstreet, les campagnes promotionnelles ainsi que les témoignages de vos clients vous renseignent sur les activités de la concurrence.

3. CONNAÎTRE LA NATURE HUMAINE

La vente interactive, par définition, établit entre le vendeur et le client une relation fondée sur la compréhension mutuelle et sur la communication. Ce n'est certes pas une tâche facile, chacun ayant ses propres valeurs, sa façon de penser, d'analyser les événements et de prendre des décisions qui le concernent.

Joe Gandolfo, considéré par plusieurs comme le meilleur vendeur d'assurance-vie, se plaît à dire — et avec raison — que la vente est constituée à 98 % de compréhension de l'être humain et à 2 % de connaissance du produit. Et cela ne veut pas dire qu'il considère que la connaissance du produit n'est pas importante. Au contraire, Joe est justement reconnu comme un expert dans son domaine et un des seuls assureurs-vie à posséder un doctorat. Il prétend d'ailleurs qu'il étudie encore son produit au moins deux heures par jour.

Lorsqu'il fait une telle affirmation, il veut dire que même si vous en veniez à acquérir une connaissance parfaite de votre produit cela ne contribuerait qu'à 2 % de votre vente. La vente est avant tout une affaire de compréhension du comportement humain, comportement qui ne cesse de nous étonner et sur lequel se penchent de nombreux spécialistes, psychiatres, thérapeutes et psychologues.

Toutes sortes de théories ont été élaborées pour expliquer le comportement humain, toutes plus savantes les unes que les autres et souvent complètement opposées. Il n'en demeure pas moins — et l'opposition entre ces différentes théories en est la meilleure preuve — que l'être humain est un être infiniment complexe qui réagit souvent de façon tout à fait imprévisible et inattendue. Plus vous en apprendrez sur sa nature et sur son comportement, plus vous serez à même d'établir avec vos clients une relation de qualité. Vous apprendrez à connaître votre client, vous aurez pour lui de l'estime et de la considération et vous serez en mesure d'interpréter ses désirs et ses besoins.

L'étude de la nature humaine est passionnante. Au cours des dernières années, j'ai lu quantité de livres sur ce sujet. Vous trouverez à la fin de ce livre une liste d'ouvrages qui m'ont particulièrement aidé à mieux comprendre les autres et, surtout, à me comprendre moi-même. En effet, en tant qu'acteur d'une relation interactive, il est essentiel de comprendre l'autre et de se connaître soi-même ainsi que ses réactions, ses attitudes, ses attentes, ses forces et ses faiblesses.

Plusieurs auteurs se sont penchés sur la connaissance de soi et, au cours des dernières années, de nouvelles théories ont vu le jour. Mentionnons entre autres l'analyse transactionnelle et la programmation neurolinguistique, deux théories de comportement qui peuvent être très utiles pour tous ceux qui envisagent une carrière dans la vente.

L'observation personnelle est également une excellente façon d'apprendre à connaître les autres. Chaque entrevue de vente vous fournit une nouvelle occasion d'étudier la nature humaine et de mettre à profit les expériences accumulées. Profitez de chaque occasion qui vous est offerte. Apprenez à juger les autres au-delà des simples apparences. Apprenez à lire leur langage non verbal. Essayez de comprendre le sens de certaines paroles qui n'ont souvent rien à voir avec le sujet de votre conversation, mais qui en disent parfois beaucoup plus sur les valeurs et les intentions de ceux qui les prononcent.

Après une entrevue, faites le point. Réfléchissez aux propos de votre client. Était-il sincère? Croyait-il vraiment à ce qu'il disait? A-t-il changé d'opinion? Qu'est-ce que j'ai appris de nouveau pendant cette entrevue?

Selon leur personnalité, leur style de vie et leurs facteurs d'influence, mais aussi selon leur profession ou leur façon de gérer leur entreprise, les gens ont souvent des façons constantes de réagir. Grâce à mes études de caractères, chaque situation de vente m'apparaît comme une occasion d'expérimenter et d'améliorer mes connaissances afin de mieux communiquer.

PRÉSENTATION-ACTION

Afin de vous aider à mieux préparer chacune de vos entrevues de vente, nous avons conçu la feuille de travail «Présentation-action», que vous trouverez plus loin. Cette feuille de travail peut servir pour toutes sortes de situations, quels que soient votre domaine d'activité et le nombre d'entrevues nécessaires pour réaliser votre vente. Elle est très simple à utiliser. Grâce à elle, vous vous présenterez à chacune de vos entrevues bien préparé et vous n'oublierez jamais qu'une action concrète doit résulter de chacune de celles-ci.

Les visites de vente coûtent excessivement cher. Considérant le temps et les autres facteurs concernés, les experts estiment qu'elles valent en moyenne entre 250 $ et 500 $. Il importe donc que ces visites rapportent, qu'elles débouchent sur une action concrète. Voyons donc les sept points que contient cette feuille de travail :

1. Déterminez votre objectif

Le premier point est le plus important. Quel est votre objectif ou quels sont vos objectifs pour cette rencontre? Votre objectif, c'est votre but, ce que vous désirez accomplir de concret, la raison de votre présence. Il y a tellement de vendeurs qui se présentent chez un client sans but précis. Certes, vous pouvez me dire que vous désirez établir une bonne relation, obtenir des renseignements, mais un objectif se doit d'être plus précis.

Il ne s'agit pas nécessairement d'obtenir une commande, car ce n'est pas possible dans tous les cas et parfois même il vaut mieux ne pas se fixer un tel objectif. Tout dépend de ce que vous vendez, du prix et du nombre de facteurs qui peuvent influer sur la décision du client. Certaines ventes se font en une seule entrevue alors que d'autres requièrent de nombreuses rencontres. C'est précisément ce que vous devez considérer lorsque vous déterminez vos objectifs.

Si votre domaine d'activité se prête bien à une vente où une seule entrevue est nécessaire, alors faites-en votre objectif et précisez exactement le genre et la quantité de produits que vous souhaiteriez vendre. Sinon, fixez-vous un objectif intermédiaire qui vous permettra de faire avancer votre vente.

Ainsi, lors d'une première rencontre, votre objectif pourrait être de remplir un questionnaire d'information ou de fixer une rencontre avec un cadre supérieur ou un comité de décision, ou encore d'inviter le client à vos bureaux pour une démonstration complète de vos produits.

Vous devez être précis lorsque vous déterminez cet objectif. Par exemple, si votre objectif est de fixer une rencontre pour une démonstration à vos bureaux, la seule façon de savoir si vous avez atteint votre objectif est d'obtenir un engagement de la part de votre client à vous visiter à une date donnée.

Lorsque nous visitons une entreprise pour la première fois, la plupart du temps nous rencontrons le directeur des ventes. Selon le nombre de vendeurs qu'il dirige, notre objectif peut être de l'inviter à assister à un séminaire de deux jours afin qu'il puisse juger par lui-même de la qualité de notre matériel et de notre style d'animation. La seule façon de réaliser notre objectif, c'est d'obtenir de sa part un engagement à assister à un séminaire prévu pour une date donnée. Après le séminaire, nous le rencontrons à nouveau, mais cette fois notre objectif est différent. Ce peut être d'inscrire ses représentants à un de nos séminaires ou de réserver une journée à l'intention de ses vendeurs. Tout dépend de la situation.

Certains domaines d'activités peuvent exiger jusqu'à une dizaine de visites avant d'en arriver à une conclusion. Plus le nombre de visites augmente, plus il importe que vous vous fixiez un nouvel objectif pour chacune de celles que vous faites. C'est la seule façon d'évaluer où vous en êtes dans le processus de vente et de déterminer le chemin qu'il vous reste à faire.

Un jour où j'insistais sur l'importance de se fixer un objectif précis pour chaque entrevue, j'ai remarqué qu'un des participants semblait perplexe. Je lui demandai si tout allait bien et il me répondit affirmativement en m'expliquant qu'il venait de s'apercevoir à quel point cette notion d'objectif s'appliquait à son domaine même s'il ne s'était encore jamais considéré comme un vendeur.

Il nous expliqua qu'il était ingénieur à l'emploi d'une firme de consultants réputée. Tout récemment, il était allé visiter un client potentiel important en compagnie d'un des associés de l'entreprise. Chemin faisant, il lui demanda quel était leur objectif pour cette rencontre. Et son associé de lui répondre : «Je n'en ai aucune idée, nous verrons cela au fur et à mesure de l'entretien.»

Quelques semaines auparavant, j'avais eu l'occasion de rencontrer le vice-président des ventes de la firme IBM à la suite de plusieurs démarches d'une des relationnistes de notre entreprise. Après les formalités d'usage, je m'apprêtais à commencer l'entrevue lorsqu'il m'interrompit : «Michel, me dit-il, pourrais-tu me dire quel est ton objectif majeur pour notre rencontre d'aujourd'hui?» Vous vous imaginez si je lui avais répondu : «Hein! Je ne sais pas! Mais nous verrons cela au fur et à mesure.» Je ne crois pas que notre entretien aurait duré bien longtemps. Fort heureusement, je m'étais préparé. L'énoncé de mon objectif orienta l'entretien dès le départ et nous permit d'en arriver rapidement à une entente.

Pour chaque entrevue de vente, la plus grande satisfaction d'un vendeur est d'obtenir du client un engagement qui fasse avancer le processus de vente. Mais encore faut-il que vous sachiez précisément ce que vous cherchez à obtenir. Avant chaque entrevue, déterminez votre objectif et, si vous avez de la difficulté à y arriver, posez-vous les questions suivantes :

- Pourquoi est-ce que je veux le rencontrer?
- Qu'est-ce que j'aimerais accomplir?
- Quel résultat serait acceptable?
- Quel sera le point capital de notre rencontre?
- Quel engagement de sa part me satisferait?

Si votre objectif est de conclure votre vente, songez-y sérieusement avant de vous présenter chez le client et décidez exactement du produit ou du service que vous lui proposerez. Décidez également des quantités, des conditions et des modalités de votre entente.

2. Étudiez votre client

Essayez également d'en apprendre le plus possible sur la personne que vous êtes sur le point de rencontrer. S'il s'agit d'une vente commerciale, tentez d'en savoir plus sur ses fonctions au sein de l'entreprise qui l'emploie, sur l'entreprise elle-même et sur le secteur industriel dont elle fait partie.

Évidemment, il n'est pas toujours facile d'obtenir de l'information sur un inconnu, mais si vous désirez vraiment parvenir à votre objectif, vous devez tenter par tous les moyens disponibles de vous former une image aussi précise que possible de votre client potentiel. Plus vous en saurez, plus il vous sera facile de communiquer avec lui.

Combien de vendeurs font des présentations sans aucune information sur la ou les personnes qu'ils vont rencontrer. Il existe pourtant plusieurs sources d'informations disponibles : toutes celles que nous vous avons énumérées dans le chapitre 4, auxquelles viennent s'ajouter les amis, les clients, les fournisseurs, les contacts personnels, les observations, les magazines spécialisés et les articles de revues ou de journaux. Si vous vous faites recommander par quelqu'un, celui-ci peut vous donner beaucoup de renseignements sur votre client potentiel, pour autant que vous appreniez à demander.

Ainsi, à un client qui vous recommande un de ses fournisseurs, n'hésitez pas à poser ces questions :

- Quelle est sa fonction dans l'entreprise?
- Depuis combien de temps est-il à son emploi?
- Que faisait-il avant de se joindre à cette entreprise?
- Quel est son niveau d'études, son expérience, son habileté, ses talents, ses passions, etc.?
- Quel genre de personne est-ce?
- Est-il plutôt conservateur ou libéral?
- A-t-il le sens de l'humour?
- Qu'est-ce qui l'intéresse?

Vous pourrez ainsi vous découvrir des intérêts communs qui vous permettront de démarrer l'entretien sur un ton positif. Essayez d'en apprendre le plus possible sur sa personnalité, sur ses valeurs et sur chaque facteur d'influence susceptible d'orienter votre présentation.

Assurez-vous également qu'il s'agit bien de la bonne personne à rencontrer et qu'elle a l'autorité nécessaire pour prendre une décision en rapport avec le produit ou le service que vous désirez lui offrir. Il est vrai que cela fait partie de votre travail de rencontrer quelqu'un qui vous indiquera la bonne personne. Dans la vente, certains détours sont inévitables; efforcez-vous toutefois de prendre le plus court chemin entre deux points.

Si la personne que vous rencontrez est déjà un client de votre entreprise, révisez tous vos dossiers, toutes les notes que vous, ou un autre représentant, avez accumulées relativement à ce client au cours des rencontres antérieures. Même si vous l'avez déjà rencontré, vous aurez depuis oublié certains détails qui pourraient avoir une influence sur votre prochain entretien.

Vous devriez conserver une fiche, ou un dossier, sur chacun de vos clients, la consulter avant chaque entrevue et la mettre à jour après chacune d'elles. Dans une situation de vente interactive, la clé de votre préparation, c'est votre client. En apprenant à le connaître davantage, vous pourrez plus facilement considérer son point de vue et adapter le processus de vente à sa situation particulière.

Sachant ce que vous ignorez, vous pourrez demander ce qui vous manque. C'est bien là tout le nœud du problème. La vente interactive part des besoins du client, mais, avant de parler de ses besoins, vous devez apprendre à connaître le client lui-même. Un besoin n'existe pas par lui-même. Il ne peut exister qu'en relation avec quelqu'un et ce quelqu'un, c'est votre client. Avant de le questionner sur ses besoins, vous devez le questionner sur lui-même.

Mais si vous ne connaissez absolument rien de votre client avant de vous présenter chez lui, vous risquez de l'importuner avec vos questions. Plus vous en saurez avant de vous présenter, moins vous l'ennuierez.

3. Préparez vos questions

Nous avons déjà parlé de l'importance de poser des questions et nous avons souligné l'intérêt de bien préciser les renseignements qui vous sont nécessaires pour évaluer la situation particulière du client. Il s'agit donc de bien réfléchir avant de vous présenter chez lui et de vous demander quels renseignements, s'ils vous étaient fournis, pourraient vous permettre de mieux comprendre la situation de ce client dans son ensemble et de définir les problèmes susceptibles d'être résolus grâce à vos différents produits et services. Ces éléments d'information devraient être divisés en trois groupes se rapportant :

- au client et à son entreprise;
- à ses besoins;
- à ses désirs.

Comme ces questions feront partie de l'entrevue de consultation, nous verrons au cours de cette leçon comment les regrouper pour obtenir un effet optimal. Pour le moment, ce qu'il importe de comprendre, c'est que ces questions doivent être préparées bien avant de vous présenter chez votre client afin d'éviter les questions vagues, inutiles ou qui n'ont rien à voir avec votre objectif.

En préparant vos questions à l'avance, vous vous assurerez qu'elles sont orientées vers un objectif particulier, ce qui ne tardera pas à démontrer à votre client que vous avez bien réfléchi avant de vous présenter chez lui et que vous respectez le temps qu'il vous accorde. Cela ajoutera d'autant plus à votre crédibilité.

4. Évaluez les solutions possibles

Ce quatrième point dépendra du nombre d'entrevues nécessaires, selon votre domaine d'activité, pour arriver à la conclusion du processus de vente. Si la présentation de votre offre ne nécessite qu'une seule rencontre, vous devez prévoir avant celle-ci les différentes solutions possibles pour ce qui est des produits, quantités, volumes et options, compte tenu des renseignements que vous aurez obtenus pendant la première partie de l'entrevue.

Si votre domaine d'activité nécessite plusieurs visites, c'est au retour de votre entrevue de consultation que vous devrez évaluer les différentes solutions possibles. Nous verrons dans le chapitre 10 comment présenter une offre de service.

5. Assemblez votre matériel de présentation et de support

Que ce soit pour une première entrevue ou pour celles qui suivront, une présentation requiert souvent du matériel de support ou de présentation. Il s'agit donc de bien vous assurer, avant votre visite chez le client, que vous avez en votre possession tout le matériel dont vous aurez besoin : cahier de présentation, preuves, témoignages, formules de travail ou toute autre formule ou contrat que vous devrez faire approuver par le client.

Si vous faites une présentation qui nécessite du matériel audiovisuel, vérifiez bien l'équipement et assurez-vous que vous en maîtrisez le fonctionnement et que l'endroit où vous comptez l'utiliser est propice. Il est également conseillé de prévenir votre client lorsque vous devez utiliser ce genre de matériel et il serait même souhaitable de lui en demander la permission. Je doute fort qu'il s'y oppose, mais votre demande lui démontrera le sérieux de votre proposition et le disposera à mieux vous accueillir.

6. Prévoyez les objections

Il est tout à fait normal qu'un client formule des objections à propos de votre offre ou de la solution que vous proposez. Si vous avez bien analysé notre modèle de prise de décision, vous aurez remarqué que, après avoir recherché des solutions au problème qui les préoccupe, les gens les évaluent en les comparant entre elles. Il est normal de s'attendre à ce que cette comparaison soulève de nombreuses questions, c'est-à-dire des objections, comme nous aurons l'occasion de le constater dans le chapitre 11.

Les objections font partie du processus de vente et tous les champions de la vente connaissent très bien, par expérience, la plupart des objections de leurs clients. Ils se préparent donc en conséquence et, en présence d'un doute ou d'une objection, ils conservent leur aplomb et savent rassurer leur client en se gardant bien de discuter. Apprenez donc à prévoir les principales objections susceptibles d'être soulevées et, pour chacune d'entre elles, préparez à l'avance la meilleure façon d'y répondre.

7. Entraînez-vous

Les meilleurs acteurs, les plus grands orateurs répètent leur texte des dizaines de fois afin d'accéder à la perfection.

Quelques jours avant d'aller rencontrer votre client, révisez tous les points de votre feuille «Présentation-action» et répétez votre présentation, particulièrement s'il s'agit d'une deuxième entrevue.

Vous avez rencontré le client et celui-ci a répondu à toutes vos questions. Vous avez bien défini son problème et maintenant il attend votre solution. La façon dont vous présenterez cette solution sera déterminante. Entraînez-vous en mettant surtout l'accent sur votre entrée en matière et sur les facteurs qui pourraient vous aider à obtenir un effet optimal : votre enthousiasme, votre timbre de voix, votre posture et vos gestes.

Apprenez à maîtriser votre nervosité, particulièrement si vous devez vous adresser à un groupe de personnes. Si vous n'avez jamais fait de présentation en public, je vous conseille de vous entraîner devant des amis ou des associés avant de vous présenter chez vos clients. Une première présentation de groupe pourrait vous traumatiser. Prévenez l'effet de surprise en vous entraînant davantage.

• • • • • • • • • • • • • • • • • • •

Chronométrez votre présentation selon le temps qui vous est accordé, soyez logique et concis afin d'atteindre votre objectif en conservant l'attention de toutes les personnes présentes.

La présentation de votre offre commence bien avant d'arriver chez le client. En réfléchissant bien aux sept points que contient votre feuille «Présentation-action», vous vous assurez de vous présenter chez votre client avec une idée très précise de vos intentions et des moyens pour y parvenir. Votre client s'en rendra compte et, quel que soit le résultat de votre entrevue, il appréciera le temps qu'il aura passé en votre compagnie.

Une bonne préparation contribue à calmer votre anxiété, à vous donner de l'assurance, de l'enthousiasme et de l'énergie. Elle vous permet d'orienter plus facilement l'entretien vers l'objectif visé et d'accorder plus d'attention à votre client qu'à votre exposé. Vous savez exactement ce que vous aurez à dire, pourquoi vous le direz et comment vous le direz.

Évitez d'improviser. Préparez plutôt chaque présentation par écrit en vous référant aux sept points de la feuille «Présentation-action». Le fait d'écrire améliorera votre concentration et vous permettra de ne rien oublier. Réfléchissez. Mettez-vous à la place du client et considérez la rencontre à venir de son point de vue. Qu'attend-il de cette rencontre? Et vous-même, lorsque vous êtes l'acheteur, à quoi pensez-vous avant une présentation de vente?

Idéalement, vous devriez mettre autant de temps à la préparation qu'à la présentation de votre offre. Évidemment, cela dépend de la nature de l'entrevue, du volume de vente en jeu et des conséquences de cette présentation pour votre organisation. Cela dépend également de la similitude qui existe entre toutes vos présentations. Si vos présentations se ressemblent toutes et s'adressent au même genre de clientèle, composez-vous un modèle de présentation à partir des sept points que nous avons étudiés.

Si au contraire elles sont toutes différentes, vous n'avez pas le choix. Vous devez préparer chacune d'elles par écrit. Vous pensez que cela vous demandera trop de temps? Alors, demandez-vous ce qu'un champion est prêt à faire pour atteindre ses objectifs. Une préparation aussi sérieuse améliorera vos performances de façon considérable. N'est-ce pas ce que vous désirez?

*P*RÉSENTATION-ACTION

☐ 1. Déterminez vos objectifs

☐ 2. Étudiez votre client

☐ 3. Préparez vos questions

☐ 4. Évaluez les solutions possibles

☐ 5. Assemblez votre matériel de présentation et de support

☐ 6. Prévoyez les objections

☐ 7. Entraînez-vous

8

Les bonnes manières forment un riche vernis qui recouvre la prose de la vie et en orne les détails. Si elles sont choses superficielles, telles sont aussi les gouttes de rosée, qui donnent un aspect si profond aux prairies du matin.

RÉUSSIR LE PREMIER CONTACT

LA RENCONTRE DE QUELQU'UN que l'on ne connaît pas et que l'on n'a encore jamais vu est une expérience très intéressante. J'anticipe toujours cet instant où j'entre en contact avec un inconnu. Rappelez-vous : vous êtes à la réception et vous attendez depuis quelques minutes, et soudain il arrive. Tout se passe si rapidement : il avance vers vous, vous sourit, vous tend la main. Vous vous levez, lui tendez la vôtre. Vous échangez quelques mots. Et voilà, le contact est établi et déjà ces quelques instants vous ont procuré une foule de renseignements sur l'autre personne. Ils vous laissent une impression qui peut devenir déterminante pour l'entrevue qui va suivre.

Sa poignée de main, son sourire, son regard, son allure, son maintien, sa diction sont autant de points qui ne vous échappent pas et qui vous permettent déjà d'évaluer la personne qui est devant vous. C'est exactement la même chose qui se produit pour l'autre personne. Selon notre présentation, nos premières paroles, elle aura tendance à nous juger, à nous évaluer. Toutes sortes de questions lui viendront à l'esprit : «Qui est-il? Que me veut-il?» Ces questions seront souvent accompagnées d'observations plus ou moins conscientes. «C'est drôle, je ne l'avais pas imaginé comme ça... Il a l'air sympathique... Écoutons toujours ce qu'il a à me dire.»

Autant les premières minutes d'un entretien peuvent faciliter votre tâche, autant elles risquent de la compliquer si, par ce que vous dites ou ce que vous faites, le client décide de vous prendre en aversion. Nous avons tous une façon bien personnelle d'établir un contact, et il se pourrait même que l'issue de certaines rencontres en dépende. Pourtant, rares sont ceux qui se sont arrêtés pour analyser la façon dont ils se présentent.

Lorsque deux individus se rencontrent pour la première fois, plusieurs éléments entrent en ligne de compte et contribuent à former dans l'esprit de chacun une image de l'autre. Il importe de prendre conscience de tous ces éléments et de tous les mécanismes d'interaction qui vous situent aux yeux de l'autre; de comprendre la signification du langage verbal et non verbal que vous utilisez et que les autres utilisent, et de l'employer à votre avantage.

D'une façon ou d'une autre, chaque fois qu'un contact s'établit, il laisse une impression positive ou négative. Cela ne dépend que de vous. Bien sûr, plus la relation que vous entretiendrez sera longue, moins l'effet du premier contact aura d'importance. Il se pourrait fort bien qu'à long terme vous en arriviez à nouer une excellente relation avec quelqu'un qui au départ ne vous plaisait guère ou sur lequel vous aviez fait mauvaise impression. Mais il se pourrait bien aussi que vous n'arriviez jamais à poursuivre cette relation tout simplement parce que l'autre aura décidé qu'il y a quelque chose en vous qui ne lui plaît pas, que votre présence l'indispose et qu'il ne souhaite aucunement vous rencontrer à nouveau.

De toutes façons, pourquoi ne pas profiter de cet instant privilégié que constitue une première rencontre pour vous employer à créer, dès le départ, un climat favorable à la compréhension mutuelle et qui aura l'avantage de faciliter le processus de vente interactif. Ce processus de vente demande dès la première phase l'entière collaboration du client. Il ne peut y avoir de consultation que si celui-ci accepte de répondre à vos questions, et je doute qu'il y réponde s'il vous trouve antipathique ou s'il n'a pas confiance en vous.

Une des facettes de mon travail que j'apprécie le plus est justement cette occasion qui m'est donnée de faire tous les jours de nouvelles rencontres et de nouer de nouveaux contacts. Il est tellement plus satisfaisant de le faire avec le sentiment d'avoir passé des moments agréables et d'avoir gagné la confiance de l'autre.

Quels que soient votre domaine d'activité et le produit ou le service que vous vendez, vous devez d'abord vous vendre vous-même. Les clients ont le choix. Avec la concurrence actuelle, ils n'achèteront de vous que s'ils ont confiance en vous. Les bonnes impressions durent longtemps et les mauvaises sont très difficiles à oublier. Certaines rencontres nous laissent cependant tout à fait indifférents. Ne laissez personne indifférent. Décidez aujourd'hui même que, chaque fois que vous rencontrerez quelqu'un pour la première fois, vous ferez en sorte qu'il se rappelle de vous. Encore faut-il que vous soyez préparé...

• • • • • • • • • • • • • • • • • • • •

LA FORMULE MAGIQUE

Nous avons insisté dans le chapitre précédent sur l'importance de bien préparer chacune de ses présentations de vente. Mais la préparation mentale, juste avant l'entrevue, est tout aussi importante. Elle représente la clé de la réussite d'un premier contact.

Il ne suffit pas de penser à ce que vous allez dire. Certes, il importe de vous rappeler votre objectif et de relire, si possible, les quelques renseignements que vous avez pu accumuler sur ce nouveau client, mais n'oubliez surtout pas de préparer la façon dont vous allez vous présenter. Beaucoup trop de vendeurs oublient cet aspect d'une rencontre. Ils se présentent machinalement, par habitude, sans être tout à fait présents. Ils ne le sont que physiquement, absorbés par leurs problèmes, la pensée encore fixée sur ce dernier entretien qu'ils viennent d'avoir il y à peine 20 minutes et qu'ils n'ont pas réussi à oublier tout à fait.

Il y a tellement de choses qui peuvent encombrer notre esprit à tout moment, surtout dans la vente, domaine où l'on est soumis constamment à des pressions, des déceptions ainsi qu'a mille et une situations qu'on aurait intérêt à oublier complètement avant de se présenter chez un nouveau client. Il est impossible de s'appliquer à ce que l'on fait et de penser à quelque chose d'autre, surtout si ce quelque chose représente un fait troublant susceptible d'ajouter à notre anxiété. Lorsque notre esprit est ailleurs pendant une entrevue, notre concentration s'en ressent énormément et nous manquons d'enthousiasme.

L'enthousiasme, c'est cette énergie qui circule entre vous et votre client et qui en dit plus sur votre personnalité et sur vos capacités que tout ce que vous pourrez dire. Être enthousiaste, c'est donner 100 % de soi-même. Vous ne pouvez donner 100 % de vous-même si vous êtes préoccupé par un autre événement. Vos affaires vont mal? Votre directeur de banque vient de vous appeler pour vous dire que votre compte est à découvert et que vos deux derniers chèques n'ont pu être honorés? Votre conjoint vous trompe avec quelqu'un que vous connaissez bien? Qu'importe. Vous devez oublier tout cela et vous concentrer sur l'entrevue que vous êtes sur le point d'effectuer.

Je crois tellement en ce que je fais et à l'importance de

ce que je fais que j'ai le pouvoir, pendant une conférence, de communiquer beaucoup d'énergie aux personnes qui sont présentes. Pourtant, j'ai donné plusieurs conférences et animé des séminaires à des moments de ma vie où les circonstances n'étaient pas des plus favorables. Je dirais même qu'elles étaient plutôt abominables. Mais j'ai découvert la formule magique qui me permet en toutes circonstances de donner le meilleur de moi-même.

Cette formule magique est constituée de deux parties, dont voici la première : peu de temps avant ma conférence, je trouve un endroit où je peux m'isoler pour un instant. C'est drôle à dire, mais, comme mes conférences ont lieu la plupart du temps dans un hôtel, il arrive souvent que la seule place que je puisse trouver est la salle de toilettes. Je m'y rends donc et avec beaucoup d'enthousiasme et de dynamisme je me fais le message suivant : «Allez, Michel; tu as peut-être beaucoup de problèmes actuellement, tu as également plusieurs projets, mais là tu vas oublier tout cela pour les quelques heures qui vont suivre. Tes clients ne veulent absolument rien savoir de tes problèmes. Ils s'attendent à une belle performance, alors ne les déçois surtout pas. Vas-y. Donne-leur 100 %. Donne-leur la meilleure conférence que tu aies jamais donnée. T'es capable mon gars. *Let's go!*»

Il arrive parfois que des gens entrent aux toilettes pendant que je fais ce numéro et me regardent, tout étonnés. Je leur dis : «Ne vous en faites pas, c'est moi qui donne la conférence. Je me prépare et vous êtes bien mieux d'être préparés vous aussi parce que ça va sauter!»

J'aime bien le moment où l'on me présente. Je profite de ces quelques instants pour continuer à me préparer mentalement. Cela constitue la deuxième partie de la formule magique. Je les imagine tous en train de m'applaudir à la fin de la conférence et, pour bien ressentir cette émotion, je pense aux applaudissements reçus à l'occasion de ma dernière conférence. J'essaie de ressentir l'effet que cela m'avait procuré, les sentiments qui m'avaient alors habité. Je revois les regards et les sourires des gens qui occupaient la première rangée. J'entends leurs commentaires. J'en ai des frissons... Je concentre toute mon attention, toute mon énergie dans mon regard. Je prends une profonde respiration et je m'avance en me répétant une dernière fois : «Allez, mon gars, donne-leur 100 %!»

Servez-vous de cette formule pour vous préparer mentalement avant vos entrevues de vente. Adaptez-la à votre situation. Vous vous apprêtez à rencontrer un nouveau client, alors avant de sortir de votre automobile éteignez le contact et faites-vous votre propre message : «Allez, mon gars, tu as beaucoup de problèmes aujourd'hui, mais oublie tout cela pour les 45 minutes qui vont suivre. Il y a un client qui t'attend et qui a bien voulu t'accorder de son temps. Ne le déçois surtout pas! Vas-y. Fais-lui la meilleure présentation que tu aies jamais faite de toute ta vie. Donne-lui 100 %!»

Pendant que vous attendez votre client à la réception, n'oubliez pas d'utiliser la deuxième partie de la formule magique. Pour qu'elle fonctionne, vous devez absolument vous servir des deux parties. Asseyez-vous confortablement, fermez les yeux pour quelques secondes, relâchez vos muscles et pensez à l'entretien qui va suivre. Essayez de vous faire une idée du déroulement de l'entrevue, de l'introduction à la conclusion. Profitez-en également pour revoir les avantages de votre produit qui pourraient s'appliquer à la situation de votre client et pour imaginer un scénario gagnant où les deux parties seront satisfaites. Pour renforcer ce dernier point, essayez de revivre mentalement une entrevue récente où tout avait bien fonctionné.

La préparation mentale avant une entrevue est la clé qui vous permettra de réussir vos contacts. Particulièrement chez ceux qui débutent et qui voient venir avec appréhension le moment de l'entrevue, elle aide à réduire l'anxiété et à éliminer la peur. Elle engendre également beaucoup d'énergie, de dynamisme et d'enthousiasme, qualités essentielles pour celui qui veut faire une bonne impression.

Par-dessus tout, et ceci s'applique à tous les vendeurs, qu'ils soient en affaires depuis 20 ans ou qu'ils débutent dans la vente, la préparation mentale permet de concentrer toute son attention sur le client et de faire de celui-ci le centre de ses préoccupations. Et cela, tous les clients sont en mesure de l'apprécier, car il leur arrive très rarement d'être l'objet d'autant d'attention. Pour vous en convaincre, pensez aux dernières entrevues de vente auxquelles vous avez participé en tant qu'acheteur.

• • • • • • • • • • • • • • • • • • • •

UNE PREMIÈRE RENCONTRE IDÉALE

Écoutons mon associée Nicole Bronsard raconter la façon dont elle se comporte lorsqu'elle rencontre un client pour la première fois. Nous analyserons ensuite les points qu'elle soulève. «Avant d'entrer chez mon client, je tente de faire le vide afin d'éliminer toute pensée négative, tout sentiment qui pourrait m'empêcher de me concentrer sur cette rencontre. Je tiens à donner toute mon attention à ce nouveau client. Il n'y a plus que lui qui compte. J'ai l'intention de gagner sa confiance et je sais très bien que la seule façon de le faire, c'est de lui démontrer que je m'intéresse à sa situation et d'être attentive à tout ce qu'il me dit.

«Pendant que j'attends mon client à la réception, je revois la fiche "Communication-Action" qui contient toutes les données que j'ai déjà réussi à accumuler à son sujet. J'en profite pour penser une dernière fois à mon objectif pour cette rencontre et pour réfléchir aux renseignements qui me manquent et à propos desquels j'aimerais le questionner davantage.

«Je continue ensuite à m'occuper. J'ai toujours avec moi quelques fiches de clients, qui me permettent de faire mes rapports d'entrevue ou de préparer celles qui suivront. Lorsqu'il se présente à la réception, mon client se rend compte que je suis occupée et que je ne perds pas mon temps. Les gens d'affaires aiment bien faire affaire avec des gens occupés.

«Je me lève aussitôt pour le saluer. Je le regarde dans les yeux, avec un sourire et une attitude des plus dynamiques et, s'il me tend la main, je lui tends la mienne. J'attends toujours qu'il fasse les premiers pas en ce sens : je n'aime pas m'imposer, surtout si je suis à son bureau; je tiens par-dessus tout à respecter son territoire personnel. C'est, d'après moi, la meilleure façon de gagner sa confiance. Plus je le respecte, plus il me respectera.

«Je le suis jusqu'à son bureau d'un pas décidé. Si l'occasion se présente, j'aime bien passer une remarque positive à propos de la qualité de l'environnement ou de l'ameublement. Par exemple, je peux lui dire : "Je vous félicite, vous avez de très beaux bureaux. C'est tellement plus intéressant de travailler dans un environnement de qualité." Je demeure très réservée, à plus forte raison si je sens qu'il est du genre intimidateur. La simplicité et l'authenticité ont le pouvoir de désarmer même les clients les moins conciliants.

«J'attends donc qu'il me l'offre avant de m'asseoir et je lui demande la permission de poser mon agenda sur son bureau. J'ouvre celui-ci à la section qui contient mes fiches "Communication-Action" en prenant soin de toujours placer celle qui le concerne sur le dessus. Comme elle est déjà partiellement remplie, mon client remarque à quel point je suis organisée sur le plan professionnel.»

Si on analyse les premiers instants de cette rencontre, on se rend compte que très peu de paroles ont été échangées. Pourtant, les deux personnes en présence ont déjà commencé à se forger une opinion de leur vis-à-vis.

Effectivement, de récentes études ont démontré que pendant les premières minutes d'une entrevue les mots comptent beaucoup moins qu'on ne serait porté à le penser. D'ailleurs, il arrive très souvent que l'autre partie oublie complètement ce que vous avez dit, mais se rappelle de l'impression générale que vous avez laissée, impression fondée sur ce qu'il est convenu d'appeler le langage non verbal.

• •

LE LANGAGE NON VERBAL

Sans s'en rendre compte, plusieurs personnes ont tendance à contredire ce qu'elles disent en laissant trop facilement paraître certains signes de nervosité. Elles utilisent un langage non verbal qui manque tout à fait de conviction.

Considérons par exemple ce représentant qui vient de débuter pour une nouvelle entreprise. Il a bien appris tous les avantages de l'offre qu'il s'apprête à vous faire, mais il vous les communique sur un ton qui manque totalement d'assurance. Les yeux rivés sur son cahier de présentation, il est incapable de soutenir votre regard, ce qui n'est pas de nature à vous inspirer confiance.

Le langage non verbal comprend tous les faits et gestes qui accompagnent votre langage verbal. Les deux peuvent se contredire, mais peuvent également se compléter. Il suffit d'être conscient de chaque élément qui forme votre langage non verbal et de la façon de l'utiliser à votre avantage pour parvenir à un niveau de communication beaucoup plus efficace.

Le langage non verbal joue un rôle important pendant toute la durée d'une entrevue, mais ce rôle est déterminant pendant les premières minutes. C'est à ce moment que les parties en présence, ne se connaissant pas, étudient tous leurs gestes et recherchent inconsciemment certains signes qui pourraient leur permettre d'évaluer l'autre. Les éléments les plus visibles du langage non verbal sont l'expression du visage, le regard, la voix, l'expression corporelle et la poignée de main. Analysons chacun d'eux.

L'EXPRESSION DU VISAGE

De toutes les expressions du visage, le sourire est celle qui est la plus communicative. Parce qu'un vrai sourire sollicite tous les muscles du visage et non pas simplement les muscles de la bouche comme dans le cas d'un sourire forcé.

Un vrai sourire est encore la meilleure façon de s'introduire auprès de quelqu'un. Il représente la joie de vivre. Il démontre à votre client que vous êtes fier de le rencontrer et contribue à le mettre à l'aise et à détendre l'atmosphère.

Un sourire inspire confiance et invite à la conversation, mais rappelez-vous qu'un vrai sourire exige que vous souriiez à l'intérieur. C'est là que la préparation mentale dont nous avons déjà parlé prend tout son sens. Elle permet de faire le vide et d'oublier tout ce qui ne se rapporte pas à votre sujet. Concentrez-vous uniquement sur la personne qui est devant vous. Offrez-lui un vrai sourire et elle se rappelera longtemps de vous.

Votre visage reflète également la sincérité de vos propos. Ses expressions montrent jusqu'à quel point vous vous préoccupez de la situation de votre client. Il vous est possible, par différents signes de tête, de communiquer consciemment des messages allant de l'approbation à l'assentiment et à l'encouragement à parler.

Les traits de votre visage peuvent exprimer la confiance et l'étonnement mais également le doute, le désaccord, l'hésitation, l'impatience et la désapprobation. Soyez conscient des expressions de votre visage lorsque vous parlez. Sachez les varier afin de garder l'intérêt de votre client. Portez attention également aux expressions faciales de celui-ci. Elles en disent parfois beaucoup plus sur son attitude que les mots qu'il utilise pour vous en faire part.

Le regard

Le vrai sourire se lit également dans les yeux de celui qui l'offre. Les yeux, plus que tout autre élément, peuvent exprimer toute la gamme des sentiments et des expressions qui vous animent : confiance, compassion, détermination, sincérité, honnêteté. Pourtant, combien de représentants-vendeurs n'ont pas appris à développer la puissance de leur regard et hésitent même à regarder l'autre directement dans les yeux.

Combien de fois j'ai eu l'occasion de serrer la main à quelqu'un qui ne m'a même pas regardé! Trois éléments interviennent au moment d'une poignée de main : le geste, que nous analyserons plus tard, l'expression faciale, qui devrait rayonner d'un vrai sourire, et le regard, qui devrait être dirigé directement dans les yeux de l'autre.

Il ne s'agit pas de fixer le regard de l'autre ou de le soutenir comme s'il s'agissait d'un concours, mais de concentrer votre regard dans ses yeux pendant une fraction de seconde. Le seul fait de vous arrêter et de regarder quelqu'un droit dans les yeux signifie que vous êtes tout à fait conscient de ce qui se passe et que vous appréciez pleinement cet instant où vous faites connaissance. Vous n'avez rien à cacher, vous avez confiance en vous et vous êtes ravi de le rencontrer.

Si vous ne regardez pas votre client lorsque vous lui tendez la main ou si vous offrez un regard fuyant, distrait ou préoccupé, vous démontrez par votre attitude un manque d'intérêt ou de confiance qui peut même être interprété comme de la peur ou de la malhonnêteté.

Le regard revêt une importance capitale tout au long d'une entrevue. Avant tout, il démontre à quel point vous

vous intéressez à ce qu'on vous dit. Lorsque votre client parle, regardez-le dans les yeux; si vous avez de la difficulté à soutenir son regard, portez votre regard à un ou deux centimètres au-dessus ou en-dessous de ses yeux, ou à un point situé entre ses yeux.

Lorsque vous parlez, il est normal que vous regardiez ailleurs de temps à autre comme si vous suiviez du regard le mouvement imaginaire de l'objet que vous décrivez. Il est très souhaitable également que vous vous serviez de vos yeux pour souligner certains points sur lesquels vous désirez attirer plus particulièrement l'attention de votre client et pour exprimer vos sentiments. Mais lorsque c'est le client qui parle, regardez-le droit dans les yeux et accordez-lui toute votre attention. C'est encore la meilleure façon de manifester votre intérêt pour ce qu'il vous dit. Des yeux expressifs ont un pouvoir remarquable lorsqu'il s'agit de gagner la confiance d'un nouveau client et d'établir un climat propice à une communication interactive.

Concentrez-vous. Servez-vous de vos yeux pour exprimer vos sentiments et vos dispositions d'esprit. Par contre, si votre client manifeste des doutes ou une certaine hostilité, gardez-vous bien de trahir votre inquiétude par vos yeux. Apprenez plutôt à maîtriser votre regard et à conserver une expression neutre même si vous êtes nerveux et anxieux.

Votre client peut facilement lire dans vos yeux, mais rappelez-vous que vous avez le même pouvoir et que son regard ainsi que le mouvement de ses yeux peuvent vous en apprendre beaucoup sur son attitude. Ainsi, lorsqu'il parle sans vous regarder, c'est qu'il ne veut pas que vous l'interrompiez. S'il fait une pause, c'est qu'il réfléchit. Vous saurez qu'il a terminé et qu'il attend votre réponse lorsqu'il vous regardera.

VOTRE VOIX

Votre voix constitue un autre point qui en dit long sur votre personnalité. Mettez-y de la vie. Une voix monotone finit par être agaçante. Un débit trop rapide dénote une certaine nervosité.

Apprenez à régler votre débit sur celui de votre client, à adapter votre rythme au sien. En tout temps, parlez clairement et posément. Non seulement on vous comprendra mieux, mais vos paroles auront plus de poids. De plus, vous donnerez l'impression d'être calme même si vous en êtes à vos débuts et que vous êtes très nerveux.

Apprenez également à modifier le volume et le ton de votre voix. Lorsque vous désirez attirer l'attention sur un point particulier de votre exposé ou souligner un avantage important, le meilleur moyen consiste à changer complètement votre rythme ou à varier les intonations de votre voix. Votre façon de parler est aussi importante que les mots que vous employez et peut, à elle seule, vous aider à produire une impression durable et à créer un climat de confiance entre vous et votre client.

VOTRE EXPRESSION CORPORELLE

Votre démarche, votre façon de vous tenir, chacun de vos gestes donnent à votre client une très bonne idée de l'opinion que vous avez de vous-même. Une démarche énergique dénote beaucoup d'assurance. Une posture droite est un signe de fierté et de confiance en soi. Des gestes réservés et discrets témoignent d'un état calme et décontracté.

Si vous rencontrez votre client à son bureau, attendez pour vous asseoir qu'il vous y invite; et lorsque vous vous asseyez, ne déposez pas votre serviette sur son bureau comme le fait un de mes fournisseurs, qui se reconnaîtra sûrement en lisant ces lignes. C'est probablement une habitude qu'il a contractée et il le fait peut-être de façon tout à fait inconsciente. Après son départ, j'inspecte mon bureau pour voir s'il ne l'a pas abîmé. N'agissez pas comme si vous étiez chez vous. Cela pourrait vous faire passer pour quelqu'un de trop confiant même si telle n'est pas votre intention.

L'idéal, évidemment, est de recevoir les gens à votre bureau. Nous avons fait aménager un véritable salon dans nos bureaux et c'est là que mon associée et moi recevons la majorité de nos clients. Ce cadre familier, intime contribue à les détendre et à les mettre à l'aise. Il y a plusieurs avantages à recevoir les gens chez vous. D'abord, cela leur donne une bonne idée du sérieux de vos opérations. Ensuite, cela vous permet d'avoir sur place tous les outils que peut nécessiter votre présentation. Mais surtout, cela vous permet de vous lever pour écrire au tableau, pour aller chercher un document ou pour toute autre raison, ce qui contribue à détendre l'atmosphère au moment voulu.

LA POIGNÉE DE MAIN

De tous les gestes que vous accomplirez lors de votre premier contact, celui qui sera le plus significatif pour les deux parties en présence sera la poignée de main que vous échangerez. Trop molle, elle reflétera l'indifférence, le manque d'affirmation et de confiance en soi. Elle pourrait même laisser supposer que vous êtes faible. Trop ferme, elle pourrait être interprétée comme un surplus d'agressivité.

On sait que le toucher est une façon de rapprocher les gens. La poignée de main est une bonne occasion de toucher l'autre et peut-être la seule que vous aurez tout au long de l'entrevue. Offrez donc une bonne poignée de main : ferme sans être trop forte et marquée d'une légère pression afin de souligner le contact qui s'opère. Au même moment, regardez votre client droit dans les yeux et souriez. Vous aurez ainsi toutes les chances de réussir ce premier contact physique. Évitez de lui saisir le bout des doigts; si cela devait se produire, n'hésitez pas à vous reprendre immédiatement. Un dernier point qui mérite d'être souligné : lâchez prise après quelques secondes; certaines personnes vous serrent la main tellement longtemps qu'à la fin la situation devient embarrassante.

Lorsque j'accueille un visiteur à mon bureau, je lui tends la main le premier. Lorsque je lui rends visite, j'attends qu'il me tende la sienne afin de respecter son espace immédiat, que certains auteurs nomment «territoire personnel». Nous avons tous un espace immédiat qui constitue une partie de notre identité. Nous sommes plus ou moins conscients de cet espace, mais nous nous sentons mal à l'aise si quelqu'un y entre sans permission.

Peut-être avez-vous déjà remarqué que lorsque quelqu'un s'approche trop près de vous pour vous parler vous avez tendance à reculer. Le même phénomène se produit lorsque vous tendez la main à quelqu'un que vous rencontrez pour la première fois. Si vous vous trouvez dans son bureau, il est préférable de lui laisser faire les premiers pas et d'éviter de le mettre mal à l'aise ou sur la défensive.

• • • • • • • • • • • • • • • • • • •

TROIS POINTS À CONSIDÉRER

1. LA PONCTUALITÉ

Vous avez tellement insisté pour obtenir cette rencontre. Votre client potentiel a finalement décidé de vous l'accorder. Il vous attend à 10 heures. Mais voilà : c'est l'heure, et vous êtes toujours dans votre automobile. L'anxiété vous gagne... Que va-t-il penser de vous? Va-t-il vous juger selon votre ponctualité? C'est fort possible.

Certains individus n'aiment pas être en retard et, pour cette raison, ils n'admettent pas que quelqu'un d'autre soit en retard à un rendez-vous d'affaires, surtout si leur horaire est très chargé. Pourquoi ne pas mettre toutes les chances de votre côté et vous présenter 10 minutes plus tôt?

Votre ponctualité démontre que vous êtes bien organisé et que vous respectez le temps que le client est prêt à vous accorder. Cela vous permet également de relaxer avant l'entrevue et de vous préparer mentalement, ce que ne peut faire la personne qui se présente avec 10 minutes de retard. Vous pouvez aussi profiter de la période d'attente pour obtenir de la secrétaire ou de la réceptionniste des renseignements sur le client ou sur l'entreprise. Plutôt que de lire une revue d'actualité, demandez à la secrétaire si elle peut vous remettre le rapport annuel de l'entreprise ou un dépliant décrivant leurs services.

Si vous ne pouvez vraiment pas être à l'heure, vous devriez appeler pour prévenir de votre retard. Et si vous êtes souvent en retard parce que vous devez effectuer plusieurs visites chaque jour, voici ce que je vous conseille : lorsque vous demandez un rendez-vous, fixez une heure approximative. Dites à votre client que vous ne pouvez prévoir avec exactitude l'heure à laquelle vous vous présenterez, car il est possible que vous soyez retenu. Dites-lui, par exemple, que vous devriez passer entre 10 heures et dix heures et demie. Il vaut mieux fixer une heure approximative qu'une heure précise que vous ne pouvez respecter.

2. *LE* TIMING

Si vous constatez, dès les premières minutes de l'entrevue, que votre client est distrait, nerveux ou préoccupé, c'est peut-être le signe que quelque chose le dérange et que le moment n'est pas tout a fait bien choisi pour votre rencontre. N'hésitez pas à lui dire : «M. Martel, vous semblez préoccupé. Écoutez, si ce n'est pas le bon moment, peut-être préféreriez-vous que nous remettions la rencontre à une autre journée?» Je préfère remettre une rencontre plutôt que m'adresser à quelqu'un dont l'esprit est ailleurs et qui ne peut m'accorder toute son attention. La vente interactive exige la participation du client autant que celle du vendeur et, pour cette raison, il importe que la rencontre ait lieu dans des conditions favorables à la communication.

Toutes sortes de facteurs peuvent empêcher quelqu'un de se concentrer : une réunion importante qu'il n'a pas eu le temps de préparer, une situation imprévue, un problème avec un employé, un client insatisfait. Il peut arriver également qu'il y ait eu des changements dans son programme depuis le temps où vous avez fixé votre rencontre.

Si vous n'êtes pas certain d'avoir toute l'attention de votre client, ne craignez pas de lui en parler : «M. Martel, je vous ai mentionné que nous aurions besoin d'environ 30 minutes. Pouvez-vous m'accorder ces 30 minutes?» S'il ne peut vous accorder ce temps, profitez-en pour établir un bon contact et fixez une autre rencontre. Ne parlez pas de votre produit ou de votre service. Je n'aime pas faire une demi-présentation à quelqu'un qui, de toute façon, ne pourra pas m'accorder toute son attention.

3. L'ENTRÉE EN MATIÈRE

Il existe plusieurs façons de commencer une entrevue de vente, car ce qui convient à une personne ne convient pas forcément à tout le monde.

Cela peut dépendre de votre personnalité et de la facilité que vous avez à mettre les gens à l'aise. Cela peut-être fonction également du genre de produit ou de service que vous offrez et de la clientèle que vous êtes amené à rencontrer. Ce qui importe, c'est d'essayer différentes approches, de les évaluer et de choisir celle qui semble le mieux vous réussir.

L'approche traditionnelle que l'on enseigne à la plupart de ceux qui débutent dans la vente consiste à rechercher des points d'intérêt commun et d'amener la conversation sur un de ces points. On conseille au représentant-vendeur qui entre dans le bureau d'un client de chercher un prétexte pour entamer la conversation. Par exemple, en regardant sur les murs, il pourrait y voir des photos, des peintures, des trophées ou des attestations d'études, ce qui pourrait lui permettre d'établir un lien. Je ne dis pas que cette méthode est mauvaise, mais vous risquez de tomber sur un sujet délicat ou de rappeler un souvenir douloureux à votre client et d'obtenir ainsi l'effet contraire de celui que vous recherchiez.

À mon avis, un simple compliment sur l'environnement ou sur la décoration du bureau suffit. Encore faut-il que ce soit vrai. Un compliment, s'il n'est pas sincère, ne vous aidera sûrement pas à créer ce climat de confiance que vous cherchez justement à établir.

Si vous travaillez surtout par recommandation, demandez à la personne qui vous recommande de vous informer des centres d'intérêt de votre client potentiel et notez ces faits au numéro deux de votre feuille «Présentation-Action». D'ailleurs, un bon sujet d'intérêt est justement cette personne qui vous a envoyé. Mentionnez son nom dès le début et demandez à votre client s'ils se connaissent depuis longtemps.

Si vous faites de la vente personnelle et que vous visitez les gens à la maison, il est plus facile et plus courant de choisir un point d'intérêt commun qui soit personnel. Mais si vous œuvrez dans la vente commerciale ou industrielle, essayez plutôt de vous en tenir à un sujet qui est lié aux affaires. Ainsi, lorsque je rencontre un propriétaire d'entreprise, j'aime bien lui demander s'il est en affaires depuis longtemps et je poursuis avec la fameuse question, que Frank Bettger appelait sa question magique : «Comment avez-vous commencé?»

Une autre approche consiste à entamer la conversation en mentionnant un avantage de votre produit afin d'attirer l'attention de votre client. Je n'ai jamais aimé cette approche, car elle risque, dès le départ, de mettre mon client sur la défensive s'il n'est pas intéressé par cet avantage. Si au contraire cet avantage lui semble intéressant, il me demandera immédiatement de le lui expliquer, ce qui me forcera à faire ma présentation avant même d'avoir sondé ses besoins. Cette approche met finalement beaucoup trop l'accent sur le produit et est tout à fait contraire au processus de vente interactif.

Une dernière approche recommande de ne pas parler, de garder le silence jusqu'à ce que le client vous invite à parler. Je pense que ceux qui suggèrent cette approche n'ont aucune expérience pratique. Si vous ne dites rien et que vous attendez que votre client vous invite à parler, il y a de fortes chances pour qu'il le fasse en vous lançant le fameux «Je vous écoute» ou encore «C'est quoi, ton affaire?» C'est sans contredit la pire façon de commencer une entrevue de vente.

D'ailleurs, si cette situation devait se présenter, et cela arrivera sûrement au cours de votre carrière (comme il vous arrivera également de rencontrer des clients arrogants), gardez votre calme et refusez de vous laisser impressionner par son attitude peu réceptive. Ne le laissez pas ébranler votre assurance. Malgré les circonstances, efforcez-vous de demeurer impassible et surtout refusez d'adapter votre comportement à celui de votre client. Apprenez plutôt à vous concentrer, à regrouper vos forces et procédez à votre entrevue de consultation comme si de rien n'était.

Quelle que soit l'approche que vous choisirez pour votre entrée en matière, soyez bref — et même très bref. Les gens considèrent le temps comme un actif très précieux et apprécient énormément ceux qui savent aller droit au but.

Ne vous attardez pas sur un sujet qui ne concerne pas votre visite et, surtout, évitez d'aller d'un sujet à l'autre. Vous avez parlé du golf et de la pêche. Il ne manquerait plus que vous parliez de la chasse. Et peut-être qu'à ce moment-là il vous dira : «Écoutez, il ne me reste plus beaucoup de temps à vous accorder. Quel était, au fait, le but de votre visite?» Une fois que vous jugez que les préliminaires ont assez duré, c'est à vous de prendre l'initiative de l'entretien.

Voici sept idées-actions qui vous permettront de mieux réussir vos premiers contacts.

✓ 1. *Soignez votre tenue vestimentaire.* Une tenue impeccable vous assurera une note positive dès le départ.

✓ 2. *Présentez-vous à l'avance.* Montrez à votre client que vous êtes organisé et que vous respectez le temps qu'il met à votre disposition.

✓ 3. *Préparez-vous mentalement.* Profitez du temps d'attente pour faire le vide dans votre esprit et pour vous concentrer totalement sur l'entrevue qui va suivre. Préparez-vous à faire votre meilleure présentation.

✓ 4. *Souriez.* Vous devrez donner immédiatement une impression favorable à quelqu'un qui ne vous a jamais rencontré. Votre sourire est votre meilleur atout.

✓ 5. *Utilisez le langage non verbal à votre avantage.* Employez-vous à créer un climat de confiance dès les premiers instants de la rencontre par la façon dont vous serrerez la main de votre client. Regardez-le droit dans les yeux.

✓ 6. *Préparez votre entrée en matière.* Vous avez tout au plus cinq minutes pour détendre l'atmosphère. Décidez à l'avance de votre approche et prenez l'initiative.

✓ 7. *Amusez-vous.* Ce n'est tout de même pas dramatique. La rencontre d'une nouvelle personne est un des moments les plus fascinants de l'existence. Profitez de cette chance qui vous est offerte dans la vente de vivre chaque jour cette expérience.

9

Rien n'est plus aisé que de décourager les hommes, car l'abattement vient vite aux plus confiants. Aider les jeunes esprits, ranimer les cendres et en faire jaillir la flamme bienfaisante, voilà l'œuvre difficile.

L'ENTREVUE DE CONSULTATION

QUE DIRIEZ-VOUS DE RENCONTRER un avocat qui vous proposerait un plan de défense sans connaître exactement la nature de votre cause? De rendre visite à un médecin qui vous prescrirait des médicaments sans avoir procédé à un examen médical? Ces situations vous semblent ridicules? Pourtant, elles se produisent tous les jours. Savez-vous combien de vendeurs, au moment même où vous lisez ces lignes, sont en train de faire une présentation de vente à une personne qui n'a aucun besoin du produit ou du service qu'ils offrent, et qui n'a ni les moyens de se le procurer ni l'autorité nécessaire pour prendre une décision?

Pas plus tard que la semaine dernière, j'animais un séminaire à l'intention d'un groupe d'assureurs-vie, et l'un deux nous raconta que, quelques jours auparavant, un jeune homme était allé le rencontrer pour lui proposer un plan d'assurance. Pour le plaisir de la chose, il le laissa faire sa présentation afin d'évaluer sa façon de procéder, mais, après une quinzaine de minutes, il dut finalement l'interrompre : «Sais-tu ce que je fais dans la vie?» lui demanda-t-il. «Je fais la même chose que toi.» «Vous auriez dû voir son visage», nous dit-il.

Vous pouvez sourire, mais des situations comme celle-là se rencontrent très fréquemment. Tous les jours, des gens se lancent en affaires et, sans aucune connaissance des principes de base de la vente, sans aucune technique de communication, tentent de persuader la première personne qu'ils rencontrent des avantages de leur produit ou service.

Il serait difficile d'imaginer un professionnel, de quelque domaine que ce soit, faire une présentation de ses services sans avoir au préalable effectué une entrevue de consultation. Pourquoi en serait-il autrement d'un vendeur, d'un représentant ou de toute personne qui gagne sa vie à vendre ses produits, ses services ou ses idées?

La pratique de la consultation dans la vente s'est surtout développée au cours des 20 dernières années. Elle correspond au changement qui s'est effectué dans l'économie depuis qu'on est passé d'un système de marché à un système axé sur le client; nous avons d'ailleurs expliqué ce phénomène dans le chapitre 6.

La méthode de vente traditionnelle, qui consistait à convaincre quelqu'un à partir des seuls avantages d'un produit ou d'un service, est dépassée. Le consommateur actuel se méfie de plus en plus du vendeur à pression, qui tente de lui vendre un produit sans égard à ses besoins et qui n'hésite pas, pour arriver à ses fins, à se servir de techniques de persuasion qui, avouons-le, commencent à être de moins en moins efficaces.

Le vendeur d'aujourd'hui doit apprendre à questionner son client, à découvrir ses besoins mais également ses sentiments, ses valeurs, ses idées et ses craintes. Plusieurs noms ont été donnés à cette partie du processus de vente : analyse des besoins, sélection, exploration, qualification, investigation. Quel que soit le nom qu'on lui prête, elle a comme principal objectif d'en arriver à une meilleure compréhension du client et de s'assurer, avant de lui proposer ses produits ou services, qu'il a un intérêt pour ceux-ci, qu'il a l'autorité nécessaire pour prendre une décision à ce sujet et qu'il dispose des ressources financières nécessaires.

C'est également ce que nous vous proposons au moyen de l'entrevue de consultation, mais en y ajoutant la notion d'interaction, qui encourage la participation du client de façon encore plus marquée. Plus qu'une simple étape de la stratégie de vente, l'entrevue de consultation est au cœur même du processus de vente interactif puisqu'elle exige, afin d'être efficace, l'entière collaboration du client.

Il ne peut y avoir de véritable consultation si l'un des interlocuteurs décide de résister à l'autre ou même s'il se contente de répondre aux questions qui lui sont posées. Une véritable consultation se doit d'être interactive, et c'est justement le rôle du vendeur de faire en sorte que son client y participe le plus possible. C'est également sa responsabilité de communiquer à son client cette volonté, ce désir de collaboration, en lui faisant réaliser qu'ils travaillent ensemble et non pas l'un contre l'autre.

Tout comme l'avocat ou le médecin n'auraient aucune difficulté à vous convaincre que vous devez participer à la consultation, vous devez vous aussi réussir à convaincre votre client que vous travaillez ensemble à un objectif commun. Plus il s'engagera, plus vous apprendrez à le comprendre et à le connaître, plus vous pourrez l'aider, compte tenu de votre spécialité.

Évidemment, pour en arriver à un tel résultat, vous devrez avant tout obtenir la confiance de l'acheteur par votre compétence et votre crédibilité. Vous devrez également vous fixer un objectif précis pour votre entrevue de consultation et mettre au point une stratégie qui vous permette de l'atteindre. La seule façon d'y parvenir, c'est d'y aller de façon méthodique. Et c'est ce qui manque à la plupart des vendeurs : une méthode rigoureuse et structurée.

Nous avons eu, au cours des dernières années, l'occasion d'enseigner cette méthode à plusieurs vendeurs et représentants mais également à nombre de professionnels, qui y ont vu un moyen infaillible d'augmenter leur efficacité. Cette méthode comporte trois étapes. Voyons comment vous aussi pourriez en profiter.

• •

1. GAGNEZ LA CONFIANCE DU CLIENT

Voilà le premier but que vous aurez à atteindre, et ce n'est pas le moindre. Si vous ne réussissez pas à obtenir la collaboration du client, vous ne pourrez jamais faire avancer le processus de vente de façon interactive. C'est la base de notre méthode et c'est d'ailleurs ce qui en fait la force.

Cependant, il vous sera impossible d'obtenir la collaboration du client s'il n'a pas d'intérêt pour ce que vous vendez ou s'il n'a pas confiance en vous. D'ailleurs, les seules raisons pour lesquelles un client pourrait refuser de faire des affaires avec vous sont les suivantes :

- *Pas de besoin.* Cela semble évident : vous pourriez bien posséder le meilleur produit au monde, si votre client ne ressent pas de besoin pour ce genre de produit, il refusera de l'acheter. Nous verrons bientôt comment naissent les besoins.

- *Pas d'argent.* Votre client aime bien votre produit, mais il se peut que l'investissement que vous demandiez ne justifie pas cette dépense à ses yeux.

- *Pas de capacité décisionnelle.* Encore une fois, votre client est convaincu des avantages de votre offre, mais il ne possède pas l'autorité nécessaire pour décider d'un tel achat.

- *Pas d'urgence*. On est d'accord pour reconnaître qu'il existe un besoin, mais il ne semble pas y avoir d'urgence. Cela peut attendre.

- *Pas de confiance*. Voilà un problème que vous aurez à résoudre tôt ou tard. Il peut vous concerner vous, concerner votre entreprise, ou les deux à la fois; mais si votre client n'a pas confiance en vous, il ne participera pas à l'entrevue et je doute fort qu'il achète, à moins qu'il n'ait un besoin immédiat que vous soyez le seul à pouvoir satisfaire, ce qui est peu probable.

Nous verrons un peu plus loin comment éviter que les quatre premières situations ne se produisent, mais, pour le moment, concentrons-nous sur l'importance d'obtenir la confiance du client. Il n'y a que deux façons d'y parvenir : demander sa collaboration ou prouver votre crédibilité. Voyons ces deux possibilités.

A) DEMANDEZ SA COLLABORATION

Nous avons insisté, dans le dernier chapitre, sur l'importance du premier contact. Si vous sentez que ce contact est bien amorcé et que le client semble vous accepter, prenez l'initiative de l'entrevue. J'aime bien commencer celle-ci par une question dont je suis certain de la réponse, mais dont l'objectif est d'entamer la conversation. Par exemple, je demande à mon client : «Vous êtes bien le directeur des ventes?» Ou encore : «Il y a longtemps que vous êtes directeur des ventes?» En me répondant, il me précise son poste et il arrive souvent qu'il s'étende sur le sujet. Je m'assure ensuite qu'il comprend bien le but de ma visite et je l'invite à collaborer à la consultation : «M. Charette, vous savez que nous offrons plusieurs services de formation à l'intention du personnel de vente d'une entreprise. Afin de mieux me situer par rapport à vous et de vous présenter celui qui correspondrait le mieux à votre situation, permettez-vous que je vous pose quelques questions?»

Ou encore : «Mme Jalbert, nous avons eu l'occasion de travailler avec plusieurs entreprises de votre secteur et de soutenir leurs efforts de vente. Je n'ai pas encore d'idée précise sur la façon dont nous pourrions vous être utiles, mais, afin de mieux vous connaître et d'évaluer la façon dont nous pourrions peut-être vous aider, accepteriez-vous de répondre à quelques questions?»

Ou simplement : «M. Boutin, afin de vous offrir un service qui convienne exactement à vos besoins, j'aimerais vous poser quelques questions. Vous permettez?» Tout dépend de votre produit ou de votre service, du temps dont vous disposez et de l'importance relative du service pour le client ou son entreprise. Si vous faites de la vente au comptoir, la troisième question sera évidemment beaucoup plus appropriée.

Il est facile de savoir si vous avez réussi à gagner la confiance de votre client en évaluant sa façon de répondre à vos questions et de participer à l'entrevue. Si vous sentez qu'il ne collabore pas suffisamment, c'est que vous n'avez pas encore gagné sa confiance; dans ce cas, vous devrez y parvenir avant d'aller plus loin, sinon vous risquez d'avoir à combattre sa résistance pendant toute la durée de l'entrevue. Par-dessus tout, vous ne réussirez jamais à obtenir la qualité d'information que vous désirez. La deuxième approche que nous vous proposons pourra vous permettre de gagner la confiance d'un client.

B) PROUVEZ VOTRE CRÉDIBILITÉ

Il se peut fort bien, d'ailleurs, que votre client lui-même exige, avant de décider de collaborer entièrement à l'entrevue et d'investir le temps et les efforts nécessaires, de vérifier votre compétence et votre crédibilité. La meilleure façon de les lui prouver, c'est de lui dire :

- Qui vous êtes : votre éducation, votre expérience relative à votre domaine, votre formation technique, votre entreprise, vos produits ou services.

- Ce que vous avez réalisé : vos récompenses, vos diplômes, votre mérite, vos lettres de témoignage, vos réalisations avec des entreprises similaires.

Nous développerons ces deux points dans le prochain chapitre alors que nous étudierons la façon de préparer votre cahier de présentation. Pour ma part, je considère que ces deux points font partie de mon offre de service et je préfère prouver ma compétence et ma crédibilité après mon entrevue de consultation, au moment où mon client est beaucoup plus disposé à m'écouter et à connaître mes qualités.

Mais il se peut bien que les circonstances vous obligent à prouver votre crédibilité dès le départ. J'ai d'ailleurs eu l'occasion, à quelques reprises, de vivre des situations où la première entrevue était entièrement consacrée à prouver ma compétence et la même chose pourrait bien vous arriver. Dans ce cas, il vous faudra être prêt.

Certaines ventes peuvent se réaliser en une seule entrevue alors que d'autres en requièrent 2, 3 ou même 10. Tout dépend de votre produit, de son coût relatif et de l'importance de la décision par rapport aux activités d'une entreprise. Plus une vente exigera disponibilité et participation de la part de votre client, plus il importera que vous prouviez votre crédibilité dès le départ afin de l'encourager à participer le plus possible.

Si vous avez été recommandé par un de vos clients, c'est une très bonne idée d'amorcer la discussion en faisant référence à ce client et, si ce n'est pas confidentiel ou encore si vous avez la permission du client en question, à ce que vous avez réalisé pour lui. Si vous avez une lettre de témoignage ou de recommandation de sa part, servez-vous-en. Elle constitue une excellente façon de gagner la confiance de quelqu'un qui ne vous connaît pas mais qui connaît un de vos clients.

De plus, votre crédibilité grandira tout au long de l'entrevue par l'attention que vous accorderez à votre client, par votre attitude, votre personnalité, votre façon de vous engager et surtout par la pertinence de vos questions. Ce n'est pas tout d'obtenir la collaboration du client, encore faut-il qu'il sente que vous savez ce que vous accomplissez, que vos questions sont judicieuses, précises et qu'elles ont été préparées en fonction d'un objectif déterminé. Cela nous amène à la deuxième étape de notre méthode.

● ●

2. *Fixez-vous un objectif*

Quel est l'objectif de votre entrevue de consultation? Que désirez-vous accomplir? Que désirez-vous savoir de la personne devant vous?

En fait, votre objectif essentiel est de déterminer si cette personne, ou l'entreprise qu'elle représente, remplit toutes les conditions pour devenir un de vos clients. Existe-t-il des possibilités pour que vous fassiez des affaires ensemble? Existe-t-il un potentiel pour votre produit ou service?

Afin qu'un *prospect* devienne un de vos clients, il doit remplir quatre conditions : avoir un besoin, avoir la capacité de décider, posséder les ressources financières nécessaires et avoir le désir d'acheter.

a) Il doit avoir un besoin

S'il n'existe aucun besoin pour votre produit ou service, vous devriez arrêter le processus de vente. Aurez-vous perdu votre temps? Pas du tout. Vous auriez perdu votre temps et fait perdre au client le sien si vous aviez continué. Savez-vous combien de vendeurs essaient de vendre un produit ou un service à quelqu'un qui n'en a pas besoin? Cette situation ne se produirait pas si, avant de présenter leur offre, ils apprenaient à conduire une entrevue de consultation. Si vous pensez qu'il n'y a vraiment aucune possibilité de réaliser des affaires avec un client, dites-le-lui sincèrement. Il l'appréciera et vous pourrez en profiter pour lui demander des recommandations. Vous pourriez lui dire, par exemple : «M. Pelletier, je crois qu'en ce moment je ne peux rien faire pour vous. Mais maintenant que vous connaissez un peu mieux la nature de mon travail, peut-être pouvez-vous m'aider : parmi vos connaissances, voyez-vous quelqu'un qui pourrait bénéficier de mes services?»

Bien sûr, les besoins des gens ne sont pas toujours évidents ni pour le vendeur ni pour le client. Nous verrons comment structurer nos questions en fonction de cette condition primordiale : faire ressortir les besoins inconscients du client.

B) *IL DOIT AVOIR LA CAPACITÉ DE DÉCIDER*

Qui prendra la décision définitive quant à l'achat de votre produit ou de votre service? Est-ce la personne qui se trouve devant vous? Doit-elle consulter quelqu'un d'autre? Quel est son rôle exact? A-t-elle une influence quelconque? Qui d'autre participera à la décision?

Voilà autant de questions auxquelles il vous faudra trouver la réponse au cours de votre entrevue de consultation. Cette condition est déterminante pour votre réussite. Vous devez absolument vous assurer que vous présentez vos services à la personne ou aux personnes qui ont le pouvoir de décider. Ne laissez pas ce travail à un intermédiaire. Savez-vous combien de patrons confient à des employés qui n'ont pas le pouvoir de décider le soin d'évaluer différents produits ou services? Et savez-vous combien de vendeurs proposent leur produit ou service à ces employés?

Certes, il n'est pas toujours facile de s'adresser à la bonne personne, et cette tâche est appelée à se compliquer davantage. Dans toutes les entreprises, de plus en plus de personnes participent aux prises de décisions. Parfois, vous devrez rencontrer comité par-dessus comité. Et plus la taille de l'entreprise sera grande, plus cette tâche sera difficile.

Parfois, vous n'aurez pas le choix et vous devrez vous en remettre à un intermédiaire. Nous verrons comment renseigner cette personne de façon à ce qu'elle accomplisse le meilleur travail possible. Il pourra même être très bénéfique de dresser votre plan d'action avec cet intermédiaire et de vous en faire un allié, de le mettre au courant de vos activités afin qu'il sente que vous avez besoin de son aide pour rencontrer les preneurs de décisions.

Mais avant de vous en remettre à quelqu'un d'autre, assurez-vous que cette personne est celle qui détient le plus de pouvoir décisionnel parmi celles qu'il vous est possible de rencontrer. Voyez également s'il vous serait possible de vous adresser à tous ceux qui participent à la prise de décision au cours d'une réunion dont vous pourriez suggérer la tenue et l'organisation.

c) IL DOIT POSSÉDER LES RESSOURCES FINANCIÈRES NÉCESSAIRES

Est-ce que l'individu ou l'entreprise que vous rencontrez disposent des ressources financières suffisantes pour l'achat de votre produit ou de votre service? Parmi vos produits, lequel serait le plus adapté à leur budget?

Bien qu'il soit nécessaire que votre client ait besoin de vos services, cela ne suffit pas : il doit être solvable. Effectuez les vérifications nécessaires avant de lui présenter vos services ou vos produits. Il est extrêmement décevant pour un vendeur de conclure une vente et d'apprendre qu'elle a été refusée par le service de crédit. Évitez-vous cette déception en posant, au cours de l'entrevue de consultation, les questions qui vous permettront de mieux connaître la situation financière de votre client. Cette condition sera très importante surtout si vos produits ou services coûtent cher.

D) *IL DOIT AVOIR LE DÉSIR D'ACHETER*

Voilà une condition qui est beaucoup plus difficile à évaluer. Il ne suffit pas de faire ressortir un besoin : il faut savoir susciter l'intérêt et transformer ce besoin en désir.

Vous aimeriez sûrement posséder un climatiseur central dans votre demeure! Et cette croisière que vous vous promettez depuis des années... Et ce nouveau système de comptabilité sur ordinateur pour votre entreprise! Le besoin est là, mais pourquoi reportez-vous toujours cette décision? Pourquoi ne considérez-vous pas que c'est urgent?

En fait, il vous manque le désir d'agir, de passer à l'action. Et ce désir, c'est au vendeur de le provoquer. Ce désir fait partie des conditions nécessaires à une décision d'achat. Si son désir n'est pas suffisamment fort, votre client remettra sa décision à plus tard.

Votre stratégie devra donc prévoir non seulement la façon de découvrir les besoins du client, mais également un moyen de transformer ce besoin en désir d'agir. Encore une fois, plus le produit que vous offrez coûte cher, plus cette condition deviendra importante. Voyons la troisième étape de notre méthode.

• • • • • • • • • • • • • • • • • •

3. *ÉTABLISSEZ UNE STRATÉGIE D'ENTREVUE*

Vous savez maintenant ce que vous désirez accomplir et vous avez l'entière collaboration du client. Comment arriverez-vous à votre objectif?

De toute évidence, il vous faudra poser des questions. Mais comment les poserez-vous, ces questions? Et dans quel ordre, pour ne pas perdre de vue votre objectif ni le contrôle de la conversation?

Il existe un excellent moyen de rester maître de la consultation : apprenez à structurer vos questions selon un modèle précis. Ce modèle est constitué de trois mots : *client, besoin* et *désir*. Répétez-les. Ces trois mots représentent la clé de la réussite de toutes vos entrevues de consultation.

Avant toute chose, vous devez apprendre à connaître votre client. Vous devrez ensuite découvrir ses besoins. Vous devrez finalement éveiller son désir d'agir. Faites de ces trois mots les trois étapes de votre entrevue de consultation. Analysons chacune d'elles.

a) Connaître le client

Le sujet fondamental de votre entrevue de consultation, c'est la personne qui se trouve en face de vous. Quel que soit le type de vente dans lequel vous travaillez, rappelez-vous toujours que vous vendez à des gens et non à des entreprises.

Il va de soi que, si vous vendez un produit ou un service destinés au public, il sera d'autant plus important que vous appreniez à bien connaître chaque client. Mais, même si vous travaillez dans le secteur commercial, plus vous en saurez sur la personne que vous rencontrez, plus votre tâche sera facile. La meilleure façon de connaître quelqu'un, c'est de lui poser des questions.

Ces questions devront toutefois être structurées à l'avance. Elles devront concerner le secteur d'activité de votre client ou de son entreprise qu'il vous importe de connaître. Elles devront également vous permettre de découvrir ses valeurs, ses attitudes, ses motivations et ses aspirations, ou ce que nous avons convenu d'appeler ses facteurs d'influence.

Il est toujours très difficile de prédire avec justesse les réactions d'une autre personne. Les gens n'ont pas toujours un comportement logique. Au contraire, ils agissent la plupart du temps selon leurs émotions, leur état d'esprit, lequel peut changer d'une journée à l'autre. Comme l'ont fait remarquer plusieurs philosophes, l'homme est un être multiple. Lorsque vous vous adressez à quelqu'un, c'est en réalité à plusieurs personnes que vous vous adressez. Toutes ses idées, ses convictions proviennent de facteurs d'influence tels que l'éducation, les expériences, les impressions reçues durant l'enfance, les valeurs transmises par les parents et les éducateurs.

À cela viennent s'ajouter les préjugés, les opinions des autres, les passions, les habitudes, les perceptions, la personnalité, les motivations et les attentes parfois changeantes, qui dépendent elles-mêmes d'autres facteurs inconscients.

Vous n'arriverez jamais, en quelques minutes ni même en quelques heures, à connaître parfaitement votre client. D'ailleurs, la grande majorité des individus n'arrivent même pas à se connaître eux-mêmes. Il importe donc de garder ces faits à l'esprit et d'élaborer des questions qui pourraient faire ressortir les facteurs d'influence les plus susceptibles d'orienter la décision de votre client.

Ce qui importe avant de rencontrer un client, c'est de réfléchir et de vous demander, compte tenu du produit ou service que vous offrez, quelles informations, si elles étaient disponibles, pourraient vous aider à mieux le connaître et le comprendre.

Ces questions devront être planifiées à l'avance. N'espérez pas qu'elles vous viennent automatiquement à l'esprit et bien à propos une fois que vous serez en compagnie de votre client. Afin de vous faciliter la tâche, nous vous suggérons d'employer un «plan d'investigation» comme celui que nous proposons dans les pages qui suivent.

Adaptez-le à votre situation. Nous vous donnons quelques exemples de questions dans le seul but de stimuler votre créativité. Si aucune d'entre elles ne s'applique à votre situation, imaginez votre client type et demandez-vous, suivant chacun des sept points de votre plan, quels renseignements vous aimeriez connaître. Construisez votre plan d'investigation en conséquence.

Plan d'investigation

1° À propos de l'individu

Toutes les questions de cette section concernent les données de base qui pourraient vous aider à mieux connaître un client que vous rencontrez pour la première fois. Elles concernent son occupation, ses coordonnées, son âge, sa situation familiale, ses intérêts, ses loisirs, ses passe-temps, la marque de son automobile, ses priorités, les associations et les clubs dont il fait partie, les sports qu'il aime, son éducation, etc. Si vous travaillez dans la vente commerciale ou industrielle, vous pourriez également lui demander depuis combien de temps il occupe son poste, ce qu'il faisait auparavant, etc.

2° À propos de ses facteurs d'influence

Ces questions concernent les facteurs plus ou moins évidents qui pourraient influer sur sa décision. Aucun individu n'est tout à fait conscient de ses propres motivations. L'objectif de ces questions est d'amener l'individu à parler de ses valeurs, de ses attitudes et de ses opinions. Elles l'amènent également à réfléchir et à s'interroger sur ses motivations et sur certains facteurs qu'il n'avait peut-être pas considérés, ou dont il n'était pas tout à fait conscient. De toute façon, ces questions prouvent que vous vous intéressez très sérieusement à sa situation et à ses opinions.

Ces questions peuvent concerner ses habitudes d'achat, ses réalisations, ses expériences passées, ses convictions personnelles, ses préjugés, ses considérations morales, éthiques, professionnelles ou autres en relation avec votre domaine d'activité.

- Quelle est votre opinion à propos de...?

- Que pensez-vous de...? Avez-vous déjà utilisé des services comme les nôtres?

- Qu'est-ce qui est le plus important dans votre vie?

- Qu'est-ce qui est le plus important pour votre entreprise?

- Avez-vous déjà songé à vous lancer en affaires?

- Croyez-vous à...?

- Avez-vous des préjugés en ce qui concerne...?

3° À PROPOS DE SON ENTREPRISE

- Quel est votre chiffre d'affaires annuel?

- Combien comptez-vous d'employés?

- Y a-t-il eu des changements récents dans votre organisation?

- Depuis combien d'années existe-t-elle?

- Est-elle en pleine croissance?

- Quels changements aimeriez-vous effectuer dans votre entreprise?

4° À PROPOS DE LA DÉCISION D'ACHAT

- Quelles autres personnes participeront à la prise de décision définitive?

- Qui d'autre évaluera ma proposition?

- Si vous constatiez que mon produit ou service correspond exactement à ce que vous recherchez, serez-vous la seule personne concernée par la décision?

- Devrez-vous consulter quelqu'un d'autre?

- En ce qui concerne vos décisions financières, préférez-vous les prendre seul ou avec votre conjointe? votre comptable? vos associés?

5° À PROPOS DE SES RESSOURCES FINANCIÈRES

- Prenez-vous vos décisions d'achat à partir d'un budget?

- Quel montant pouvez-vous mettre de côté tous les mois afin d'atteindre vos objectifs financiers?

- Quel est votre revenu mensuel?

- Combien dépensez-vous pour ce produit ou service au cours d'une année?

- Avez-vous prévu un budget pour ce secteur d'activité cette année ou devrez-vous en produire un?

- Quelle somme pensiez-vous investir?

6° À PROPOS DU PRODUIT OU DU SERVICE QUE VOUS OFFREZ

- Quel équipement utilisez-vous présentement?

- Depuis combien de temps l'utilisez-vous?
- Qui s'en sert dans l'entreprise?
- Quelle qualité en attendez-vous? Avez-vous des préférences?
- Y a-t-il des précisions techniques?
- Y a-t-il des options que vous aimeriez avoir?
- L'avez-vous acheté ou loué?
- Pour quel genre de travail l'utilisez-vous?

7° À PROPOS DE LA CONCURRENCE

- Avec qui faites-vous des affaires présentement?
- Avez-vous déjà reçu d'autres offres?
- Laquelle préférez-vous?
- Quels sont ses avantages?
- Aimeriez-vous certaines caractéristiques supplémentaires?
- Quelles sont vos relations avec les concurrents?
- Depuis quand faites-vous des affaires avec eux?
- Avez-vous des obligations envers eux? Pour quelles raisons?

Toutes les questions du plan d'investigation concernent des faits. Elles vous apprennent à connaître votre client et son entreprise, mais également ce qui le motive, comment il pense et comment il réagit. Évidemment, il ne s'agit pas de vous présenter devant votre client avec votre questionnaire et de lui faire subir un interrogatoire, en procédant comme le ferait un fonctionnaire à l'emploi du gouvernement. Il faut quand même être un peu plus subtil. De toute façon, vous avez peu de chances de poser toutes ces questions à la même personne.

Les sept points que nous suggérons dans le plan sont de simples points de repère destinés à rendre votre entrevue de consultation plus efficace. Vos questions n'auront de sens que si elles vous apportent les éléments d'information qui vous manquent. Et c'est pourquoi la première chose à faire est de vous poser la question suivante : «Quels renseignements me manque-t-il?»

Évitez surtout les questions inutiles. Ce qui importe, ce n'est pas d'avoir la réponse à toutes les questions, mais d'avoir une idée précise de la personne que vous rencontrez. D'ailleurs, il existe une autre façon d'obtenir une réponse à ces questions : effectuez une recherche avant de vous présenter chez votre client. Plus vous en saurez sur lui, plus vous aurez l'air préparé et moins vous aurez à l'importuner avec des questions sans importance.

Si vous travaillez par le biais de recommandation, la personne qui vous recommande peut s'avérer une excellente source d'information. Vos observations au cours de l'entrevue peuvent également vous apporter plusieurs réponses. Si vous faites de la vente commerciale, demandez à votre client de vous faire visiter son entreprise. Faites-vous expliquer les relations entre les différents services.

Si vous travaillez souvent avec le même type d'entreprise, tenez-vous au courant de sa situation en lisant les magazines spécialisés qui s'adressent à ce genre de commerce. Lisez tous les articles de journaux ou de revues qui concernent ces entreprises.

Certains éléments d'information sont faciles à aller chercher, d'autres le sont moins. C'est pourquoi il importe, comme nous l'avons souligné au début de ce chapitre, d'obtenir la collaboration du client. S'il comprend l'objet de votre visite et s'il a confiance en vous, il vous aidera. Croyez-moi, vous aurez besoin de son aide pour éclaircir un point, découvrir une idée ou explorer ses pensées, ses rêves et ses ambitions.

Une mise en garde s'impose toutefois : évitez de faire des suppositions. Si vous avez entendu dire des choses au sujet de votre client et que vous doutez de ces renseignements, faites-les confirmer par le client lui-même. Ne bâtissez pas votre offre de service sur des suppositions ou sur une information erronée.

Vous connaissez maintenant assez bien votre client pour passer à l'étape de la définition des besoins.

b) Définir ses besoins

De toutes les étapes du processus de vente, la détermination des besoins du client est sans doute celle qui demande, de la part du vendeur, le plus de finesse et de discernement. Certains besoins sont évidents, surtout si le client se présente chez vous, mais d'autres sont plus abstraits et demandent beaucoup de flair.

Avant d'aller plus loin, demandez-vous comment naissent les besoins. Essayez de répondre à cette question sans regarder plus loin. Fermez votre livre et réfléchissez. J'aime bien laisser les gens méditer sur cette question pendant mes séminaires. Si vous voulez être en mesure de mieux comprendre les besoins de votre client, il importe que vous compreniez bien comment ils prennent naissance. Un besoin naît d'un sentiment d'insatisfaction. Nous l'avons vu dans le chapitre 6, lorsque nous avons analysé le processus décisionnel. Le besoin de prendre une décision se manifeste, rappelons-le, lorsque nous éprouvons un certain sentiment d'inconfort ou d'insatisfaction par rapport à une situation donnée. On sent que quelque chose ne va pas, qu'il existe un écart entre notre situation actuelle et celle que nous recherchons.

Cet écart peut être positif ou négatif : on cherche à augmenter sa satisfaction ou à diminuer son insatisfaction. Ainsi, un individu pourrait désirer améliorer sa sécurité, son plaisir, son confort, le rendement de ses placements, son état de santé ou encore diminuer son temps de déplacement, son stress, son poids ou le coût de ses assurances.

De la même manière, une entreprise pourrait désirer améliorer sa part de marché, la qualité de ses produits ou de ses services, sa rentabilité, son efficacité, ses ventes ou son image. Elle pourrait également souhaiter diminuer ses dépenses, le taux de roulement de son personnel, ses pertes, son prix de revient, ses dépenses d'entretien, etc.

Il s'agit donc de chercher à savoir s'il existe un certain degré d'insatisfaction, un certain écart entre la situation actuelle du client et celle qu'il recherche, suivant le produit ou le service que vous offrez. Voici quelques exemples de questions qui pourront vous y aider :

- Qu'est-ce que vous aimez le plus du produit que vous utilisez présentement?

- Qu'est-ce que vous aimeriez améliorer?

- Quel résultat aimeriez-vous obtenir?

- Est-ce que le produit répond à ce que vous voulez?

- Quel est votre plus grand défi?

- Que recherchez-vous avant tout?

- Qu'est-ce qui est le plus important?

- Avez-vous eu des problèmes récemment avec ce produit? ce système? D'où vient ce problème?

- Qu'avez-vous fait pour le résoudre?

- Aimeriez-vous augmenter l'efficacité de cet outil?

- Quels changements aimeriez-vous voir s'opérer dans votre entreprise?

- Que vous faudrait-il pour atteindre vos objectifs?
- Si vous pouviez vous procurer le produit idéal, à quoi ressemblerait-il?
- Quelles seraient ses caractéristiques?
- Si vous n'aviez pas de contraintes budgétaires, qu'est-ce que vous achèteriez?
- Y a-t-il quelque chose sur le marché que vous aimeriez obtenir?

Toutes ces questions permettent de faire ressortir un problème. L'analyse des besoins devient donc, pour ainsi dire, l'analyse des problèmes. Car c'est bien ainsi que naissent les besoins : on constate d'abord qu'il existe une certaine différence entre ce que l'on a et ce que l'on veut. Ce léger sentiment d'insatisfaction croît jusqu'à devenir un besoin de plus en plus précis. Et le travail du vendeur consiste justement à être très attentif à la situation du client et à rechercher les points sensibles, les points qui pourraient demander une amélioration.

Si le client est entièrement satisfait de ce qu'il possède présentement et que vous ne pouvez trouver aucune zone d'insatisfaction, vous n'avez aucune chance de conclure une vente. La meilleure chose à faire serait de le lui avouer sincèrement et de lui demander de vous recommander à d'autres clients potentiels. Voyez aussi s'il vous serait possible de recommuniquer avec lui. Mais s'il existe vraiment un problème que vous pouvez résoudre, est-ce suffisant pour lui faire une offre de service?

c) ÉVEILLER SON DÉSIR

Vous devrez d'abord vous assurer que ce problème est suffisamment important pour justifier votre intervention. Il se peut fort bien que votre client ne soit pas tout à fait satisfait d'une pièce d'équipement, mais cette insatisfaction justifie-t-elle l'achat d'une nouvelle pièce? Tout dépend de l'investissement que l'achat représente. Plus cette pièce coûte cher, plus votre client résistera.

La meilleure façon d'éveiller le désir d'agir de votre client consiste à le faire parler de son problème, à le questionner à fond de façon à lui faire prendre conscience de l'ampleur de celui-ci, de sa portée et de ses conséquences possibles pour son entreprise.

- Quel est l'effet de ce problème ou de cette situation sur votre production? sur vos coûts? sur vos employés? sur vos clients?

- Est-ce que ce problème peut nuire à la qualité de vos produits? à votre efficacité?

- Est-ce qu'il peut avoir des répercussions sur vos ventes? sur vos profits?

- Est-ce que vos différents projets pourraient être retardés par ce problème?

- Qu'est-ce que la direction de votre entreprise fera avec ce problème?

- Avez-vous déjà songé aux conséquences de ce problème sur... ?

- J'imagine que cette situation provoque...

- Je suppose que vous avez déjà réfléchi aux difficultés que ce problème entraîne?

- C'est bien sûr qu'un tel problème peut causer...

- Bien entendu, un problème comme celui-là peut s'aggraver...

- Avez-vous déjà pensé aux frais indirects engendrés par ce problème?

- Si vous additionnez toutes les occasions que vous perdez, combien vous coûte ce problème en réalité?

Toutes ces questions ont également pour objectif de

faire voir au client certains aspects auxquels il n'avait peut-être pas réfléchi, de lui faire réaliser que le problème est peut-être beaucoup plus important qu'il ne l'avait imaginé.

Dans son livre *Spin Selling*, qui fut écrit à partir de l'analyse de 35 000 présentations de ventes, l'auteur Neil Rackham confirme d'ailleurs que, plus le volume d'une vente est important, plus les questions, qu'il nomme *implication questions*, jouent un rôle important et contribuent à la réussite de la vente. Leur objectif est de mettre l'accent sur le problème du client et d'en explorer toutes les conséquences afin d'éveiller son désir d'agir.

Afin de bien comprendre ce concept, faites l'exercice à la fin de ce chapitre. Pensez à tous les problèmes que vos produits ou services sont en mesure de résoudre. Inscrivez les problèmes d'un côté de la feuille et, pour chacun d'eux, essayez d'imaginer les effets probables pour votre client ou son entreprise. À quelle difficulté s'expose-t-il s'il ne règle pas ce problème? Quelles répercussions pourrait avoir ce problème sur les autres secteurs de son organisation? sur ses profits? sur son efficacité? sur ses dépenses? sur son image? sur sa clientèle?

Cet exercice exigera beaucoup de travail de votre part, mais vous vous rendrez compte rapidement que ces questions dérangent le client et le portent à réfléchir. Chaque question en amène une autre. À mesure que vous avancez, votre client devient de plus en plus conscient de son problème et de plus en plus intéressé par votre solution. Pour paraphraser Pascal : «On se convainc plus facilement par les raisons qu'on a soi-même trouvées.»

Un jour où j'expliquais cette stratégie à un groupe d'assureurs, l'un d'eux nous raconta que c'était exactement ce que son dentiste avait fait lors de sa dernière visite en compagnie de sa fille : «Il procéda à l'examen, nous raconta-t-il, puis me demanda de venir constater un problème : certaines de ses dents se chevauchaient. Au lieu de me dire ce que nous devions faire, il m'invita plutôt à le suivre dans son bureau. Et là, il me montra quelques photos qui mettaient en évidence le même problème, mais cinq ans plus tard. Je lui dis aussitôt : "Elle va avoir l'air d'un monstre. Faites quelque chose tout de suite."»

Sans s'en rendre compte, le dentiste s'était servi de la stratégie d'entrevue en trois étapes : client, besoin et désir. Il avait examiné sa cliente et avait constaté un problème. Ensuite, en faisant imaginer au père les effets probables du problème sur l'apparence future de sa fille, il éveilla son désir immédiat d'agir.

Servez-vous aussi de cette stratégie d'entrevue. Elle est simple et efficace. Elle permet d'orienter toutes vos questions à partir de trois mots seulement : client, besoin et désir.

Rappelez-vous qu'avant de lui parler de ses besoins vous devez apprendre à connaître votre client et à évaluer sa situation. Lorsque vous aurez appris à le connaître, découvrez un problème et faites-en votre problème : c'est la clé de la consultation. Si vous êtes honnête et capable de proposer la meilleure solution possible, celle que vous choisiriez si vous étiez à sa place, vous devriez conclure la vente. Tout dépendra de la façon dont vous présenterez votre solution.

Voici six idées-actions qui faciliteront vos entrevues de consultation.

✓ 1. *Gagnez d'abord la confiance de votre client* : vous y parviendrez en lui demandant sa collaboration ou en lui prouvant votre crédibilité.

✓ 2. *Fixez-vous un objectif précis* : que désirez-vous savoir de la personne que vous rencontrez? Quelles conditions doit-elle remplir pour devenir un client potentiel?

✓ 3. *Préparez votre stratégie d'entrevue* : apprenez à structurer vos questions à partir des mots client, besoin et désir.

✓ 4. *Dressez un plan d'investigation* : ne posez pas de questions inutiles. Réfléchissez à l'information qui vous manque et qui vous permettrait de mieux connaître votre client.

✓ 5. *Ne faites aucune supposition :* si vous avez des doutes, vérifiez vos renseignements et assurez-vous également que votre client comprend bien le but de votre visite.

✓ 6. *Découvrez un problème :* c'est la clé de l'entrevue de consultation. Questionnez votre client à propos de ce problème, de son importance, de ses effets et des difficultés qui pourraient en résulter. Donnez-lui l'envie de le résoudre.

EXERCICE

Pensez à tous les problèmes que vos clients sont susceptibles de rencontrer et que vous êtes en mesure de régler par l'entremise de vos produits ou services. Pour chacun de ces problèmes, essayez d'imaginer les conséquences possibles.

Problème	Conséquences

10

Patience, patience! Nous l'empor-
terons à la fin!... Ne t'inquiète pas de
la défaite... Relève-toi, âme fatiguée...
Il y a encore des victoires pour la
justice!

L'OFFRE DE SERVICE

L'ENTREVUE DE CONSULTATION nous a permis de mieux connaître notre client, de comprendre ses besoins, ses problèmes
et ses motivations. Elle nous a permis également d'éveiller
son désir d'agir. Mais voici que se présente l'étape décisive : nous devons le convaincre que la solution que nous
lui proposons est la meilleure et que les avantages qu'il en
retirera compenseront amplement son investissement.

Lorsqu'ils refusent votre offre de service, les clients ne
vous donnent pas toujours la vraie raison de leur refus.
Souvent, pour simplifier les choses, ils vous diront que
votre produit est trop cher ou que leur budget est insuf-
fisant cette année. Mais est-ce bien la vraie raison? Si votre
entrevue de consultation a été efficace, si le client a reconnu
qu'il avait un besoin et si vous avez réussi à stimuler son
désir d'agir, se pourrait-il que votre offre de service ait
manqué de rigueur et de conviction?

Certains vendeurs ont tendance à prendre cette étape à la légère. La présentation de leurs services laisse à désirer. Et lorsqu'il s'agit de proposer une solution, ils se contentent alors d'énumérer les caractéristiques et les avantages de celle-ci sans se soucier d'adapter leur présentation au client qui est devant eux et qui, comme la plupart des gens, ne s'intéresse qu'à lui-même; ses besoins, ses problèmes, ses préoccupations, ses désirs, ses attentes lui importent avant tout. Nous vous apprendrons par cette leçon à personnaliser vos offres de service et à les présenter de façon à obtenir un effet optimal sur votre client; mais auparavant, arrêtons-nous sur un point :

• • • • • • • • • • • • • • • • • • • •

Une ou plusieurs entrevues

On nous demande souvent s'il est préférable de planifier son travail en fonction d'une ou deux entrevues. À vrai dire, il n'existe pas de réponse précise à cette question. Je connais d'excellents vendeurs qui, n'effectuant qu'une seule entrevue, réussissent très bien dans leur domaine alors que d'autres doivent parfois rencontrer un client des dizaines de fois avant de conclure une affaire. En fait, cela dépend de plusieurs facteurs, parmi lesquels il faut compter :

- Le produit.
- Son prix.
- L'importance relative de la décision par rapport à l'entreprise.
- La nature du besoin.
- Le nombre de personnes concernées par la décision.
- L'importance des conséquences de cette décision.

Il m'arrive d'offrir nos services à un particulier et cela peut facilement se faire au cours d'une seule entrevue. Par contre, quand je propose nos services à de grandes entreprises, deux ou trois entrevues sont parfois nécessaires. En somme, lorsque je sens que c'est nécessaire, je n'hésite pas à prendre quelques jours pour réfléchir à la situation de mon client afin d'être en mesure de lui présenter une offre qui corresponde exactement à ses besoins.

Mais que le processus de vente s'étale sur une, deux ou trois entrevues, les mêmes principes s'appliquent. Pour ma part, je considère que chaque situation est différente et dépend de la réceptivité de mon client, du *timing* et de la durée de notre entretien.

Toutefois, quand j'estime que l'entrevue de consultation est terminée et que je possède tous les renseignements nécessaires pour décider si oui ou non je peux résoudre les problèmes de mon client, j'aime bien, avant de lui proposer une offre de service, faire précéder celle-ci de deux étapes transitoires : la recherche de solutions et la présentation de mes services.

1. LA RECHERCHE DE SOLUTIONS

L'entrevue de consultation a fait ressortir certains problèmes. Il va de soi que le client a déjà commencé à penser aux différentes façons de les résoudre. La recherche de solutions consiste simplement à l'encourager à continuer dans ce sens. Demandez-lui s'il a déjà réfléchi au problème que vous venez d'exposer, s'il a déjà pensé faire quelque chose à ce sujet. Essayez de savoir s'il a déjà une ou des solutions en tête et analysez avec lui toutes les possibilités qui s'offrent à lui.

Cette recherche de solutions conjointe est excessivement valable et démontre clairement que la vente interactive ne demande pas la participation du client au seul stade de la consultation mais tout au long du processus de vente. J'aime bien le climat de complicité qui s'établit avec le client au moment de cette période de transition. C'est souvent à ce moment-là d'ailleurs qu'il se rend finalement compte que vous êtes beaucoup plus intéressé à résoudre son problème qu'à lui présenter votre produit ou service; que vous n'êtes pas des rivaux mais des alliés; et que son problème est aussi le vôtre. Ensemble, vous essayez d'y trouver une solution.

La recherche de solutions comporte en outre trois avantages :

a) Elle permet à votre client de vous voir beaucoup plus comme un conseiller que comme un vendeur uniquement intéressé à faire une vente. Vous vous attirez ainsi son respect et pouvez espérer qu'il accordera toute son attention à votre proposition.

b) En analysant avec votre client les différentes solutions possibles, surtout celles de la concurrence, vous prévenez la plupart de ses objections. Par la même occasion, vous en apprenez un peu plus sur votre concurrence.

c) Finalement, il est fort possible que, à cette étape, votre client vous propose lui-même la solution que vous aviez en tête. Votre offre de service sera d'autant plus aisée qu'elle apportera une solution qu'il vous aura lui-même suggérée.

2. LA PRÉSENTATION DE MES SERVICES

La présentation de mes services sert à établir ma crédibilité. Avant de démontrer à mon client ce que je peux faire pour lui, j'aime bien lui prouver que je possède la compétence pour le faire. Il sera d'autant plus porté à accepter ma solution qu'il sera convaincu que mon entreprise et moi-même avons la capacité de l'aider.

Pour présenter mes services, je me sers d'un cahier de présentation. Si vous ne possédez pas déjà de cahier de présentation, je vous conseille fortement de vous en fabriquer un. S'il est bien fait, un cahier de présentation peut ajouter énormément d'effet à ce que vous dites.

Rappelez-vous simplement qu'une communication, pour être vraiment efficace, requiert la participation de tous les sens. Jusqu'à maintenant, vous n'avez fait que converser avec votre client. Vous lui avez posé des questions, vous l'avez écouté et lui de même. Un cahier de présentation vient ajouter un élément visuel à la présentation de vos services et cela à un moment stratégique de l'entrevue. En outre, il vous permet de vous rapprocher de votre client et d'attirer son attention.

Lorsque vous ouvrez votre cahier de présentation, votre client s'attend à y voir l'image de votre entreprise. Ne le décevez pas. Assurez-vous que votre cahier est bien fait et qu'il correspond à l'image que vous voulez projeter. Ce cahier de présentation devrait comporter trois sections représentant autant d'éléments que vous désirez souligner.

1re section : Qui vous êtes

Cette section se rapporte à vous en tant que personne mais également en tant qu'entreprise et en tant que représentant. Vous devez y inclure toutes les preuves nécessaires et pertinentes de votre compétence. Elle pourrait traiter des éléments suivants :

Vous en tant que personne

- Certificats, diplômes

- Récompenses, reconnaissances spéciales

- Curriculum vitæ

Vous en tant que vendeur, représentant

- Certificats de cours de formation

- Expertise technique

- Réussites, concours

- Articles de journaux ou de revues relatant votre succès

Votre entreprise ou domaine d'activité

- Dépliants, brochures
- Articles de journaux ou de revues
- Photographies de l'entreprise, de la succursale ou de l'équipe de vente ou de service
- Historique de l'entreprise, organigramme
- Liste partielle de vos clients

2e section : Ce que vous avez fait dans le passé

Cette section concerne vos réalisations. Ce que vous avez fait pour vos clients. Elle peut inclure des coupures de revues ou de journaux mentionnant les trophées, les médailles et les prix que votre entreprise a remportés. Mais les meilleures preuves de vos réalisations, ce sont les lettres de témoignage et de recommandation que vous écrivent vos clients.

Notre cahier de présentation est constitué à 90 % de ces lettres. Au cours des dernières années, nous en avons accumulé plus d'une centaine! Vous ne pouvez pas vous imaginer toute la crédibilité qu'elles nous ont procurée et toutes les ventes qu'elles nous ont permis de conclure. Si vous ne possédez pas de lettres de témoignage de vos clients, vous vous privez d'un atout important. Nous vous apprendrons bientôt comment faire pour demander et recevoir des lettres de témoignage.

3e section : Ce que vous pouvez faire pour votre client

Cette section devrait contenir toutes les preuves que votre solution — produit ou service — est avantageuse. Elle pourrait contenir :

- Une description des caractéristiques et des avantages de votre produit ou de votre service.

- Des photos, des illustrations, des graphiques expliquant votre produit ou service.

- Des articles de revues ou de périodiques, des rapports de consommateurs, des commentaires d'experts prouvant les avantages de votre produit ou faisant état des problèmes que vos produits sont en mesure de résoudre.

- Des exemples de vos réalisations (ou des histoires de cas, s'il s'agit de services intangibles).

- Tout autre élément susceptible d'appuyer vos affirmations.

• •

LES LETTRES DE TÉMOIGNAGE

Je suis toujours impressionné par la façon dont bon nombre de nos clients analysent nos lettres de témoignage. Certains en lisent même quelques-unes dans leurs moindres détails.

Il n'est pas facile de gagner la confiance de quelqu'un que vous n'avez jamais rencontré. La meilleure façon d'y parvenir serait évidemment de prouver vos capacités, mais encore faudrait-il que vous en ayez l'occasion. Or, c'est justement l'objectif des lettres de témoignage : prouver que vous êtes en mesure de livrer la marchandise et de tenir vos promesses.

Les lettres de témoignage constituent la preuve de ce que vous avancez. Elles permettent à quelqu'un qui ne vous connaît pas de se baser sur l'opinion favorable d'un de vos clients. Certaines conditions doivent être remplies pour que ces lettres de témoignage soient efficaces. La personne qui vous écrit doit elle-même être crédible ou encore travailler pour une entreprise reconnue. Si vous réussissez à obtenir une lettre d'un cadre travaillant pour une entreprise d'envergure nationale et qu'en plus cette lettre est dactylographiée sur son papier à en-tête, cela ajoutera à votre crédibilité.

Je suis souvent étonné de constater que cette recette, qui a fait ses preuves, soit très peu utilisée par les vendeurs. Bien sûr, chacun a en sa possession des copies de lettres qui furent adressées à un ex-représentant il y a de ça quelques années déjà. Mais ces lettres ne sont plus d'actualité.

Je me rappelle qu'un jour un jeune vendeur est venu me rencontrer pour me proposer un cours de langues étrangères sur cassettes. Je lui ai demandé s'il avait en sa possession des lettres de témoignage de clients satisfaits. Il me répondit qu'il n'en avait pas avec lui, mais qu'il en avait à son bureau et qu'il m'en posterait quelques-unes. Quelques jours plus tard, je reçus une enveloppe qui contenait quatre ou cinq de ces lettres. En fait, il s'agissait de copies qui avaient elles-mêmes été copiées et recopiées tellement de fois qu'il était difficile de les lire. Aucune n'était adressée à son nom et la plupart dataient même de quelques années.

Si vous voulez vraiment profiter de cette idée, vous devrez apprendre à demander des lettres de témoignage. Or, c'est là que se situe le véritable problème. La plupart des vendeurs aimeraient bien obtenir ces lettres, mais ne savent pas comment les demander. Il vous est certainement arrivé qu'un client vous appelle pour vous dire combien il appréciait ce que vous veniez de faire pour lui. Vous lui avez alors peut-être demandé de vous écrire son témoignage. Il a sans doute dit qu'il le ferait, mais vous ne l'avez jamais reçu. C'est normal : les gens ont toutes sortes de choses à faire. Tout le monde n'aime pas écrire une lettre. On écrit un paragraphe, on le met de côté et puis on l'oublie. Après quelques semaines, on n'y pense plus.

Si vous voulez des lettres de témoignage, vous devrez apprendre à les demander. Ainsi, lorsqu'un nouveau client vous fera part de sa satisfaction, voici ce que vous devriez lui dire : «Robert, j'ai besoin de ton aide. J'aimerais que tu m'écrives une lettre de témoignage à propos de la qualité de mes services, mais je sais également que tu es très occupé. Alors voici ce que je te propose. Dis-moi en quelques mots ce que tu as le plus apprécié de mes services. Je vais le prendre en note et, à partir de ça, je vais composer une lettre. Je verrai ensuite à t'en faire parvenir une copie et, si cette lettre correspond exactement à ce que tu penses, tu pourras la signer. Sinon, nous ferons les corrections nécessaires. Ça te va?»

Demandez-lui ensuite ce qu'il a particulièrement aimé de votre produit ou de votre service et qui pourrait intéresser vos futurs clients. Demandez-lui ce qu'il pense de vos délais de livraison, de la qualité et de l'efficacité de vos produits ou de n'importe quel autre aspect que vos futurs clients pourraient mettre en doute ou à propos desquels vous avez l'habitude de recevoir des objections. Vous pourrez ainsi prouver la validité de vos propos au moyen de cette lettre. Voilà pourquoi il est préférable de rédiger les lettres de témoignage vous-même. Vous vous assurerez également de les obtenir rapidement.

Servez-vous aussi de ces lettres pour faire ressortir vos points forts. Orientez toutes vos questions en conséquence. Vous pourrez ainsi mettre en relief les informations que vous jugerez les plus pertinentes à communiquer. Lorsque votre client vous dit qu'il a apprécié un aspect particulier de votre service, écoutez-le bien et réfléchissez à la façon de présenter ce point à d'autres clients.

Assurez-vous aussi que vos lettres reflètent bien la pensée de vos clients. De toute façon, ils ne les signeront sûrement pas si elles ne correspondent pas à la vérité. Je considère cette tâche comme un défi. Malgré cela, il arrive que le client change un mot, une phrase ou un paragraphe. Il arrive même qu'il refasse la lettre au complet en s'inspirant de ce que j'ai écrit, ce qui est encore mieux.

À propos, l'invention du télécopieur a grandement facilité notre tâche au cours des dernières années : nous pouvons maintenant rédiger une lettre et la faire parvenir au client, qui nous la retourne corrigée quelques minutes plus tard. Quelle invention! Si vous procédez de cette façon, vous devrez quand même le rencontrer pour lui faire signer la lettre originale. Et pourquoi ne pas en profiter pour lui demander des recommandations? Voici sept idées-actions qui vous permettront d'utiliser cette idée de façon efficace :

✓ 1. *Obtenez des lettres de différents types d'entreprises ou d'individus.* Vos clients doivent pouvoir s'identifier à celui qui écrit la lettre. Essayez d'en obtenir au moins une pour chaque type d'entreprise ou d'individu avec lequel vous faites affaires.

✓ 2. *Faites en sorte qu'elles expriment différentes idées.* Vos lettres servent à prouver votre crédibilité, mais elles servent également à confirmer les avantages que vous offrez et à réfuter les objections que vous recevez le plus souvent. Évitez que vos lettres disent toutes la même chose. Assurez-vous qu'elles portent sur des aspects variés.

✓ 3. *Étudiez vos lettres.* Le client n'a pas le temps de toutes les lire. Vous devez savoir laquelle lui présenter selon les circonstances, selon son type d'entreprise et selon les avantages que vous désirez souligner.

✓ 4. *Demandez qu'on vous écrive sur le papier officiel de l'entreprise.* Évitez les photocopies. Demandez à votre client qu'il fasse la lettre sur du papier blanc et qu'il vous laisse autant de feuilles de son papier à en-tête que vous avez besoin de copies : cela vous permettra de les partager avec d'autres représentants. N'oubliez pas de lui faire certifier tous les originaux.

✓ 5. *En ce qui regarde la vente résidentielle, il est évident que la lettre sera manuscrite.* N'oubliez pas d'y inscrire la date, le nom, l'adresse et le numéro de téléphone de la personne qui vous écrit. Sinon, vos clients pourraient penser qu'elle a été rédigée par un de vos confrères. N'hésitez pas à la transcrire à la machine à écrire au verso. Cela en facilitera la lecture et ajoutera à votre professionnalisme.

✓ 6. *Renouvelez vos lettres fréquemment.* Une lettre qui date de plusieurs années n'a plus le même effet. Fixez-vous comme objectif d'obtenir une nouvelle lettre tous les mois et remplacez les plus vieilles au fur et à mesure. Assurez-vous également qu'elles sont datées.

✓ 7. *Prenez le plus grand soin de vos lettres.* Une lettre toute sale et chiffonnée n'a plus aucune valeur. Protégez-la au moyen d'une pochette transparente.

• • • • • • • • • • • • • • • • • • • •

L'OFFRE DE SERVICE

L'offre de service correspond à la partie du processus de vente où vous présentez votre solution. Certains auteurs préfèrent parler de «présentation de vente» alors que d'autres utilisent les termes «démonstration» ou «proposition d'affaires», mais j'aime bien la notion de service que suggère le terme «offre de service». Même si vous vendez plutôt un produit qu'un service, vous devez vous rappeler que la vente interactive va bien au-delà de la relation traditionnelle vendeur-acheteur ou besoin-produit. Le client d'aujourd'hui exige qu'on s'occupe de lui. La vente ne se termine pas avec l'achat de votre produit, mais, comme nous l'étudierons dans le chapitre 13, l'achat de votre produit ou de votre service n'est que le début d'une relation fructueuse entre vous et votre client.

Si l'entrevue de consultation faisait surtout appel aux émotions, l'offre de service fait plutôt intervenir la logique. Vous ne devez rien laisser au hasard. Votre offre de service doit être structurée et doit démontrer à votre client que vous êtes organisé et que vous savez exactement ce que vous faites. Elle devrait compter trois parties :

1. L'introduction.

2. La proposition.

3. La conclusion.

Contrairement à ce que plusieurs font, vous devez d'abord décider de votre conclusion. La conclusion est la partie la plus importante de l'offre de service : que désirez-vous accomplir? Quel est l'objectif que vous poursuivez? Lorsque vous aurez décidé de votre conclusion et que vous aurez clairement défini votre objectif, il vous sera facile de préparer votre offre de service.

1. L'INTRODUCTION

L'introduction sert avant tout à capter l'attention du client et à l'intéresser à la présentation de la solution. Elle lui décrit en quelques mots les principales étapes de la proposition qui va suivre et lui expose vos objectifs et les bénéfices qu'il pourra en retirer.

2. LA PROPOSITION

La proposition doit prendre en considération tous les faits que votre entrevue de consultation vous a permis de relever. Elle devrait donc toujours débuter par un résumé de la situation du client, telle que vous l'avait révélée cette entrevue, et par un court énoncé des besoins et des problèmes que vous avez définis avec lui.

Un résumé de la situation et des problèmes du client permet de faire le lien avec la solution que vous proposez et renforce le désir d'agir du client. Ce résumé est d'autant plus important que l'offre de service et l'entrevue de consultation ne se font pas au cours d'un même entretien. Dans ce cas, il est essentiel de recréer le contexte émotif de la dernière entrevue. D'ailleurs, c'est une très bonne idée de vérifier avec le client si la situation et les problèmes dont vous parlez sont toujours les mêmes.

Dans une très large mesure, l'acceptation de votre offre dépendra de votre habileté à démontrer à votre client que la solution que vous lui proposez lui procure des avantages directement liés à ses problèmes. Il n'y a pas de formule miracle. Depuis que la vente existe, les vendeurs ont appris qu'une bonne présentation de vente consistait à donner au client tous les renseignements nécessaires pour prendre une décision, et que le meilleur moyen d'y arriver était de démontrer les caractéristiques et les avantages de la solution proposée. Pourtant, je suis toujours surpris, chaque fois que j'anime un séminaire de vente, de constater à quel point certains vendeurs ont de la difficulté à faire la distinction entre la caractéristique d'un produit ou d'un service et l'avantage qu'elle procure au client. À leur intention, en voici donc les définitions :

Une caractéristique est une fonction, une donnée, une précision technique du produit, du service ou de la solution que vous présentez.

Un avantage démontre au client comment chaque fonction du produit peut l'aider à atteindre son objectif. Ce qu'elle peut lui apporter. De quelle façon elle peut lui être utile. Ce qu'il pourra apprécier lorsqu'il aura fait l'acquisition de ce produit ou service.

Voyons quelques exemples :

Caractéristique : Cette auto possède une suspension à quatre roues indépendantes.
Avantage : Cela augmente le confort puisque chaque roue reste indépendante des autres.

Caractéristique : C'est un fonds d'action diversifié.
Avantage : Il vous procure plus de sécurité grâce à une participation dans de nombreux secteurs d'activités.

Caractéristique : Ce séminaire comprend un plan d'action de 10 semaines.
Avantage : Vous pouvez en mesurer l'effet à très court terme et vous bénéficiez d'un suivi pour les 10 prochaines semaines.

Caractéristique : Tous nos panneaux sont recouverts de trois couches de teinture hydrofuge.
Avantage : Ils sont plus attrayants et ne nécessitent aucun entretien.

Caractéristique : Cette machine effectue 200 opérations à la minute.
Avantage : Elle augmente la vitesse et l'efficacité de l'opérateur.

Caractéristique : Cette maison est isolée avec de la laine minérale R-28.
Avantage : Cela rend l'habitation plus confortable tout en réduisant les frais de chauffage.

Ce qu'il faut retenir de ceci, c'est que les gens n'achètent pas un produit pour ses caractéristiques ou pour ses fonctions, mais pour les avantages qu'ils comptent en retirer. Il ne s'agit donc pas de faire la preuve de vos connaissances, mais plutôt de démontrer à votre client les avantages qu'il pourra retirer de la solution que vous lui proposez.

Un champion de la vente doit être capable de définir chacune des caractéristiques de son produit ou de son service et d'en décrire l'avantage correspondant pour son client. Ne vous fiez pas uniquement à la documentation de votre entreprise ou aux renseignements qu'elle vous donne quant aux spécifications de vos produits. Analysez chacun d'eux ainsi que chacune de leurs caractéristiques et demandez-vous sincèrement ce qu'ils peuvent apporter à votre client.

Par contre, cela ne veut pas dire que votre proposition doive faire ressortir toutes les caractéristiques et tous les avantages de votre offre. Rappelez-vous que votre client ne désire pas le produit en soi mais son utilité. Votre entrevue de consultation vous a permis de découvrir les principaux problèmes de votre client. Axez donc votre proposition sur les avantages de votre produit qui pourront l'aider à résoudre ces problèmes.

Ainsi, si vous avez découvert que les machines qu'il emploie ne sont pas assez rapides, faites ressortir tous les avantages de votre solution qui concernent la rapidité. C'est cela qu'il veut. Parlez lui donc de rapidité. Vous ne vendez pas des produits mais des idées. Ne parlez des autres avantages de votre produit que pour souligner un point particulier de votre proposition ou pour répondre à une question de votre client. Donnez-lui ce qu'il demande. Il ne sert à rien de lui en donner trop. Cela pourrait même soulever des objections : votre client pourrait craindre de payer trop cher un produit aussi avantageux.

Apprenez à connaître vos clients; c'est la base de votre réussite. Si vous travaillez fréquemment avec le même type d'entreprise, vous vous apercevrez rapidement que leurs besoins se ressemblent et qu'ils ont souvent les mêmes attentes. Dès lors, il vous sera facile, dans votre offre de service, de faire ressortir les avantages de votre solution qui auront plu à d'autres clients dans la même situation.

3. *LA CONCLUSION*

La conclusion devrait résumer les avantages de votre solution. En définitive, votre offre de service devrait être structurée de manière simple mais efficace, de façon à ce que votre client décide d'accepter ou de rejeter votre solution. Trois mots seulement peuvent vous servir de modèle pour toutes vos offres de service : préparez, présentez, résumez.

Préparez votre client. Dites-lui ce que vous entendez faire.

Présentez votre produit ou service en faisant ressortir tous les avantages de votre offre qui correspondent aux motivations et aux besoins de votre client.

Résumez les avantages de votre offre.

LES QUESTIONS DE VISUALISATION

Lorsque vous aurez résumé les avantages de votre offre, plutôt que de demander à votre client ce qu'il en pense, prenez l'habitude de lui poser quelques questions de visualisation. Il faut comprendre qu'en ce moment votre client est en train de réfléchir à la proposition que vous venez de lui faire. Toutes sortes de pensées lui viennent à l'esprit. Des pensées négatives mais également des pensées positives. Les questions de visualisation consistent à faire ressortir les pensées positives. Elles encouragent votre client à exprimer son point de vue quant aux mérites de la solution proposée. Elles lui permettent également de penser à d'autres avantages, et cela est très appréciable.

Quoi qu'on en dise, il est rare qu'un produit résolve la totalité des problèmes. Si votre client y trouve des avantages que vous auriez oubliés, cela servira d'une part à étayer vos arguments et d'autre part à masquer les lacunes de votre produit. Voici quelques exemples de questions de visualisation :

- Nous avons mentionné que notre produit pourrait vous aider à augmenter la rapidité de vos opérateurs; verriez-vous d'autres avantages à adopter un tel produit?

- Si nous pouvions éliminer ce problème, quelles en seraient les conséquences pour votre entreprise?

- Est-ce que cela pourrait profiter aussi à d'autres services, d'autres personnes?

- Est-ce que vous croyez que la solution que nous proposons pourrait avoir une influence positive sur vos profits, votre image, la rotation du personnel? Sur la satisfaction des clients, la qualité du service, la force de vente?

Les questions de visualisation viennent appuyer votre offre de service. Préparez-en quelques-unes pour votre prochaine entrevue de vente et vous verrez par vous-même la portée qu'elles peuvent avoir. C'est la meilleure façon de préparer le terrain pour la conclusion de la vente.

Demandez ensuite à votre client s'il a des questions à propos de l'offre que vous venez de lui présenter. Vérifiez s'il a bien compris. Assurez-vous que vous avez examiné tous les aspects. Il se peut fort bien que ses questions soient des objections; nous verrons dans la prochaine leçon comment y faire face.

Mais auparavant, j'aimerais vous donner quelques idées-actions pour réussir vos offres de service. Cette partie du processus de vente est certes la plus logique et la plus structurée. C'est pourquoi vous devez vous servir de votre personnalité et trouver le moyen de vous distinguer. Voici donc 22 idées-actions qui vous permettront de le faire :

✓ 1. *Personnalisez vos offres de service.* Si possible, rédigez un document personnalisé décrivant brièvement la situation du client, ses besoins, ses problèmes ainsi que les solutions que vous lui proposez. Plus le document semblera avoir été créé spécialement pour lui, plus il sera convaincant. Il est facile de personnaliser un programme au moyen d'un ordinateur. Préparez un modèle de présentation. Vous n'aurez qu'à changer les données qui s'appliquent à votre client.

✓ 2. *Soignez votre image.* Si vous remettez un document à votre client, assurez-vous qu'il reflète l'image que vous désirez projeter. La présentation de votre offre ajoutera à la crédibilité du contenu. Profitez-en pour inclure quelques données soulignant qui vous êtes et ce que vous avez réalisé ainsi que toute information pertinente se rapportant à votre offre.

✓ 3. *Adaptez votre présentation à votre client.* Pensez à ce qui l'intéresse plutôt qu'à ce que vous avez envie de dire. Et refusez de faire une présentation de vente si vous n'avez pu réaliser une entrevue de consultation. Il n'est pas suffisant de connaître toutes les réponses à toutes les questions. Vous devez savoir quoi dire au client qui est devant vous.

✓ 4. *Asseyez-vous au bon endroit.* Idéalement, vous devriez être assis juste en face de votre client. C'est la seule façon de le regarder directement dans les yeux. Votre regard, lorsqu'il croise celui de votre client, facilite la communication interactive. Chacun peut y lire ce que l'autre pense.

✓ 5. *Soyez enthousiaste.* Mettez-y de la vie. Soyez sincère et ayez l'air convaincu. Manifestez de l'enthousiasme pour votre entreprise et pour la solution que vous recommandez. Ce qui compte n'est pas tellement ce que vous dites, mais la façon dont vous le dites. Animez votre conversation avec des expressions et des gestes appropriés. Souvenez-vous que le langage non verbal compte autant, sinon plus, que les mots que vous employez.

✓ 6. *Utilisez des anecdotes.* Les anecdotes, les exemples et les analogies viennent appuyer vos déclarations. Ils éclairent le client en lui permettant de mieux visualiser votre solution. Préparez-les à l'avance. Avant la rencontre, pensez aux expériences déjà vécues qui pourraient s'appliquer à votre client.

✓ 7. *Présentez des arguments logiques.* Ne faites pas simplement appel aux émotions. Rappelez-vous que l'objectif majeur de votre présentation est de démontrer l'efficacité de votre solution. Votre client veut connaître l'utilité de votre produit ou de votre service et la façon dont il peut l'aider à résoudre son problème. Votre client veut des preuves. Donnez-lui-en. Faites-lui une démonstration de votre produit. Si possible, offrez-lui d'en faire l'essai.

✓ 8. *Faites participer votre client.* Invitez-le à utiliser votre produit et, si la situation s'y prête, à le toucher, le sentir, le faire fonctionner. Si vous offrez un produit intangible, donnez-lui un crayon et du papier et faites-lui faire lui-même les calculs. En faisant intervenir tous ses sens, vous stimulez son intelligence.

✓ 9. *Servez-vous d'auxiliaires visuels (brochures, dépliants, prospectus).* Bien conçus et surtout bien utilisés, ils contribuent à accroître votre effet lorsque vous désirez souligner un point important. Assurez-vous toutefois de ne pas les présenter au début de l'entrevue. Ils pourraient détourner l'attention de votre client. Remettez-les plutôt à la fin de l'entretien et encerclez les points les plus importants.

✓ 10. *Présentez des graphiques.* Évitez les statistiques et les tableaux comportant de longues séries de nombres. Les illustrations et les graphiques sont beaucoup plus faciles à retenir et, en outre, ils facilitent la compréhension de votre message. Ils aident également à briser la monotonie d'une présentation comportant plusieurs pages de texte.

✓ 11. *Soyez concis.* Allez droit au but. Une présentation trop longue risque de devenir ennuyeuse et de diminuer l'attention de votre client. La période d'écoute active de la plupart des gens est très restreinte.

✓ 12. *Exprimez-vous avec clarté.* Cherchez des formules claires, simples et précises pour décrire les différents aspects de votre solution. Choisissez judicieusement les mots et les arguments que vous utilisez. Certains mots ont en effet un pouvoir magique. Ils laissent une profonde impression sur votre client.

✓ 13. *Accentuez le côté positif.* Lorsque votre client fait un commentaire positif pendant votre présentation, approuvez-le et développez l'avantage en question. Construisez votre prochain argument à partir de l'idée qu'il vient d'exprimer. Exemple : «C'est tellement vrai; d'ailleurs, à ce propos... »

✓ 14. *Vérifiez si votre client a bien compris.* Posez-lui des questions pendant votre présentation afin de savoir si tout est clair et s'il a bien compris et accepté le point que vous venez d'énoncer. Exemple : «Ça va pour ça? Vous me suivez? On est d'accord là-dessus?»

✓ 15. *Ne promettez pas plus que ce que vous pouvez offrir.* Il y va de votre intérêt et de la relation à long terme que vous tentez d'établir. Il vaut mieux en promettre un peu moins et en donner un peu plus.

✓ 16. *N'offrez pas trop de choix.* Si votre produit ou service comporte plusieurs options, limitez à trois celles que vous présenterez. En offrant trop d'options, vous courez le risque de rendre votre client encore plus indécis.

✓ 17. *Prévenez les interruptions.* Une interruption peut changer toute l'atmosphère de votre présentation. Dites à votre client que vous n'en avez que pour 20 minutes environ et que vous apprécieriez qu'il fasse retenir ses appels pendant ce temps.

✓ 18. *Préparez-vous et préparez votre client.* Nous n'insisterons jamais assez sur l'importance d'une bonne préparation, autant pour vous que pour le client. Si votre offre de service se fait au cours d'une deuxième entrevue, préparez votre client en lui envoyant une courte lettre pour le remercier de sa confiance et pour lui rappeler la date de votre prochaine visite.

✓ 19. *Différenciez-vous de vos concurrents.* Tous les produits et les services se ressemblent de plus en plus. Vendez votre compétence et faites surtout ressortir les points qui vous distinguent de votre concurrence. Si votre client a déjà vu la présentation de votre concurrent, il sera à l'affût des caractéristiques qui vous distinguent de lui.

✓ 20. *Faites votre rapport d'entrevue le plus tôt possible après votre présentation.* Notez tous les éléments et tous les faits nouveaux que vous venez d'apprendre au sujet de votre client. Même les plus subtils et les plus inusités. Ils pourraient vous servir plus tôt que vous ne le pensez.

✓ 21. *Considérez chaque entrevue comme une expérience positive.* Si vous n'atteignez pas votre objectif, ne vous laissez pas abattre. Le fait que vous réussissiez ou non devrait demeurer secondaire. Ce qui importe, c'est que vous faites votre travail et que vous vous habituez à affronter les difficultés. Plus vous ferez de présentations de vente, plus vous aurez la chance de vous améliorer.

✓ 22. *Profitez de chaque entrevue pour évaluer votre performance.* Après chaque entretien, posez-vous les questions suivantes :

- Qu'est-ce qui a bien fonctionné?

- Qu'est-ce qui n'a pas fonctionné?

- Mes questions m'ont-elles apporté les renseignements que je désirais?

- Quels sont ceux que j'ai obtenus et qui pourraient faire une différence?

- Est-ce que j'ai atteint mon objectif?

- Qu'est-ce que j'aurais pu faire de différent?

- Quelle était la vraie raison des objections de mon client?

Une bonne évaluation vous permettra de mieux vous préparer pour votre prochaine visite. Elle vous permettra également de tirer certaines leçons qui vous serviront pour toutes les autres présentations que vous aurez à faire au cours de votre carrière.

11

Aujourd'hui est un roi masqué. Aujourd'hui semble toujours mesquin à ceux qui ne réfléchissent pas en face d'une expérience constante — à savoir que toute activité grande et heureuse est précisément constituée de ces jours incolores. Ne nous laissons pas décevoir ainsi. Démasquons le roi quand il passe.

FAIRE FACE AUX OBJECTIONS

IL EST TOUT À FAIT NORMAL qu'un client soulève quelques objections avant de prendre une décision finale. Reportez-vous au modèle de prise de décision que nous avons étudié dans le chapitre 6. Après avoir recherché les différentes solutions possibles à son problème, celui qui doit prendre une décision procède à l'évaluation de ces solutions. Cette étape l'amène souvent à comparer les possibilités entre elles, à les confronter, ce qui a pour effet de soulever toutes sortes de questions.

Il est possible que ces questions proviennent d'un simple doute, d'un préjugé, d'une opinion ou qu'elles soient l'expression d'une véritable méfiance envers le produit. Il est possible également que ce ne soit qu'une excuse de la part du client pour retarder la décision le plus possible ou pour vous signifier qu'il n'a pas confiance en vous.

Ce qu'il importe de comprendre, c'est que lorsqu'un client soulève une objection cela ne veut pas dire qu'il n'achètera pas; cela n'est pas un non final, irrévocable. Cela veut simplement dire que vous ne l'avez pas encore convaincu d'agir immédiatement. Et peut-être vous demande-t-il simplement : «Toi, es-tu convaincu?»

Nombre de vendeurs abandonnent à la première objection, ce qui n'est pas pour rassurer l'acheteur. Pourtant, c'est souvent ce que votre client demande lorsqu'il soulève une objection : que vous le rassuriez. La plupart des gens sont indécis. Par crainte de se tromper, ils manquent d'assurance. Ils veulent être certains que vous leur avez tout dit, qu'ils ne se trompent pas, que c'est bien la meilleure solution et qu'ils peuvent avoir confiance en vous.

Les objections sont souvent des questions déguisées. C'est pourquoi vous devriez encourager votre client à s'exprimer. Reportez-vous à la leçon précédente : nous vous y suggérions, après la présentation de votre offre, deux étapes additionnelles :

- Poser à votre client des questions de visualisation.

- Vérifier s'il a bien compris en lui posant des questions directes concernant votre offre de service.

Si vous lui demandez son opinion et que vous l'encouragez à parler, vous gagnerez sa confiance. N'hésitez pas à lui demander s'il a des questions et ne vous étonnez pas si les questions lui viennent spontanément et si elles se présentent sous forme d'objections. De toute façon, je préfère avoir affaire à un individu qui m'interroge qu'à quelqu'un qui ne dit pas un mot! Au moins, quand un client soulève une objection, c'est qu'il est intéressé. Il ne perdrait sûrement pas son temps à scruter certains détails ou certaines formalités s'il n'envisageait pas d'utiliser mon produit ou mon service.

Les objections de votre client vous donnent parfois une bonne occasion de le comprendre encore mieux. Elles révèlent ses préoccupations et, souvent, elles font ressortir certains points que vous n'aviez pu découvrir au moment de votre entrevue de consultation. Plutôt que de les interpréter négativement, essayez d'y voir une question de votre client. Que cherche-t-il à vous dire? Se pourrait-il que ses objections signifient autre chose que ce qu'il vous dit? Se pourrait-il qu'elles cachent une autre question? Analysons quelques objections et essayons de découvrir les questions qu'elles peuvent sous-entendre.

«C'est trop cher.»

- Pouvez-vous me prouver que je peux me le permettre?

- Pouvez-vous justifier votre prix?

«Je ne suis pas intéressé.»

- Vous n'avez pas vraiment sondé mes besoins.

«Je n'aime pas cette caractéristique.»

- Prouvez-moi que ça vaut quand même la peine que j'investisse dans votre solution.

- Je ne comprends pas ce que vous me dites, parlez-m'en un peu plus.

«J'ai entendu des commentaires négatifs à propos de votre entreprise.»

- Rassurez-moi. Pourrez-vous m'offrir un service impeccable?

«Je n'ai jamais entendu parler de votre entreprise.»

- Pouvez-vous m'en parler un peu plus?

«Je préfère attendre.»

- Convainquez-moi d'acheter tout de suite.

- Quels avantages aurais-je à acheter immédiatement?
- Ai-je vraiment besoin de ça?
- Qu'est-ce que j'y gagnerais?
- Quels seront les effets de cette décision sur mon entreprise?

Il est rare que les gens vous donnent la vraie raison de leur refus ou de leur décision de remettre à plus tard. Souvent, ils ne connaissent pas eux-mêmes la vraie raison. En fait, ils n'osent même pas y penser ou ne veulent simplement pas faire l'effort nécessaire.

Peut-être votre client a-t-il simplement perdu le fil de vos explications et, plutôt que de vous avouer qu'il ne vous suit plus, il se cherche un prétexte. Peut-être a-t-il des craintes et qu'il n'ose pas les exprimer de peur d'avoir l'air ridicule. Peut-être enfin n'est-il pas tellement habitué à prendre des décisions et, plutôt que de le reconnaître et de confesser son manque de confiance, il préfère vous dire : «Je n'en ai vraiment pas les moyens!»

Certains individus résistent pour le seul plaisir de résister ou simplement parce qu'ils pensent que c'est ainsi que ça doit se faire et qu'avant de prendre une décision ils doivent réfléchir. Croyez-vous qu'ils le feront après votre départ?

Ce n'est pas logique que quelqu'un vous dise qu'il désire réfléchir en sachant fort bien qu'il n'en fera rien. Il y a déjà deux heures qu'il en parle avec vous et il n'a pu parvenir à une décision. Croit-il que ce sera plus facile lorsque vous l'aurez quitté? Son objection en cache sûrement une autre et, tant que vous ne connaîtrez pas exactement la vraie raison de son hésitation, vous ne pourrez l'aider à prendre sa décision.

Nous vous présenterons, un peu plus loin, une stratégie pour contrer les objections ainsi que quelques techniques pour faire face aux plus courantes. Mais auparavant, j'aimerais faire une distinction entre un blocage et une objection.

• • • • • • • • • • • • • • • • • • • •

LE BLOCAGE

Un blocage, c'est une raison valable qu'a le client pour ne pas acheter, pour ne pas accepter la solution que vous lui proposez. À part certaines situations imprévisibles, tels un feu, une faillite, un divorce, une mutation ou un accident, il n'y que quatre raisons valables qui puissent empêcher votre client de décider : l'absence de besoin, d'argent, de pouvoir de décision et d'urgence. Si vous analysez ces quatres raisons, vous vous rendrez compte qu'elles sont toutes liées à votre entrevue de consultation. Elles représentent les quatres conditions essentielles qui déterminent si la personne représente un client potentiel. Analysons chacune d'entre elles :

ABSENCE DE BESOIN

Si votre client n'en a pas besoin, vous ne devriez pas être en train de lui faire une offre de service. Ou peut-être pressentez-vous un besoin qu'il ne ressent pas : c'est que votre entrevue de consultation n'a pas été efficace. Vous n'avez pas réussi à faire ressortir un problème avec suffisamment d'acuité pour l'intéresser à votre solution.

MANQUE D'ARGENT

Lorsque votre client dit qu'il n'a pas d'argent, il est difficile de savoir si c'est la vraie raison, comme nous l'apprendrons un peu plus loin. Mais s'il n'a vraiment pas d'argent, vous avez fait une mauvaise sélection et vous ne devriez pas être en train de lui offrir vos services.

PAS D'AUTORITÉ DÉCISIONNELLE

C'est l'excuse la plus facile à donner pour se débarrasser d'un vendeur : «Je m'excuse, mais je dois en parler à mon conjoint (mon associé, mon comptable).» Combien de fois un vendeur se fait-il dire cela à la fin d'une entrevue? Pourtant, s'il avait posé les bonnes questions pendant l'entrevue de consultation, il aurait pu éviter ce blocage. Vous ne pouvez répondre à un blocage. Mais vous pouvez le prévenir.

Si vous lui laissez une ouverture, votre client potentiel en profitera pour se défiler. Prévenez ce blocage en lui demandant, pendant l'entrevue de consultation, s'il est la seule personne concernée par la décision. S'il n'est pas la seule personne à décider, vous ne devriez pas lui présenter votre offre de service. Vous devriez présenter celle-ci à toutes les personnes concernées.

PAS D'URGENCE

Vous avez réussi à faire ressortir un problème, mais votre client ne semble pas trop pressé d'agir. C'est encore le signe que votre entrevue de consultation n'a pas donné les résultats escomptés. Vous devrez retourner en arrière et insister sur l'importance du problème, seule façon de donner à votre client l'envie de le résoudre.

Évidemment, il n'est pas toujours facile d'obtenir, au moment de l'entrevue de consultation, toutes les réponses à toutes les questions. C'est pourquoi la collaboration du client est essentielle dès le début. Certes, malgré sa coopération, vous n'arriverez jamais à tout connaître, particulièrement ses facteurs d'influence, si difficiles à mesurer, si personnels et parfois même inconscients. Mais plus vous consacrerez d'efforts à vos entrevues de consultation, plus vous aiderez le client à découvrir ce qu'il veut ainsi que la façon de l'obtenir et moins vous aurez à affronter de blocages.

Si la plupart des objections qu'on vous fait sont en réalité des blocages, revoyez la façon dont vous conduisez vos entrevues de consultation. Rappelez-vous que c'est la partie la plus importante du processus de vente interactif.

Si vous vous assurez, avant de présenter votre offre de service, que votre client a effectivement un problème, qu'il possède les ressources financières pour le résoudre et qu'il a la capacité de décider; si en plus vous vous employez à renforcer son désir d'agir, vous ne ferez pas souvent face à des blocages. Et comme vous serez encore plus convaincu de l'importance de ses problèmes et du mérite de votre solution, il vous sera encore plus facile de répondre à ses objections. Que signifie donc une objection?

• •

L'OBJECTION

Une objection peut vouloir dire différentes choses. Elle peut concerner votre proposition, votre produit, son prix; elle peut être issue de malentendus, de doutes, de préjugés ou encore n'être qu'un prétexte. Voyons les différentes sortes d'objections et la façon d'y faire face.

1. Les malentendus

Les malentendus résultent la plupart du temps d'un manque de clarté dans votre exposé ou d'une erreur d'interprétation de la part du client. Peut-être avez-vous négligé certains points essentiels au moment de la présentation de votre offre; peut-être le client a-t-il tout simplement mal interprété vos paroles. Les malentendus peuvent devenir des obstacles à la conclusion d'une vente : déçu de constater que votre solution ne lui apporte pas tous les avantages qu'il aurait imaginés, votre client hésite. Il importe de régler un malentendu comme si vous aviez affaire à une objection et de donner à votre client les explications appropriées.

2. Les doutes

Les doutes, les hésitations peuvent provenir de la méfiance du client par rapport à vous-même, votre entreprise ou votre produit. Un client reconnaît son problème, mais n'est pas convaincu des avantages de votre solution ou doute de votre capacité à le résoudre. La meilleure façon de dissiper les doutes du client consiste à lui fournir des preuves, comme celles que contient votre cahier de présentation. Présentez-lui des lettres de témoignage, des exemples de travaux réalisés ou racontez-lui des anecdotes ayant trait à des situations comme la sienne.

3. *LES PRÉJUGÉS*

Les préjugés proviennent surtout des expériences passées du client ou des opinions qu'il s'est forgées à partir de commentaires, d'opinions ou de choses qu'il aurait entendu dire par d'autres personnes. Vous devez apprendre à y faire face en présentant les faits, les évidences ou encore à partir de deux techniques que nous verrons : *renverser les rôles* et *changer son point de vue.*

4. *LES OPPOSITIONS*

Les oppositions représentent de véritables objections à votre produit, votre service, votre entreprise, votre prix ou vous-même. Certaines d'entre elles peuvent être de moindre importance et ne demandent pas toujours de réponse. D'autres peuvent toutefois représenter un obstacle majeur. Elles sont fondées et vous devrez apprendre à y faire face, comme nous le verrons un peu plus loin.

5. *LES PRÉTEXTES*

Les prétextes sont présentés de la même manière que les oppositions, mais, en réalité, ils signifient autre chose. Et vous devrez apprendre à en découvrir la raison. Votre client peut se servir d'un prétexte pour temporiser, pour ralentir le processus de décision ou pour masquer son incapacité à se décider. Il peut également s'en servir simplement parce qu'il tient à être rassuré ou parce qu'il n'ose pas vous avouer la vraie raison de son indécision.

Les prétextes peuvent être traités comme des préjugés grâce à la technique qui consiste à changer son point de vue, particulièrement s'ils concernent un détail quelconque de votre offre. Mais si vous sentez que son objection est un prétexte, demandez à votre client : «M. Joly, y a-t-il une autre raison qui pourrait vous empêcher de prendre une décision?» S'il vous répond non, c'est probablement une véritable objection. Sinon, il vous donnera peut-être la vraie raison qui l'empêche de prendre sa décision.

• • • • • • • • • • • • • • • • • • •

STRATÉGIE POUR FAIRE FACE AUX OBJECTIONS

Sans doute avez-vous remarqué que, depuis le début de cette leçon, j'emploie l'expression «faire face aux objections» plutôt que «répondre aux objections». Il est pratiquement impossible de répondre à toutes les objections que vous opposent vos clients. Parfois, vous serez aux prises avec des situations sur lesquelles vous n'aurez absolument aucun pouvoir : votre produit ne peut satisfaire totalement les besoins du client, le moment n'est pas propice au changement, le concurrent est un de ses amis, fait affaire avec lui depuis 20 ans ou propose à peu de choses près le même service que le vôtre mais à un prix défiant toute concurrence. Toutes sortes de raisons peuvent vous empêcher de satisfaire votre client et de conclure votre vente. Mais cela ne signifie pas qu'il faut abandonner.

Ce qu'il importe de comprendre, c'est qu'une objection peut avoir différentes significations. Elle peut indiquer un obstacle réel, mais elle peut également signifier une excuse, un prétexte ou simplement un besoin d'être rassuré. La seule façon de le savoir est d'y faire face. Trop de vendeurs tournent le dos aux objections de leurs clients. Ils abandonnent au moindre commentaire négatif et perdent l'occasion d'une vente faute d'avoir fait face à l'objection.

Évidemment, la meilleure façon de faire face aux objections d'un client, c'est d'y être préparé. Il est très rare que j'entende une nouvelle objection. Et je suis certain que c'est la même chose pour vous. Quel que soit votre domaine d'activité, vos clients vous opposent sûrement le même genre d'objection. Préparez-vous donc en conséquence. Lorsque vous remplissez votre feuille de travail «Présentation-action», essayez de prévoir les objections les plus susceptibles de vous être opposées et pensez à la façon dont vous y répondrez. Ainsi, vous ne serez jamais pris au dépourvu.

Si la même objection revient dans presque toutes vos offres de service, vous devriez inclure la réponse à cette objection dans votre offre. Par exemple, si vous êtes à l'emploi d'une nouvelle entreprise et que l'on vous oppose souvent votre manque d'expérience, vous pourriez peut-être ajouter un commentaire comme celui-ci à votre proposition : «Vous savez, Mme Desjardins, c'est tellement intéressant de travailler pour une jeune entreprise dynamique qui compte une équipe de direction expérimentée et qui tient à nos idées et à celles de nos clients.» De cette façon, vous minimiserez l'importance de cette objection avant même qu'elle ne se présente.

La stratégie que nous vous proposons pour faire face aux objections comporte deux objectifs :

ÉVITER DE DISCUTER AVEC LE CLIENT

Cette stratégie présente une approche flexible mettant beaucoup plus l'accent sur la façon de faire face à l'objection que sur la réponse à donner. Elle s'adapte à toutes les formes d'objections et évite d'affronter directement le client, ce qui ne pourrait que gâcher la relation que vous venez tout juste d'établir. N'oublions pas le dicton : le client a toujours raison. Lorsque vous discutez avec un client, vous lui dites : «Moi, j'ai raison; donc, vous avez tort!»

Mieux comprendre l'objection

Vous ne pourrez faire face à l'objection d'un client et tenter d'y répondre que si vous en comprenez le sens véritable : d'où vient donc la résistance qu'il vous oppose? En cherchant à comprendre la signification de l'objection, vous vous assurerez d'y répondre de la bonne manière et surtout de répondre à la bonne objection.

Stratégie en six étapes

Nous avons appris de Tom Hopkins la stratégie en six étapes que nous vous proposons. Nous l'avons légèrement modifiée afin de l'adapter au processus de vente interactif. Voyons donc ces six étapes.

1. Écoutez l'objection du client

Écoutez-le attentivement lorsqu'il formule une objection. Cela semble évident; pourtant, nombre de vendeurs préparent déjà leur réponse tandis que le client formule son objection. C'est l'étape la plus importante de cette stratégie. Écoutez vraiment ce qu'il vous dit et comment il le dit. Sur quel ton le dit-il? Est-il convaincu de ce qu'il dit? Regardez-le! Regardez ses yeux, ses gestes, l'expression de son visage. Une objection ne s'exprime pas uniquement par les mots. Un simple froncement de sourcils peut signifier que votre client doute de vos paroles.

Laissez-le s'exprimer librement afin de pouvoir mieux évaluer ce qu'il cherche à vous dire et, pendant tout ce temps, gardez votre calme. L'expression de votre visage ne doit pas changer, sinon votre client pourra penser que vous êtes intimidé par son objection. Apprenez à demeurer impassible, surtout si le ton qu'il emploie est irritant. Cela pourrait bien se produire si votre client à déjà vécu une mauvaise expérience avec votre entreprise.

2. Scrutez son objection

Avez-vous bien compris ce que votre client cherchait à vous communiquer? Avez-vous besoin d'en savoir plus? Si l'objection n'est pas claire, questionnez-le :

- Qu'est-ce qui vous fait dire ça?
- Dans quelles circonstances?
- Que voulez-vous dire?
- Pouvez-vous m'expliquer?
- Pourquoi?
- Vous doutez de son efficacité?

N'essayez pas de répondre à l'objection tout de suite. Demandez des détails à votre client, insistez pour qu'il vous en dise un peu plus. Clarifiez l'objection et essayez, par vos questions, de comprendre le vrai sens de celle-ci et de déterminer si cette objection ne cache pas d'autres sentiments.

Une bonne façon de scruter une objection consiste à la reformuler. Lorsque vous reformulez une objection, vous montrez à votre client que vous êtes à l'écoute et vous lui permettez de confirmer ses préoccupations ou d'étudier celles-ci s'il en sent le besoin.

- Vous trouvez vraiment que c'est trop cher?
- Vous seriez plus rassuré?
- Vous voulez dire que notre produit n'offre pas suffisamment de flexibilité, c'est bien ça?
- Si j'ai bien compris, M. Martel, vous hésitez à faire affaire avec nous à cause d'une mauvaise expérience avec notre service?
- Je suppose que vous voulez être certain que les garanties compensent amplement pour le prix qui est exigé. C'est bien cela?

En reformulant une objection, vous permettez à votre client de s'engager davantage et vous vous assurez, par la même occasion, de bien comprendre l'objection avant d'y répondre.

3. *Rassurez votre client*

Laissez-lui savoir que vous êtes attentif à ses propos et que vous comprenez son point de vue. En lui démontrant que sa question est pertinente, vous le mettez à l'aise et surtout vous évitez la discussion. Certains vendeurs font tout à fait le contraire. Face à l'objection d'un client, ils lui répondent : «Ça me surprend énormément. C'est la première fois que j'entends ça.» Pire encore : «C'est impossible. Ça n'est jamais arrivé.»

Ainsi, vous traitez votre client comme un ignorant, et il n'aura plus qu'une envie : vous mettre à la porte. Évitez la confrontation avec votre client : cela risque de durcir sa position. Rassurez plutôt votre client avec des phrases comme :

- Votre question est très importante. Je suis content que vous m'en parliez.

- Je comprends très bien votre hésitation, M. Paquin.

- Ce que vous dites est tout à fait exact.

- Il est normal que vous pensiez comme cela.

- Vous avez tout à fait raison.

- Je vous remercie d'en parler, Mme Delisle; d'ailleurs, vous n'êtes pas la première à soulever ce point.

4. *Répondez à l'objection*

Les étapes précédentes vous auront permis de déterminer la vraie nature de l'objection de votre client.

- Si vous faites face à un malentendu : donnez-lui les explications nécessaires.

- Si vous faites face à un doute : fournissez des preuves, montrez des témoignages, racontez une anecdote, faites-lui faire un essai ou suggérez-lui de communiquer avec un de vos clients.

- Si vous faites face à un préjugé : présentez-lui tous les faits, toutes les explications qu'il désire. Clarifiez la situation ou servez-vous de la technique qui consiste à renverser les rôles.

- Si vous faites face à une opposition ou à une excuse : tentez d'y répondre en vous servant d'une des techniques que nous verrons plus loin.

5. Obtenez l'accord du client

Il est très important, avant de poursuivre votre présentation, de vous assurer que votre client a accepté votre réponse et qu'il est d'accord avec celle-ci. Sans quoi, vous risquez de voir réapparaître la même objection à la première occasion. Et vous ne pourrez jamais conclure votre vente tant qu'il subsistera des doutes dans l'esprit de votre client. Servez-vous de courtes phrases comme :

- Ça règle ce point?
- Ça répond à votre question?
- Ça va pour ça?
- Ça vous rassure?
- Ça a du sens?
- On s'entend là-dessus?

6. Changez de sujet

Vous avez répondu à l'objection du client et celui-ci vous a confirmé qu'il était satisfait de votre réponse. Changez de sujet. Évitez de vous attarder sur un point négatif. Retournez à la présentation de votre offre ou, si celle-ci est terminée, commencez à conclure votre vente en posant à votre client une question-test. Servez-vous d'expressions comme :

- Au fait...

- Pendant que j'y pense...

- Dites-moi...

- À propos, M. Paquin, j'ai remarqué que...

Accompagnez ces expressions d'un mouvement ou d'un geste en direction de votre cahier de présentation afin de signifier à votre client que vous avez l'impression d'avoir bien répondu à son objection et que vous allez maintenant passer au point suivant.

Cette stratégie en six étapes s'applique à toutes les sortes d'objections. Personnalisez-la. Adaptez-la à votre domaine d'activité. Étudiez-en la logique. Servez-vous-en pour toutes les objections que vous opposeront vos clients jusqu'à ce que vous acquériez un réflexe automatique. Vous ne tarderez pas à constater son efficacité. Non seulement vous saurez mieux faire face aux objections, mais vous éviterez tout risque de discussion, améliorant ainsi la qualité de vos relations avec vos clients.

Voici maintenant trois techniques très utiles lorsqu'il s'agit, à la quatrième étape de la stratégie, de répondre à l'objection de votre client. Nous traiterons séparément des objections relatives au prix ou à la décision.

• •

TECHNIQUES POUR FAIRE FACE À CERTAINES OBJECTIONS

1. RENVERSER LES RÔLES

Cette technique est excellente pour faire face à une objection se rapportant à une mauvaise expérience qu'aurait eue le client avec votre entreprise. Nous avons souvent mentionné l'empathie comme étant une qualité du champion de la vente. Cette technique se fonde sur l'empathie, mais de la part du client cette fois. Ne pourrait-il pas, lui aussi, essayer de voir les choses de votre point de vue?

Par exemple, supposons qu'un client vous dise qu'il a déjà fait affaire avec votre entreprise, mais qu'il a été déçu de la qualité du service. Vous pourriez lui répondre que vous avez résolu ce problème. Mais vous croira-t-il? Renversez plutôt les rôles : «M. Vandelac, je comprends très bien vos préoccupations et vous n'êtes d'ailleurs pas le premier à m'en parler. Mais, dites-moi, qu'auriez-vous fait à notre place? Vous possédez un excellent produit, mais vous vous rendez compte que le service laisse à désirer et que les clients s'en plaignent... Auriez-vous laissé la situation se détériorer ou vous auriez réagi?» «J'aurais sûrement réagi.» «M. Vandelac, c'est exactement ce que nous avons fait et je peux vous assurer que le problème est réglé. Voici ce qui est arrivé : nous avons confié à un conseiller en organisation d'entreprise le soin de corriger la situation. Aujourd'hui, nous pouvons toujours vous offrir la même qualité, mais doublée d'un service à la clientèle des plus modernes. Ça vous rassure, M. Vandelac?»

Cette technique est très efficace parce qu'elle demande l'engagement du client et lui permet de réfléchir à la réponse. En fait, sa réponse correspond à ce que, logiquement, il aurait fait lui-même. Comment ne peut-il être d'accord?

2. CHANGER SON POINT DE VUE

Une opposition à votre produit ou service est une objection fondée. Elle peut être majeure ou mineure. La plupart des objections majeures auxquelles vous avez à faire face concernent le prix de votre produit ou de votre service, et nous verrons plus tard comment les affronter. Mais lorsqu'il s'agit d'une objection mineure à propos d'une spécification technique, d'un détail ou de tout autre inconvénient ou désavantage de votre offre, amenez votre client à changer son point de vue.

Cette approche consiste à reconnaître l'objection du client, mais à lui répondre en mettant l'accent sur les avantages de votre produit qui viennent contrebalancer son objection.

Voyons un exemple. Le client trouve votre équipement trop encombrant. «Je suis d'accord avec vous, monsieur; cette pièce d'équipement est plutôt grosse. Mais sur quoi allez-vous baser votre décision, M. Chevalier? Sur la rapidité, l'efficacité, la rentabilité de cette machine ou sur le fait qu'elle occupe un mètre carré de plus que prévu?» Ou encore : «Qu'est-ce qui est le plus important, M. Chevalier : l'espace qu'il occupe ou plutôt...?» (Ici, vous ajoutez trois avantages afin de contrebalancer l'inconvénient causé par le manque d'espace.)

Voyons un autre exemple. Le client vous dit : «J'aime bien votre système, mais je trouve cela un peu compliqué.» «M. Bonneville, je vous comprends très bien, mais ne pensez-vous pas que ce système mérite un petit effort de votre part si l'on considère qu'en très peu de temps il vous permettra d'avoir un meilleur contrôle sur vos opérations, de définir les secteurs les plus rentables et d'augmenter la rentabilité de votre entreprise?»

Cette approche est excellente parce qu'elle ne vise pas l'argument lui-même. Combien de vendeurs essaieraient de prouver au client qu'à bien y regarder cette pièce d'équipement n'est pas si grosse que ça? Et si ce n'était qu'un prétexte que votre client s'était donné! En changeant son point de vue, vous évitez de réfuter directement son objection et vous minimisez celle-ci en mettant l'accent sur deux ou trois avantages de votre produit qui compensent amplement ce léger inconvénient. Assurez-vous toutefois, lorsque vous mentionnez les avantages de votre produit, de faire ressortir surtout ceux qui s'appliquent aux besoins que vous aurez décelés au moment de l'entrevue de consultation.

3. TOURNER LE NÉGATIF EN POSITIF

Cette technique consiste à se servir de l'objection du client et à la transformer en argument de vente. Elle est très utile lorsqu'il s'agit de faire face à une objection mineure.

Voici deux exemples. Le client : «J'aurais aimé faire affaire avec une entreprise établie depuis plus longtemps.» Vous : «Vous savez, M. Lafleur, c'est justement parce que nous sommes une jeune entreprise que nous pouvons vous offrir les mêmes garanties à un coût beaucoup moindre et avec un service beaucoup plus personnalisé!»

Le client : «Cette pièce n'est vraiment pas esthétique.» Vous : «Je suis d'accord avec vous, M. Paquette. Mais c'est précisément pour rendre l'appareil plus sécuritaire que nous avons dû ajouter cette pièce.» (On suppose ici que le client a manifesté un besoin sur le plan de la sécurité.)

Ces trois techniques, vous l'aurez remarqué, ne tentent pas d'éliminer l'objection. Et vous ne réussirez jamais à éliminer une objection qui est fondée. Vous ne pouvez nier que votre solution est un peu compliquée, que votre entreprise débute et que votre équipement est encombrant. Mais cela ne veut pas dire que votre client n'achètera pas. Votre travail ne consiste pas à éliminer les objections, mais à démontrer au client que les avantages de votre produit compensent amplement ses légers inconvénients.

Revenez-en toujours au besoin fondamental du client. Démontrez-lui les mérites de votre solution, les possibilités qu'elle a de satisfaire ses besoins. Le vendeur qui apprend à faire face aux objections du client fait preuve de confiance envers sa solution et favorise la décision du client; au contraire, celui qui n'ose pas les affronter ne fait que renforcer le doute et l'indécision du client.

LES OBJECTIONS À PROPOS DU PRIX

Plusieurs facteurs servent à déterminer les mérites de la solution que vous proposez à votre client. Le plus important de tous ces facteurs est sans aucun doute le prix de cette solution. Même si vous avez le meilleur produit au monde, il n'est pas sûr que vous puissiez le vendre. Chaque individu a ses propres valeurs et ses limites. Le prix influencera d'autant plus vos clients qu'ils pourront se procurer le même produit ou service à un prix à peu près équivalent. Par contre, ils savent aussi qu'en général prix et qualité vont de pair. Il faut vous rappeler que le prix demandé est toujours relatif à la valeur de votre offre. Plusieurs autres facteurs peuvent influer sur la décision d'un client : qualité du produit, service après-vente, rapidité de la livraison et capacité d'inventaire. Ces facteurs sont très variables d'un client à l'autre. Plus vous apprendrez à connaître votre client, plus il vous sera facile de faire face aux objections qu'il pourra vous opposer à propos du prix de vos services.

Si vous recevez trop d'objections à propos du prix que vous demandez, cela peut vouloir dire que vous n'insistez pas suffisamment sur les problèmes du client, que vous ne stimulez pas assez son désir d'agir et que vous n'élaborez pas assez votre solution. Offrez à vos clients un produit qui comble leurs besoins, qui résout leurs problèmes et justifiez l'investissement que vous demandez en insistant sur les qualités et les avantages de vos produits et services, et sur les résultats souhaités.

Les objections à propos du prix peuvent également provenir de la façon dont vous annoncez votre prix. Il n'existe pas de règle absolue en ce qui concerne le moment idéal pour annoncer votre prix. Est-ce au client à en parler ou à vous ? Cela peut dépendre de la situation. Ce qui vous avantage en certaines circonstances peut aussi vous désavantager en d'autres circonstances.

Essayez différentes façons de procéder et choisissez celle qui convient le mieux à votre domaine d'activité. Pour ma part, je préfère attendre que le client m'en parle. J'ai appris de Tom Hopkins une excellente technique qui me permet de présenter mon prix de façon à mieux préparer le client à l'entendre. Voici comment cela fonctionne.

Lorsqu'un client vous demande combien ça coûte, vous lui répondez : «Vous savez, M. Leblanc, nous avons plusieurs produits qui s'appliquent à différents budgets. La plupart des gens intéressés par un produit comme celui-ci sont prêts à investir (vous donnez un prix majoré de 10 à 20 %). Il y en a d'autres qui n'ont aucune limite de budget et qui sont prêts à aller jusqu'à (vous donnez un montant qui correspond à 50 % de plus que le prix demandé). Puis il y a tous ceux qui veulent quand même un produit de qualité supérieure, mais qui fonctionnent avec un budget plus limité et qui, par le temps qui court, ne peuvent investir plus de (vous donnez le prix demandé). Dites-moi, M. Leblanc, dans quelle catégorie êtes-vous?»

Cette technique est formidable. La plupart vous disent qu'ils sont dans la catégorie intermédiaire ou dans la plus basse. Quel soulagement lorsque vous leur annoncez que vous pouvez leur procurer un produit au prix le plus bas! En procédant ainsi, il est beaucoup plus facile de faire accepter votre prix par le client. Vous évitez de le surprendre par un montant auquel il ne s'attendrait pas. En lui proposant trois possibilités, vous lui permettez de visualiser une certaine échelle de valeurs et de se situer dans cette échelle.

S'il vous demande quelle est la différence entre les trois prix, dites-lui simplement : «Je voulais seulement vous faire comprendre qu'il y a des gens qui seraient prêts à payer beaucoup plus cher pour l'obtenir. Au fait... » Apprenez à vous servir de cette technique et vous écarterez bon nombre d'objections à propos du prix. Le prix n'est souvent qu'un faux prétexte pour l'acheteur. En réalité, ceux qui n'ont pas d'argent n'aiment pas l'admettre. Il peut arriver par contre que vos clients aient besoin d'être convaincus. Dans ce cas, servez-vous d'une des trois techniques suivantes :

1. Le fractionnement

Les gens ne se rendent pas compte que, lorsqu'ils acquièrent un bien qui leur durera plusieurs années, ils en bénéficient tous les jours. Pour illustrer cette technique, supposons que vous vendez des automobiles et que celle qui intéresse votre client représente un investissement de 27 000 $, soit 2 000 $ de plus que le budget qu'il avait prévu. Ce qu'il vous faut comprendre, c'est que votre client a déjà accepté de payer 25 000 $. Ce que vous devez maintenant lui vendre, c'est uniquement le montant de la différence.

La technique du fractionnement consiste à fractionner cette somme et à la comparer avec une dépense usuelle. Voici ce que vous pourriez dire à votre client : «M. Gravel, vous comptez garder cette voiture au moins cinq ans, c'est bien ça? Donc, si on divise 2 000 $ par cinq, on obtient 400 $. Et vous allez en profiter toute l'année; si on divise 400 $ par 50, ça donne 8 $, soit un peu plus de 1 $ par jour! M. Gravel, combien vous coûte un café au restaurant?»

Cette façon de procéder est excellente parce qu'elle amène le client à réfléchir et à voir les choses d'un point de vue différent. Chaque jour, nous dépensons sans y penser. Pourtant, si nous faisions le compte de nos petites dépenses courantes, nous verrions qu'elles dépassent parfois la différence à payer pour un bien durable. Si vous prenez un café par jour à 1,50 $ le café, cinq jours par semaine, vous aurez dépensé 375 $ à la fin de l'année et 1 875 $ au bout de cinq ans. Cesserez-vous de boire du café pour autant?

2. La loi du commerce

Cette technique est plus que centenaire. Elle nous vient du philosophe américain John Ruskin, et nous l'avons adaptée à nos besoins. Adaptez-la vous aussi à votre produit ou service.

«Vous savez, de nos jours, il n'est pas toujours bon de se guider sur le prix. S'il n'est pas recommandable de payer trop cher, il l'est encore moins de payer trop peu. En payant trop cher, vous perdez un peu d'argent mais c'est tout... Par contre, en payant trop peu, vous risquez de tout perdre parce que l'article que vous aurez acheté ne vous donnera pas la satisfaction que vous en attendiez. Il est impossible d'obtenir le maximum en ne payant que le minimum, c'est la loi du commerce. En traitant avec le marchand le moins cher, ne serait-il pas sage d'ajouter quelque chose au prix pour couvrir le risque que vous courez? En agissant ainsi, vous aurez probablement assez d'argent pour obtenir un produit de qualité supérieure! Si l'article acheté vous donne satisfaction, son prix, quel qu'il soit, sera bientôt oublié... Par contre, les inconvénients d'un produit défectueux s'oublient difficilement, n'est-ce pas votre avis?» Reproduisez cette loi du commerce dans votre cahier de présentation, faites-la lire à vos clients et constatez leur réaction. C'est une excellente façon d'aborder une discussion à propos du rapport qualité-prix de votre offre.

3. LE PRIX D'UN PROBLÈME

Voici une façon subtile de faire comprendre à votre client que le prix de la solution est toujours relatif à l'ampleur du problème. «Vous savez, M. Dufour, chaque problème a un prix. Que vous décidiez ou non d'adopter la solution que je vous propose, il y aura toujours un prix à payer. Si vous acceptez ma solution et que vous faites erreur, vous perdrez un petit montant. Mais si vous refusez ma solution et que vous faites erreur, vous pourriez perdre un très gros montant! Êtes-vous prêt à risquer un petit montant pour éviter une grosse erreur?»

Cette technique peut s'avérer très utile si vous offrez un produit comme l'assurance, qui protège contre un élément de risque, ou tout service qui comporte des honoraires.

Lorsque vous faites face à une objection concernant le prix, vous pouvez également vous servir des trois autres techniques que nous avons apprises plus tôt. Ainsi, en tournant le négatif en positif, vous pourriez répondre à l'objection «C'est trop cher» en disant à votre client : «Vous savez, M. Lavoie, c'est justement pour améliorer les performances et la vitesse de notre appareil que nous avons dû faire quelques changements, qui ont eu pour résultat d'en augmenter le prix.»

Si vous ne pouvez répondre à une objection concernant le prix, essayez de considérer d'autres solutions. Toutes sortes de possibilités s'offrent à vous. Selon votre domaine d'activité, vous pourriez :

- Offrir des conditions différentes.

- Partager le risque ou les pertes possibles.

- Modifier le produit, les procédés, les options ou les spécifications.

- Recommander l'achat d'une partie du produit ailleurs.

- Inviter votre client à faire un essai gratuit.

- Laisser le client fournir une partie du service.

- Offrir un contrat de crédit, une formule différente.

- Suggérer un échéancier d'achat réparti sur plusieurs mois.

- Demander au client de s'occuper lui-même de la livraison, de l'installation.

Soyez créatif. Si vous connaissez les besoins de votre client, il existe sûrement une façon d'adapter votre proposition à son budget.

LES OBJECTIONS QUI
CONCERNENT LA DÉCISION

Lorsqu'un client vous dit à la fin d'une entrevue qu'il aimerait y réfléchir, cela peut signifier plusieurs choses. Vous devez apprendre à découvrir la vraie raison de son hésitation, sinon vous perdrez énormément de temps à renouer contact avec ce client pour vous rendre compte à la fin que plus le temps passe, moins il y pense.

FAIRE LE TOUR DES AVANTAGES
DE VOTRE OFFRE

J'aime bien mettre les choses au clair avant de partir pour savoir si mon client veut vraiment réfléchir et à quoi il désire réfléchir, ou s'il veut simplement se débarrasser de moi parce qu'il sait déjà qu'il peut obtenir le même produit de son fournisseur actuel ou à un prix inférieur. Lorsqu'à la fin d'une entrevue votre client vous dit qu'il désire y réfléchir, dites-lui simplement :

«Je respecte votre décision, Mme Joly, mais, avant de partir, est-ce que je peux vous poser quelques questions?» «Certainement, allez-y.» «Avez-vous été impressionnée par le genre de travail que nous faisons?» «Oui, j'aime bien ça et je sens que ça peut nous être utile.» «Pensez-vous vraiment que notre solution peut vous aider à résoudre votre problème?» «Oui, j'en suis convaincue.» «Le fait que notre machine soit plus rapide, trouvez-vous ça intéressant?» «Oui, sûrement, ça peut nous aider.» «Et le fait également que vous puissiez mieux contrôler votre productivité, n'est-ce pas un avantage important?» «Très important.» «Mme Joly, entre vous et moi, serait-ce simplement une question d'argent qui vous retient?» «Bien, voyez-vous, c'est un peu ça. C'est un peu plus cher que je ne pensais. Franchement, je ne m'attendais pas à une telle somme... »

Cette approche consiste à faire une dernière fois le tour de tous les avantages de votre produit ou service en rapport avec le besoin du client. S'il n'est pas d'accord sur un des avantages, il se peut fort bien qu'il s'agisse alors de son objection finale. Par contre, s'il est d'accord sur tout ce que vous dites, il ne peut y avoir qu'une seule entrave à sa décision : ses ressources financières. Pourquoi ne pas lui en parler! Si c'est bien la raison de son indécision, peut-être pourrez-vous l'aider en vous servant des techniques que nous avons étudiées plus tôt.

DEMANDER CE QUI NE VA PAS

Une autre façon de procéder pourrait être de lui tenir simplement le propos suivant : «Mme Joly, je sens qu'il y a quelque chose qui ne va pas. Si je regarde la situation dans son ensemble, je sens que nous avons accompli du très bon travail. Nous avons analysé en détail les problèmes de votre entreprise, nous vous avons suggéré une solution très avantageuse qui permettrait entre autres à votre entreprise de... (vous donnez les avantages de votre solution) et pourtant vous semblez hésiter. Pouvez-vous me dire ce qui ne va pas?»

Ce propos est franc et honnête. Si j'ai le sentiment d'avoir bien accompli mon travail et si je suis convaincu que ma solution peut aider mon client, j'aime bien mettre cartes sur table et lui demander ce qui ne va pas. Peut-être me dira-t-il que tout est parfait sauf le prix. Encore une fois, je saurai au moins ce qui l'empêche de prendre sa décision et je pourrai toujours essayer de le convaincre en me servant des techniques précédentes.

Souvent, le client ne sait pas lui-même ce qui ne va pas et c'est la raison pour laquelle il préfère remettre sa décision à plus tard. Dans ce cas, essayez d'amener votre client à réfléchir par des questions comme :

- M. Gagné, qu'est-ce que ça prendrait pour vous satisfaire?

- Si je pouvais adapter exactement mon produit à vos besoins, qu'est-ce que ça vous prendrait de plus?

- Qu'est-ce que vous suggéreriez?

- Est-ce que je peux vous demander pourquoi vous hésitez?

- Est-ce qu'il existe une autre raison qui pourrait vous empêcher de prendre votre décision?

Lorsque vous posez des questions comme celles-ci, vous faites preuve de conviction. Vous ne vendez pas, vous aidez votre client à acheter. Voici sept idées-actions qui vous permettront de mieux réagir aux objections de vos clients.

✓ 1. *Mentionnez votre prix le plus tard possible.* Que signifie un prix sans aucune base de comparaison? Si vous mentionnez votre prix trop rapidement, il restera ancré dans l'esprit du client tout au long de l'entrevue, ce qui pourrait bien le distraire et lui faire considérer votre offre en fonction du prix seulement. Attendez d'avoir examiné tous les aspects et d'avoir prouvé la valeur de votre offre avant de mentionner un prix.

✓ 2. *Profitez d'une objection pour définir les besoins de votre client avec encore plus de précision :* questionnez-le davantage afin d'être en mesure de relier votre réponse à ses problèmes.

✓ 3. *Répondez immédiatement à une objection* si elle se rapporte à un point dont vous avez déjà discuté.

✓ 4. *Reportez votre réponse à plus tard dans le cas contraire,* à plus forte raison si l'objection du client concerne la solution que vous vous apprêtez à lui proposer. Gardez la maîtrise de la situation en lui disant : «Je comprends votre point de vue; si vous le permettez, je vais revenir sur ce sujet dans quelques minutes.»

✓ 5. *Notez toutes les objections que vos clients soulèvent.* La plupart du temps, ce sont toujours les mêmes qui reviennent. Chaque fois que vous faites face à une nouvelle objection, notez-la et préparez une réponse appropriée.

✓ 6. *Étudiez les méthodes des autres vendeurs.* La prochaine fois que vous rencontrerez un vendeur pour affaires, observez sa façon de répondre à vos objections. Peut-être découvrirez-vous une nouvelle stratégie. Mais vous vous rendrez compte rapidement que la plupart des vendeurs se laissent facilement dominer par une objection.

✓ 7. *Si vous recevez trop d'objections,* revoyez votre façon d'effectuer vos entrevues de consultation!

12

Ce n'est qu'au moment où l'homme refuse le soutien de ses pairs et reste seul que je le vois prêt à être fort et à l'emporter.

CONCLURE LA VENTE

J'AI SOUVENT PENSÉ, à mes débuts dans la vente, qu'il existait un secret pour conclure les ventes. À preuve, tous ces livres, tous ces articles ayant pour sujet la conclusion d'une vente et dont les titres eux-mêmes semblent conçus pour entretenir cette idée : *Secrets pour conclure la vente, L'art de conclure, Concluez avec puissance, 24 secrets pour conclure une vente...*

J'ai parfois l'impression qu'après toutes ces années les choses n'ont pas changé. Plusieurs vendeurs pensent encore qu'il existe un secret, des techniques et des tactiques permettant de conclure une vente et que la conclusion serait impossible sans une technique appropriée à chaque situation.

D'ailleurs, nous recevons toutes les semaines des demandes de la part de directeurs des ventes pour une conférence ayant pour thème la conclusion d'une vente. Toutefois, nous refusons de parler de conclusion d'une vente sans aborder en même temps le sujet de la consultation.

Ce qui ne veut pas dire que nous croyons qu'il ne faut pas conclure la vente. Au contraire, nous pensons que c'est une des parties les plus importantes du processus de vente et que, à un certain moment, le vendeur doit demander au client de s'engager. Aucune vente n'est complète sans l'accord du client et cela peut impliquer sa signature et son chèque. Pour plusieurs vendeurs, c'est souvent la partie la plus difficile de l'entrevue. C'est pourquoi on nous demande souvent de faire une conférence sur ce sujet.

Mais la conclusion ne représente la partie la plus difficile de la vente que si l'entrevue de consultation n'a pas été fructueuse. S'il existe un secret pour conclure vos ventes, le voici : efforcez-vous de réussir vos entrevues de consultation.

Les cours traditionnels de techniques de vente mettent beaucoup trop l'accent sur les techniques de conclusion et, à mon avis, n'insistent pas assez sur l'importance de l'entrevue de consultation et sur celle du processus de vente interactif. Toutefois, cette situation semble vouloir évoluer; la vente doit nécessairement s'adapter au client.

Il est vrai que plusieurs livres sur la vente datent déjà de quelques années, une époque où le consommateur était beaucoup moins informé et beaucoup moins sensible à la qualité de l'offre. Certains auteurs y suggéraient des techniques de conclusion tout à fait manipulatrices, que plusieurs vendeurs, même aujourd'hui, continuent à utiliser. Malgré certaines réserves, je ne peux conclure à l'inefficacité de ces techniques. À vrai dire, tout dépend de ce que vous recherchez : conclure une vente ou établir une relation à long terme avec votre client?

Le processus de vente interactif va bien au-delà d'un résultat à court terme : son objectif principal, c'est la satisfaction du client, ce qui ne peut être que le fruit d'une entrevue de consultation bien menée. Celui qui fait de l'entrevue de consultation le point de départ de sa relation avec un client n'a pas à s'inquiéter : la conclusion de la vente devrait être le résultat logique de son travail.

Lorsque le travail de consultation est bâclé, il est difficile de conclure. Il est normal qu'il en soit ainsi. Le problème de ceux qui ne peuvent conclure leurs ventes ne résulte pas d'un manque de techniques mais plutôt d'un manque de connaissances à propos du client, de ses besoins, de ses attentes et de ses préoccupations. Même si vous possédez les meilleures techniques de conclusion, je doute que vous arriviez à convaincre celui qui n'a pas encore compris qu'il a un problème; cette personne n'aura en effet rien à résoudre.

L'idéal serait sûrement d'en venir à ce que le client décide lui-même d'acheter. C'est ce qui se produit souvent. Si vous avez bien mené votre entrevue de consultation, si vous avez réussi à isoler un problème et que vous avez vraiment donné l'envie au client de le résoudre, si le *timing* est bon, il se présentera des situations où vous n'aurez aucun besoin de conclure. Votre client décidera lui-même que votre proposition l'intéresse. Malheureusement, comme nous le verrons un peu plus loin, il n'en va pas toujours ainsi : certaines personnes sont plus indécises que d'autres et vous devrez les aider.

Mais il existe tout de même une différence entre aider et forcer, entre conclure et contraindre. Conclure une vente, c'est aider quelqu'un à prendre une décision et non le pousser. C'est pourquoi, dans cette leçon, nous n'avons pas tellement l'intention de nous attarder sur les techniques de conclusion et sur des formules compliquées, mais plutôt de vous faire comprendre que la conclusion est beaucoup plus une affaire de *timing* et de manière.

Vendre, c'est aider le client à acheter par des questions posées au bon moment. Nous verrons comment faire en sorte que ces questions soient aussi directes que possible. Nous verrons également comment choisir le meilleur moment pour les poser. Mais auparavant, voyons pourquoi nous devons, dans la plupart des cas, aider les gens à prendre une décision.

• • • • • • • • • • • • • • • • • • • •

Le client devant la décision

Nous avons dit que le vrai secret pour conclure vos ventes résidait dans l'efficacité de vos entrevues de consultation. Alors, si vous avez fait un bon travail, si tout est si clair, si évident, pourquoi la plupart des gens hésitent-ils? La réponse est simple : devant une situation donnée, deux individus réagiront différemment et prendront des décisions basées sur des motivations différentes. La nature de leur décision sera grandement influencée par le processus décisionnel que nous avons décrit dans le chapitre 6 et qui agit de façon inconsciente sur la plupart des décisions que nous prenons. Elle sera également influencée par de nombreux autres facteurs, dont voici les principaux :

1. La limite des connaissances

Les différents produits et services offerts sur le marché deviennent de plus en plus sophistiqués à mesure qu'évoluent la recherche technologique et le développement industriel. De nouveaux produits que la plupart des gens ne peuvent comprendre sont apparus sur le marché : l'ordinateur, le laser, la fibre optique; autant de découvertes qui ont eu pour effet de dérouter les consommateurs. Et cela dans tous les domaines. Prenez par exemple le secteur des valeurs mobilières. Des ordinateurs et des programmes ont été spécialement conçus pour suivre l'évolution des valeurs qui sont inscrites à la bourse. Et vous, pouvez-vous me dire dans quelles valeurs vous devriez investir votre argent compte tenu de votre situation actuelle, de vos revenus d'emploi, de vos objectifs, de l'âge auquel vous aimeriez vous retirer et du degré de risque que vous êtes en mesure d'assumer? Il serait sûrement préférable de consulter un courtier en valeurs mobilières.

C'est la même chose dans le domaine des assurances : parmi les quelque 200 compagnies qui sont au Canada, pouvez-vous me dire laquelle possède exactement le produit qu'il vous faut et quel montant d'assurance vous devriez demander compte tenu de votre situation particulière? Vous devriez plutôt vous en remettre à un professionnel de l'assurance en espérant que ce soit un champion de la vente. Et il en va ainsi dans plusieurs secteurs. Lorsqu'il s'agit de prendre une décision d'achat, la plupart des individus ne possèdent pas les connaissances nécessaires pour évaluer correctement les différentes solutions possibles.

2. La peur de prendre une mauvaise décision

Certaines personnes ont tellement peur de se tromper, tellement peur de prendre une mauvaise décision qu'elles préfèrent souvent ne pas en prendre. Elles veulent être convaincues de prendre la bonne décision, convaincues qu'il s'agit du bon produit, au bon prix, aux meilleures conditions et que parmi toutes les options possibles c'est vraiment la meilleure, la moins chère et la plus appropriée.

Vous connaissez sûrement cet éternel indécis toujours en train de peser le pour et le contre. Pour ce genre d'individu, décider représente toujours un immense défi. Surtout que, en décidant, il doit faire un choix qui élimine du même coup toutes les autres options, dont certaines n'ont rien à voir avec votre offre. Ne laissez pas ces clients dans l'indécision, dans une situation inconfortable entre «Je le fais» et «Je ne le fais pas.» Ils ont besoin de votre aide.

3. La tendance à remettre au lendemain

Alors que certains ont peur de faire un mauvais choix, d'autres manquent totalement de résolution, de détermination. Ils sont presque convaincus qu'ils devraient prendre une décision mais, pour une raison ou pour une autre, ils préfèrent y penser. Ils ne peuvent se résoudre à prendre une décision immédiate. Pourtant, il a été maintes fois prouvé que, dans les heures qui vont suivre votre présentation, vos clients oublieront plus de la moitié de ce que vous leur aurez dit et plus de 90 % après une semaine. Plus le temps passe, moins ils disposent de renseignements. Sans compter tous les imprévus qui risquent de différer une décision, laquelle aurait été profitable si elle avait été prise au bon moment. Combien de gens ont retardé le début d'un contrat d'investissement et se sont retrouvés quelques années plus tard dans une situation inconfortable!

«Les réussites de demain sont les décisions d'aujourd'hui.» Je ne sais pas qui a écrit cette maxime, mais je m'en sers très souvent lorsque je tente de faire comprendre à une personne l'importance de prendre une décision immédiate. En effet, ne vaut-il pas mieux prendre une décision en toute connaissance de cause, au moment où l'on dispose de toutes les données et de tous les éléments requis?

4. LES FACTEURS D'INFLUENCE

Nous avons souvent parlé de ces facteurs d'influence, variant d'un individu à l'autre et influant sur leur décision au plus haut point. Personnalité, éducation, expériences passées, passions secrètes, préjugés, opinions, états d'âme sont autant de facteurs subjectifs et difficiles à évaluer qui jouent un rôle important dans la décision.

•••••••••••••••••••••

D'autres facteurs peuvent également nuire à la capacité de décision d'un individu, l'aptitude à analyser une situation de façon globale n'étant pas le moindre. C'est pourquoi nous croyons que le vendeur a un rôle important à jouer au moment de la prise de décision. D'ailleurs, que diriez-vous d'un vendeur qui, après une excellente présentation de son produit ou de son service, après vous avoir prouvé les avantages de son offre et vous avoir expliqué toutes les options possibles, vous dirait : «Eh bien! Je dois maintenant vous quitter. Rappelez-moi pour votre décision.» Ne trouveriez-vous pas son comportement un peu bizarre?

Évidemment, l'acheteur s'attend à ce que le vendeur lui demande d'acheter. N'avez-vous pas remarqué que le client se sentait soulagé une fois qu'il avait pris une décision difficile? Vous l'avez aidé. Maintenant, il vous en remercie. Il est heureux et se félicite de cette décision, qui est vraiment la sienne : vous n'avez fait que l'aider à acheter. C'est pourquoi nous disons que conclure, c'est simplement lui rendre la tâche plus facile.

● ● ● ● ● ● ● ● ● ● ● ● ● ● ● ● ● ● ● ●

CONCLURE AVEC CONFIANCE

Certains vendeurs craignent l'étape de la conclusion : c'est une étape déterminante, celle qui remet tout en cause. Certains craignent de voir tous leurs efforts rendus inutiles. Ils ont travaillé fort. Ils sentent qu'ils ont réussi à gagner la confiance du client et souvent même à s'en faire un ami. Et si maintenant il refusait leur offre? Et si cela remettait en question toute la relation qu'ils ont réussi à établir? Plusieurs vendeurs n'osent pas demander de peur d'avoir à affronter le client. Pourtant, si vous êtes convaincu de la valeur de votre offre, vous n'avez pas à avoir peur. Faites votre travail jusqu'au bout et osez lui demander de s'engager. S'il n'est pas prêt, il vous le dira. Mais comment pourrez-vous le savoir si vous ne le lui demandez pas?

La conclusion de la vente est une étape pratique : celle où l'on passe à l'action, où l'on concrétise l'objet de ses discussions. Assez parlé; il faut maintenant agir. Prenez l'initiative. Demandez au client de s'engager. Demandez avec confiance, comme si vous étiez déjà certain de sa décision.

Si vous avez un doute, il le saura. Dans ce cas, devriez-vous lui demander de s'engager? Nous touchons ici au point fondamental de toute la philosophie sur laquelle se fonde le processus de vente interactif. Si vous n'êtes pas convaincu de la valeur de votre offre, vous ne devriez pas être en train de la proposer.

Conclure une vente, c'est aider quelqu'un à prendre une décision, et surtout une bonne décision. Il vous sera impossible d'aider quelqu'un à prendre une bonne décision si vous-même vous en doutez. Avant de vendre votre solution, vous devrez l'acheter. Posez-vous les questions suivantes :

- Mon client en a-t-il vraiment besoin?

- A-t-il les moyens de se l'offrir?

- S'en trouvera-t-il mieux?

- Si j'étais à sa place, dans les mêmes conditions, est-ce que je prendrais la même décision?

Une attitude positive devant la décision est encore la meilleure façon d'influencer favorablement votre client. Demandez-lui de s'engager comme si vous étiez déjà certain de sa décision. Demandez avec confiance, avec espoir. Attendez-vous à ce que sa décision soit favorable. Si vous avez bien fait votre travail, vous n'avez aucune raison de craindre un refus. Dites-vous que votre client désire vraiment résoudre son problème et qu'il a besoin de votre solution.

• •

Le timing

Existe-t-il un moment idéal pour conclure une vente? Un moment où il faut arrêter de parler et demander au client de s'engager? Ce moment existe; plusieurs vendeurs l'ont appris à leurs dépens en essayant de conclure trop tôt ou, ce qui n'est guère mieux, trop tard. Le moment idéal pour conclure, c'est lorsque le client est prêt. En général, vous devriez demander au client de s'engager le plus tôt possible après la présentation de votre offre. Vous avez mené une bonne entrevue de consultation, vous avez présenté à votre client tous les faits concernant votre offre de service. Ne lui en dites pas plus. C'est assez. Si vous continuez à parler, vous risquez de semer la confusion dans son esprit et de rendre sa décision encore plus difficile.

Quand vous aurez présenté votre offre à votre client, faites un court résumé de sa situation, de ses problèmes, de leurs effets et des avantages de votre solution par rapport aux problèmes soulevés. Un bon résumé fournit une base solide à la conclusion de la vente. Il aide à préparer le client et le met dans de bonnes dispositions pour la décision qu'il aura à prendre. Vérifiez ensuite s'il a bien compris et assurez-vous de son degré d'intérêt en lui demandant simplement : « Avez-vous des questions ? » « Comment trouvez-vous cette idée ? » « Ça vous convient ? » Posez-lui ensuite une question-test comme celles que nous verrons un peu plus loin.

Évidemment, les choses ne se présenteront pas toujours ainsi. Chaque situation est différente. Il se peut que certains clients soient prêts bien avant la fin de votre présentation. En d'autres occasions, ils vous opposeront plusieurs objections longtemps après que vous aurez proposé votre offre. Dans tous les cas, surveillez leurs signaux d'achat. Ces signaux sont réels et, si vous y êtes attentif, ils vous indiqueront le moment propice pour conclure.

Ces signaux sont faciles à voir parce qu'ils sont souvent inconscients. La décision, à cause de tout ce qu'elle implique pour le client, provoque souvent chez celui-ci un état de stress qui se répercute tant dans l'expression de son visage que dans ses moindres gestes et propos. Voici quelques exemples de signaux d'achat :

• Le client met ses lunettes et étudie votre proposition.

- Il se rapproche pour mieux se concentrer.
- Il change de posture.
- Il gesticule nerveusement, se frotte le menton.
- Il prend une grande respiration.
- Il communique mieux, son attitude est plus détendue.
- Il devient plus souriant, plus intéressé à ce que vous dites.
- Il examine certaines parties de votre proposition, des photos, du matériel.
- Ses yeux deviennent plus brillants.
- Il pose des questions d'utilisateur ou qui portent sur des détails. Par exemple :

  — Est-ce que mon appareil aura cette fonction?

  — Est-ce que la garantie peut être étendue à trois ans?

  — La livraison est-elle incluse?

  — Est-ce que vous l'avez en bleu?

  — Êtes-vous certain du résultat?

Lorsque le client vous envoie un signal d'achat, il se pourrait bien qu'il soit prêt. Vous n'auriez alors aucun avantage à poursuivre votre présentation. Pour vérifier s'il est vraiment prêt, posez-lui une question-test.

•••••••••••••••••••••

LES QUESTIONS-TESTS

Les questions-tests permettent de vérifier l'intérêt du client pour votre proposition sans risquer votre position. En vous servant d'une question-test, vous ne demandez pas au client d'acheter. Vous supposez qu'il a déjà acheté et vous lui demandez maintenant de prendre une décision facile et simple à propos d'un élément secondaire ou d'un détail.

La raison en est évidente : si le client ne répond pas favorablement à votre question-test, vous savez qu'il vous reste du travail à faire. Vous n'avez probablement pas répondu à toutes ses questions. Peut-être a-t-il encore des doutes, des objections dont il ne tardera pas à vous faire part. Mais en posant une question-test plutôt qu'en demandant une décision d'achat, vous n'avez pas rompu l'entretien. Il est beaucoup plus facile de poursuivre votre présentation après une question-test dont la réponse est négative qu'après une tentative de conclusion ratée.

En vous servant d'une question-test, vous évitez également de mettre le client dans une situation embarrassante qui l'oblige à prendre une décision difficile. Une décision ne se prend pas toujours de façon globale. Certaines personnes, sans s'en rendre compte, y vont par étape. Elles prennent de petites décisions qui les amènent graduellement à la décision finale.

Par contre, si la réponse à votre question-test est encourageante, c'est souvent un signe que votre client est prêt, même s'il ne se rend pas encore compte que sa décision est prise. Mais, au fait, à quel moment précis la décision finale se prend-elle?

Juste avant de prendre une décision, vous ne l'avez pas encore prise. Même s'il vous a fallu une semaine ou un mois pour vous décider, on peut supposer qu'à un moment précis dans le temps vous n'aviez pas encore pris votre décision et que l'instant d'après vous l'aviez prise. C'est justement l'objectif des questions-tests : évaluer la position du client tout en provoquant une situation de prise de décision; faire pencher la balance en faveur de votre offre.

Il y a quelques années, j'animais un séminaire dans la ville de Québec. Nous discutions de ce sujet lorsqu'un vendeur d'automobiles s'opposa : «Mais voyons, Michel, ça n'a pas de sens : je dois tout de même demander au client s'il désire acheter la voiture!» À ce moment, un des participants l'interrompit. C'était un individu plutôt timide, qui n'avait pratiquement pas parlé de tout le séminaire. Il venait de constater l'importance des questions-tests. Il nous raconta son aventure : «La semaine dernière, je suis allé chez un concessionnaire automobile. Il y avait une voiture qui me plaisait, mais je n'étais pas encore tout à fait décidé. Ma femme l'était, mais moi je préférais y réfléchir. Il y a deux jours, nous sommes retournés chez ce concessionnaire. Le vendeur nous a fait une nouvelle présentation du modèle en question, il a répondu à nos questions puis il m'a demandé : "Au fait, Jean, as-tu ton permis de conduire?" Instinctivement, j'ai porté la main à la poche de mon veston. J'y ai pris mon permis de conduire et le lui ai remis. Il a noté tous les renseignements, a rempli le contrat et nous l'a remis pour que nous l'approuvions. Nous sommes repartis avec l'auto, mais il ne nous a jamais demandé si nous la prenions.»

Voilà, Jean venait de comprendre ce qui s'était passé. À quel moment avait-il pris sa décision d'acheter? Inconsciemment, il avait pris sa décision en mettant la main dans la poche de son veston. Quelques mois plus tard, un des meilleurs vendeurs d'automobiles de tout le Canada participait à un de nos séminaires. Il nous avoua qu'il concluait pratiquement toutes ses ventes au moyen de cette simple question-test : «Au fait, avez-vous votre permis de conduire?»

«Si je pose cette question au bon moment, nous dit-il, le client me remet son permis de conduire et la vente est conclue. Par contre, s'il n'est pas prêt, il me le dit et je lui réponds : "Je m'excuse, je pensais avoir répondu à toutes vos questions. Est-ce qu'il y a un point dont vous aimeriez rediscuter?" Normalement, le client m'oppose une dernière objection, à laquelle je m'empresse de répondre avant de revenir avec une autre question-test.»

Les questions-tests sont la meilleure façon que je connaisse d'évaluer la position du client et de provoquer une situation de prise de décision. Sans aucun risque de compromettre votre vente ou de nuire à l'atmosphère de la rencontre, elles vous permettent de sonder le terrain et de voir comment les choses se présentent. Votre client est-il prêt? A-t-il d'autres questions? A-t-il besoin d'autres renseignements? Les questions-tests vous donnent la réponse à toutes ces questions. Voici quatre types de questions-tests :

1. Les questions visuelles

Avant d'acheter physiquement, les gens doivent acheter mentalement. Les questions visuelles permettent de placer le client dans la même situation que s'il avait déjà acheté. Elles portent sur une décision secondaire qu'il aurait à prendre une fois qu'il aurait pris sa décision finale.

Exemples :

- Aimeriez-vous mieux recevoir la documentation en anglais?

- Vous ne verriez pas d'objection à ce qu'on commence les travaux pendant la fin de semaine?

- Je suppose qu'en cas de panne vous aimeriez que la clause de service s'applique immédiatement?

- J'imagine qu'en cas d'accident vous aimeriez recevoir vos prestations dès le premier jour?

- Seriez-vous plus à l'aise si on l'enregistrait au nom de votre entreprise?

- Vous rendez-vous compte de tout le temps que vous allez gagner?

- Y a-t-il d'autres personnes que vous qui vont l'utiliser?

- Avez-vous hâte de profiter pleinement de...?

- J'imagine que vous allez vous sentir soulagé une fois que...?

2. *LES QUESTIONS QUI OFFRENT UNE ALTERNATIVE*

La plupart des gens n'aiment pas prendre des décisions. Ils préfèrent faire des choix. Les questions qui proposent une alternative offrent justement cette possibilité au client de faire un choix entre deux ou plusieurs options qui, toutes, confirment sa décision. C'est une très vieille technique de vente, mais toujours efficace, pourvu que vous vous en serviez de façon naturelle. Évitez les questions simplistes du genre : «Préférez-vous signer aujourd'hui ou demain matin?» Soyez un peu plus subtil. Demandez-vous quelle alternative peut s'appliquer à la situation immédiate de votre client. Quels sont les véritables choix qu'il devrait faire s'il décidait d'aller de l'avant? Essayez, autant que possible, de les renforcer avec une question visuelle.

Exemples :

- Voulez-vous qu'on le livre à votre bureau de Montréal ou à celui de Québec?

- Préférez-vous que l'on forme votre personnel à vos bureaux ou dans nos locaux?

- Ferez-vous l'installation vous-même ou désirez-vous qu'on s'en occupe?

- La session devrait-elle avoir lieu au début ou vers la fin de la semaine?

- Doit-on inscrire votre adresse personnelle ou celle de votre bureau?

- Laquelle parmi toutes ces options vous convient le mieux?

3. LES QUESTIONS RÉFLEXES

Les questions réflexes sont des questions auxquelles le client peut répondre sans même y penser, de façon quasi automatique. Comme ce type de question ne devrait normalement être posé qu'à une personne ayant déjà pris sa décision, si votre client y répond, c'est un signe qu'il est déjà décidé.

Exemples :

- Connaissez-vous votre code postal?

- Au fait, avez-vous une carte d'affaires?

- Pouvez-vous me donner votre numéro d'assurance sociale?

- Quelle est votre adresse exacte?

- Comment s'épelle votre nom?

- Quel est le prénom de votre femme?

4. LA QUESTION MIROIR

Il s'agit de répondre à une question par une question, de façon à provoquer la réponse du client. Nous avons déjà vu que les questions d'utilisateur qu'un client pose à la fin d'une présentation peuvent représenter des signaux d'achat. Plutôt que d'y répondre simplement par l'affirmative, pourquoi ne pas retourner la question au client afin d'obtenir un oui de sa part? Ainsi, lorsqu'il vous demande si la garantie peut être étendue à trois ans, vous pouvez lui répondre simplement oui. Mais cela ne vous permet pas de conclure. Répondez-lui plutôt : «C'est important pour vous d'avoir une bonne garantie?» S'il répond «Oui», vous obtiendrez la confirmation que vous vouliez.

Exemples :

- Client : «Est-ce que vous êtes certain du résultat?»

- Vous : «Aimeriez-vous voir d'autres preuves?»

- Client : «Est-ce que j'aurai cette option?»

- Vous : «Préféreriez-vous l'avoir?»

- Client : «Vous occupez-vous de la livraison?»

- Vous : «Cela vous conviendrait-il mieux?»

La question miroir exige que vous soyez très attentif aux propos de votre client. Évitez tout de même de répondre à toutes ses questions par une autre question. N'abusez ni des questions miroir ni de toute autre question-test.

• • • • • • • • • • • • • • • • • • • •

DEMANDEZ AU CLIENT DE S'ENGAGER

Si votre client répond favorablement à une question-test, demandez-lui de s'engager. Selon votre objectif et la situation à laquelle vous faites face, il existe plusieurs façons de procéder. Ainsi, si votre objectif consiste à obtenir un rendez-vous avec les personnes ayant le pouvoir de décider afin de leur démontrer les mérites de votre produit, une simple question sous forme d'alternative peut suffire : «M. Dufour, pour la démonstration à nos bureaux, préféreriez-vous que ça ait lieu en matinée ou vers la fin de l'après-midi?»

Mais si vous en êtes à la décision finale du client et que votre objectif est de conclure la vente, vous pourriez lui dire : «M. Dufour, laissez-moi vous faire une proposition... » «M. Dufour, puis-je vous faire une suggestion...?» «Voici ce que je vous propose... » Et faites-lui part de vos recommandations de façon aussi directe que possible.

Si vous avez des papiers à remplir, un bon de commande ou une formule d'entente, commencez immédiatement en lui disant : «Maintenant, j'aurais besoin de certains renseignements; connaissez-vous votre numéro d'assurance sociale?» Lorsque vous aurez fini de remplir votre formule d'entente, vérifiez-la, montrez-la à votre client et dites-lui : «M. Dufour, pourriez-vous regarder cette proposition afin de vérifier si tout y est?»

Dans certains cas, lorsque je sens que l'affaire est conclue mais que le temps commence à nous manquer, j'aime bien proposer à mon client : «M. Jacques, si vous le permettez, je rédigerai la formule d'entente à mon bureau et je vous la ferai parvenir par la poste; ça vous va?» Mais si j'ai le moindre doute sur la solidité de sa décision, je préfère lui demander de s'engager par écrit au bas de la formule d'entente. La signature d'un individu est une forme d'engagement très puissante. Lorsqu'il est possible de l'obtenir, cela ne peut que renforcer sa décision. De plus, si un montant d'argent doit accompagner la formule d'entente, demandez à votre client de vous le remettre.

Si votre client hésite à prendre une décision, demandez-lui la raison de son hésitation. S'il semble avoir peur de se tromper, faites-lui voir les avantages et les inconvénients de votre proposition. Peut-être cherche-t-il simplement à être rassuré. Peut-être a-t-il une autre objection? Demandez-le-lui. Revoyez les techniques que nous vous avons proposées à la leçon précédente.

Si votre client ne peut vraiment pas se décider, vous aurez vous-même une décision à prendre. Devrez-vous continuer ou tout simplement laisser tomber? Certains clients ne se décideront jamais et vous feront perdre beaucoup de temps, que vous pourriez sans doute employer de façon plus efficace. Évidemment, tout dépend de l'importance et du volume de la transaction. Mais quelle que soit la situation, arrêtez-vous un instant, évaluez vos chances de réussite et prenez une décision.

Si vous pensez que ça vaut la peine de poursuivre, tentez immédiatement de convenir d'une date pour une nouvelle rencontre. Si votre client hésite, dites-lui : «M. Laplante, je comprends bien votre point de vue; par contre, vous savez bien qu'après un certain temps on en vient même à oublier le sujet et le but d'une rencontre. Pour éviter que cela ne se produise, pourquoi ne pas fixer une date immédiatement?» C'est la meilleure façon de vous assurer une autre chance de conclure l'affaire.

Voici neuf idées-actions qui vous aideront à conclure plus de ventes.

✓ 1. *Trois mots à remplacer.* Au moment de la conclusion de la vente, surveillez votre vocabulaire. Évitez les mots tels que signature, contrat et prix. Ces mots déclenchent des émotions négatives. Remplacez-les plutôt par des mots comme approbation, formule d'entente et investissement.

✓ 2. *Sortez votre formule d'entente bien avant d'en avoir besoin.* Vous ne pouvez prévoir à quel moment votre client sera prêt. N'attendez surtout pas la conclusion de la vente pour fouiller dans votre serviette et en sortir une formule d'entente. Ce geste peut également déclencher des émotions négatives. Si votre domaine d'activité requiert plusieurs entrevues, remplissez votre formule d'entente avant de vous présenter chez le client pour l'entrevue de conclusion : c'est un excellent moyen de prouver votre conviction.

✓ 3. *Étudiez votre formule d'entente.* Vous devriez être capable de la remplir les yeux fermés. Étudiez-la sérieusement ainsi que tous les autres formulaires dont vous pourriez avoir besoin. Lorsque vous les remplirez avec le client, vous éviterez d'avoir l'air de quelqu'un qui le fait pour la première fois.

✓ 4. *Demandez au client de s'engager.* Lorsque votre client vous envoie des signaux d'achat, arrêtez de parler et passez à l'action. En lui demandant de s'engager, vous augmenterez vos chances de réussite.

✓ 5. *Ne changez surtout pas d'attitude.* Si tout s'est bien passé jusqu'à présent, il n'y a pas de raison pour que ça cesse. Demandez au client de s'engager de la même manière que vous lui avez posé vos questions de consultation. Détendez-vous et restez vous-même.

✓ 6. *L'importance du* timing. Il existe trois moments privilégiés pour poser une question-test :

a) Après la présentation de votre offre.

b) Après un signal d'achat.

c) Après avoir répondu à une objection.

Rappelez-vous la sixième étape de votre stratégie; c'est le meilleur moment de poser une question-test.

✓ 7. *Gardez le silence.* Après avoir posé une question-test à votre client, gardez le silence. Ne répondez pas à sa place. Votre client réfléchit. Peut-être cherche-t-il à justifier sa décision, à voir comment il peut échelonner ses paiements, obtenir le crédit nécessaire au projet, l'insérer dans son budget. Il a besoin d'être seul avec lui-même. Taisez-vous pendant ces quelques secondes et respectez son temps de réflexion.

✓ 8. *Félicitez-le de sa décision.* Après qu'il vous aura confirmé son accord, félicitez-le, serrez-lui la main et dites-lui : «J'ai bien hâte d'avoir vos commentaires.» Vous renforcerez ainsi sa décision. Parfois on dit oui, mais cela ne veut pas dire que l'on cesse pour autant de se poser des questions. En le félicitant, vous l'aiderez à éliminer ses derniers doutes.

✓ 9. *Quand vous aurez terminé, partez.* Évitez de rester là à discuter avec votre client. Il a probablement autre chose à faire. Et vous risqueriez de soulever un point auquel il n'avait pas pensé. Vous avez conclu la vente : remerciez votre client et partez.

13

L'homme sage et juste sentira toujours qu'il se tient sur ses propres pieds, qu'il donne de la force à l'État, mais n'en retire pas de sécurité; que, si tout croulait, lui et tous ceux qui lui ressemblent n'auraient aucune peine à s'unir en une organisation nouvelle et meilleure.

L'APRÈS-VENTE : LE DÉBUT D'UNE RELATION FRUCTUEUSE

VOUS VENEZ TOUT JUSTE de conclure une vente et vous êtes fier de vous. Il y a de quoi être fier. La conclusion de la vente est certes la partie la plus satisfaisante du processus. Elle confirme la confiance de votre client en vous et en votre solution. Mais votre travail n'en est pas terminé pour autant. Au contraire, il vient tout juste de commencer. À vous de jouer maintenant. À vous de lui prouver qu'il a eu raison de vous faire confiance.

La conclusion de la vente ne représente pas la fin, mais le début de la véritable relation qui va maintenant s'établir entre vous et votre client. Si vous entretenez bien cette relation, elle peut vous mener loin. Décidez du rôle que vous aurez à jouer dans l'entreprise de votre client. Serez-vous un simple fournisseur ou un conseiller qu'on estime et sur qui on peut compter en tout temps?

La satisfaction du client est le premier objectif du processus de vente interactif. Vous avez investi beaucoup de temps dans la partie consultation afin de bien comprendre la situation de votre client. Vous avez défini un problème et vous lui avez offert une solution. En acceptant votre offre, votre client vous a confié son problème. Il s'attend maintenant à ce que vous le dégagiez de sa responsabilité.

Le processus de vente interactif ne peut réussir que si les deux parties en présence sortent gagnantes de la transaction. Votre client est de plus en plus exigeant et ne veut surtout pas que votre solution lui cause un nouveau problème. Le pire pour lui serait un manque de soutien de votre part, une lacune dans le service après-vente. Son problème, il vous l'a confié, et il s'attend à ce que vous le régliez. Ne lui en créez pas un nouveau!

Quoi de plus frustrant pour un acheteur qu'un vendeur qui ne livre pas la marchandise ou qui disparaît aussitôt la vente conclue. À mesure que la concurrence s'intensifie et que les différents produits ou services sur le marché s'uniformisent, la vraie différence que recherche votre client est justement votre façon de le servir.

Le service après-vente constitue souvent la seule occasion de vous distinguer vraiment de la concurrence. Au cours des dernières années, plusieurs études ont été effectuées sur ce sujet, plusieurs livres ont été écrits afin de sensibiliser les entreprises à l'importance du service après-vente. De nouveaux concepts ont fait leur apparition : on parle maintenant de qualité totale, de cercles de qualité, de valeur ajoutée. Bien sûr, en tant que vendeur ou représentant, vous ne pouvez garantir le niveau de qualité dans tous les services de votre entreprise. Mais il est de votre devoir d'assurer un suivi personnel à votre client afin de faire en sorte qu'il reçoive exactement ce que vous lui avez promis.

UN CLIENT SATISFAIT EST UN ACTIF POUR VOTRE ENTREPRISE

À l'ère de l'électronique, une réputation peut se bâtir très rapidement. Elle peut cependant s'effondrer encore plus rapidement. La rumeur de votre incompétence circulera beaucoup plus vite que celle de votre compétence. Un client sera d'autant plus virulent qu'il sentira que vous avez gagné contre lui. Certains iront même jusqu'à tenter de vous faire du tort en décourageant d'autres clients de faire affaire avec vous.

Évitez-vous tous ces problèmes et tentez plutôt, en donnant pleine satisfaction à votre client, de vous en faire un centre d'influence, un pilier de votre système de vente par recommandation. Votre réussite à long terme dépend énormément de la réussite individuelle de chacun de vos clients. Chaque client satisfait peut devenir un actif pour votre entreprise. Il peut directement vous aider à augmenter vos ventes et cela, de plusieurs façons :

1. *En continuant à faire affaire avec vous.* Si le produit ou service que vous proposez s'achète de façon répétitive, le service après-vente deviendra un élément primordial dans la décision de votre client de continuer à faire affaire avec vous.

2. *En vous offrant des lettres de témoignage.* Le meilleur argument de vente que vous puissiez utiliser, c'est une lettre de témoignage d'un client satisfait. La seule façon de les obtenir, c'est de les mériter par un service de qualité supérieure.

3. *En vous recommandant auprès de ses amis.* Un acheteur heureux peut vous ouvrir plusieurs portes. Un groupe d'acheteurs bien servis peut engendrer plus d'affaires que vous ne pouvez l'imaginer. Nous avons insisté, dans le chapitre 4, sur l'importance de la recommandation dans tout système de développement de la clientèle. Mais dites-vous bien que vos clients ne vous recomman-

deront que s'ils sont pleinement satisfaits. Lorsqu'ils vous recommandent, c'est leur réputation qui est en jeu. Ils n'oseront certainement pas vous recommander s'ils ont des doutes sur votre efficacité, s'ils ne sont pas sûrs de continuer à faire affaire avec vous.

Les informations circulent rapidement. Si vous faites du bon travail, si vous respectez vos engagements, non seulement on continuera à faire affaire avec vous, mais on en parlera de façon positive. Un bon client dont on s'occupe vaut parfois plus qu'une pleine page de publicité dans les journaux. Il peut vous ouvrir des portes que vous n'arriveriez jamais à ouvrir par vous-même, ou alors après combien d'efforts. Faites donc le nécessaire pour qu'on se rappelle de vous et qu'on parle de vous comme d'une personne qui respecte ses engagements.

• • • • • • • • • • • • • • • • • • • •

LES RAPPORTS D'ENTREVUE

Vous désirez assurer à votre clientèle un service après-vente exceptionnel? Prenez le temps, après un entretien de vente, de rédiger un rapport d'entrevue. La mémoire oublie facilement. Si vous rencontrez plusieurs clients dans la même journée, vous risquez, en attendant la fin de la journée pour rédiger vos rapports d'entrevue, d'oublier certains détails ou même de confondre les données ou les renseignements concernant deux clients. Faites votre rapport d'entrevue le plus tôt possible.

J'aime bien faire ce rapport d'entrevue dans mon automobile, au moment où l'information est fraîche et où je peux percevoir clairement la situation dans son ensemble. Où en sommes-nous? Qu'est-ce qui reste à faire? Qu'ai-je appris de nouveau à propos de la situation du client, de ses problèmes, de ses attentes, de ses objectifs?

Faites un court résumé de la situation et ajoutez tous les commentaires que vous jugez pertinents. Soulignez particulièrement les promesses que vous avez faites à votre client. Par exemple, si vous lui avez promis un rapport, une lettre ou une soumission pour une date ultérieure, écrivez-le dans votre rapport d'entrevue et reportez immédiatement cette information dans votre agenda.

Profitez-en pour définir sur le champ l'objectif de votre prochaine rencontre. Évaluez votre performance et décidez des points à améliorer dans votre offre de service. Si le client a semblé apprécier certains avantages, notez-les. S'il a émis des doutes ou des objections auxquels vous n'avez pu apporter de réponse satisfaisante, prenez-en note également.

Si vous avez conclu votre vente, notez les conditions particulières de l'entente et le travail qu'il vous reste à faire. Notez particulièrement tous les arrangements à propos des délais de livraison, des facilités de paiement, de la procédure d'installation ou de mise en marché, de la formation du personnel ou de tout autre point. Pensez aux moindres détails de l'application de votre offre. Vous ne pouvez vous permettre un oubli quelconque. Il y a de fortes chances pour que le client juge votre service de façon globale. Le plus petit accroc, la moindre complication, et vous serez blâmé.

Décidez maintenant que la qualité de votre service après-vente sera irréprochable, sans aucune faille et, pour ce faire, prenez la ferme décision de faire vos rapports d'entrevue aussitôt que possible après une présentation de vente. Si vous pensez que vous n'avez pas le temps de le faire, procurez-vous un appareil à dicter et enregistrez tous les points que vous risqueriez d'oublier.

• • • • • • • • • • • • • • • • • • •

TENEZ VOS PROMESSES ET VOS ENGAGEMENTS

Vous avez dit que vous alliez vous informer, vérifier, le rappeler, envoyer une note, faire un rapport : faites-le!

Vous ne pouvez pas vous rendre à un rendez-vous : prévenez le client. Il vous est impossible de respecter un délai de livraison ou de remettre votre proposition à temps : discutez-en avec lui. La meilleure façon d'éviter les problèmes et les réclamations, c'est de les prévoir et, par-dessus tout, de respecter vos promesses et vos engagements.

Ne promettez pas plus que vous ne pouvez donner. Si vous promettez trop, vous devrez vous débrouiller pour respecter cette promesse. Lorsque vous faites une promesse à votre client, essayez de tenir compte de ses besoins mais également de vos limites. Si vous n'êtes pas certain d'une date de livraison, informez-vous auprès de votre entreprise avant de promettre. Sinon, ça pourrait devenir un problème. Ne dites pas que vous pouvez faire ce que vous ne pouvez faire et faites ce que vous avez dit que vous feriez. C'est la meilleure façon de ne pas vous attirer d'ennuis.

Il suffit parfois d'une seule petite différence entre ce que vous aviez promis et ce que vous livrez pour que votre client juge mal la qualité de votre service. C'est comme s'il regardait votre erreur à la loupe. Le client ne remarquera même pas tous vos efforts pour le satisfaire, il ne remarquera que vos lacunes.

Pour assurer un service de première qualité, vous aurez parfois à vérifier certains points auprès d'autres services de votre entreprise. Vous serez blâmé pour une promesse non tenue même si ce n'est pas de votre faute. Veillez à ce que le client reçoive ce qu'il a demandé même si pour cela vous devez communiquer avec d'autres services. Ce qui compte pour le client, c'est le résultat final que vous avez promis, et aucune excuse ne saurait l'attendrir.

Si, malgré tous vos efforts, vous sentez poindre un problème, prévenez votre client. N'attendez pas qu'il vous appelle. Appelez-le vous-même : «M. Boutin, je viens tout juste d'apprendre qu'il s'est glissé une erreur dans la mise en production de votre commande et qu'à cause de cela nous devrons livrer avec quelques jours de retard. Je m'excuse sincèrement de ce délai. Par contre, je tiens à vous assurer que je m'occupe personnellement de superviser la bonne marche des travaux.»

Bien sûr, le client sera probablement quand même déçu, mais beaucoup moins que s'il avait découvert le retard par lui-même et qu'il avait dû vous appeler. N'essayez surtout pas de donner de fausses excuses ou de mentir à votre client. Expliquez-lui exactement ce qui s'est produit et vous conserverez toute sa confiance.

En cas de retard, soyez présent au moment de la livraison afin de vous assurer que tout est dans l'ordre et que le client a quand même obtenu satisfaction. Si c'est possible et si cela s'applique, supervisez les travaux d'installation : vous aurez ainsi une autre occasion de rencontrer le client, de discuter avec lui et de lui prouver votre bonne foi. Assurez-le de toute votre coopération et, si cela s'avère nécessaire, prévoyez de nouvelles rencontres. Vous pourriez même utiliser ce petit problème à votre avantage en offrant à votre client une qualité de service supérieure à celle qu'il avait souhaitée.

• • • • • • • • • • • • • • • • • • • •

APPRENEZ À TRAITER LES PLAINTES

Malgré tous vos efforts, il se peut que vous n'arriviez pas à donner pleine satisfaction à un client et qu'il adresse une plainte soit directement au service concerné, soit en vous appelant. Dans tous les cas, ne perdez pas votre calme et voyez sa plainte comme une occasion de lui prouver à quel point vous tenez à le satisfaire.

Étudions une façon de traiter les plaintes qui vous rappellera sûrement la stratégie que nous avions élaborée pour répondre aux objections. La stratégie à utiliser pour traiter les plaintes comporte aussi six étapes :

1. *Écoutez le client.* Écoutez-le attentivement. Manifestez de l'intérêt et surtout n'essayez pas de vous excuser ou de lui répondre immédiatement. Laissez-le vous donner tous les détails de sa plainte. Le seul fait de l'écouter de façon engagée le rassurera et lui enlèvera certainement une partie du fardeau qu'il devait jusqu'ici porter seul. Laissez-le se soulager.

2. *Répétez sa plainte.* Si vous êtes au téléphone, dites-lui que vous prenez des notes. Et répétez les termes exacts de sa plainte. Assurez-vous que vous avez tous les détails. Vous pouvez aussi prendre des notes si vous êtes devant lui, selon l'importance de la plainte et sa complexité. Réunissez tous les faits.

3. *Manifestez votre préoccupation.* Servez-vous de phrases comme :

   • Je comprends votre frustration, votre point de vue.

   • J'imagine très bien votre réaction.

   • J'imagine à quel point cela a pu vous déranger.

De simples phrases comme celles-là montrent à votre client que vous vous intéressez sincèrement à lui et que vous accordez à sa plainte toute l'importance qui lui revient.

4. *Trouvez une solution.* Pour chaque problème, il existe toujours une solution. Selon le genre de plainte, il se pourrait très bien que vous soyez en mesure de trouver une solution ou d'en improviser une. Si c'est impossible ou si vous ne possédez pas l'autorité pour régler le problème de votre client, demandez-lui de vous accorder 15 ou 20 minutes, le temps de vous informer et de vérifier ce qui s'est produit. Dites-lui que vous allez le rappeler et rappelez-le le plus tôt possible. Même si vous n'avez pas encore la réponse, respectez votre délai de 15 minutes. Cela rassurera votre client.

Lorsque vous aurez la solution, rappelez-le. Proposez-lui votre solution et demandez-lui ce qu'il en pense, ou dirigez-le vers le service concerné.

5. *Excusez-vous.* Offrez vos excuses de façon sincère et profitez-en pour remercier le client d'avoir porté ce problème à votre attention. Laissez-lui le dernier mot. C'est parfois difficile mais combien efficace.

6. *Assurez un suivi.* Lorsque le problème aura été réglé, rappelez le client pour obtenir son impression. Mais assurez-vous avant de l'appeler que le problème a effectivement été réglé.

Votre attitude, au moment où vous traitez une plainte, est tout aussi importante que le fait de régler le problème. Occupez-vous-en personnellement. Ne dirigez surtout pas le client vers un autre service sans avoir creusé le problème. Le service des plaintes, c'est vous. N'êtes-vous pas la personne la mieux placée pour savoir ce que le client est en droit d'exiger?

Bien qu'elle représente un problème, la plainte est aussi une occasion de prouver à votre client que vous vous occupez de lui. Servez-vous-en positivement. En réglant le problème à la satisfaction du client, vous pourrez regagner sa confiance. Vous pourriez même en profiter pour lui demander de vous écrire une lettre témoignant de votre façon de régler personnellement un problème.

Une plainte représente également une occasion d'améliorer la qualité du produit ou du service que vous offrez. Les vendeurs, en servant de lien entre l'entreprise et le client, ont un double rôle à jouer : d'une part, renseigner le client sur les avantages de leur entreprise; d'autre part, informer leur entreprise des besoins et des problèmes de leurs clients, suggérer des améliorations concernant les produits, les services ou toute autre façon de satisfaire les clients.

LA VALEUR AJOUTÉE

Le concept de la valeur ajoutée est apparu au cours des dernières années. Mais ce concept n'a vraiment rien de nouveau si ce n'est cette nouvelle façon de désigner la plus-value que le client recherche et que l'entreprise devrait être en mesure de lui offrir.

Qui n'est pas satisfait d'avoir fait un bon achat? Votre client a besoin de se faire dire qu'il a bien fait, qu'il a pris une bonne décision. Et quelle meilleure façon de satisfaire ce besoin que de lui en donner encore plus, d'inclure en prime dans la solution que vous offrez des éléments qu'il ne s'attendait pas à recevoir.

Évidemment, le concept de valeur ajoutée doit devenir l'affaire de toute l'entreprise : du service de recherche et de mise au point de nouveaux produits à ceux de la livraison et du service après-vente. La valeur ajoutée pourrait comprendre par exemple :

- Un guide d'instructions facile à comprendre.

- Un service de formation sur mesure.

- Une garantie améliorée.

- Un système d'aide ou de dépannage en cas de problème ou de panne.

- Un service de livraison ultrarapide.

- Un contrat de service ou d'approvisionnement flexible et adapté à chaque client.

- Un service clés en main.

- Des facilités de paiement ou de financement.

Toute entreprise qui désire vraiment se démarquer de la concurrence se doit de réfléchir à toutes les possibilités d'ajouter une valeur à son produit ou service. Mais que dire de toutes les perspectives que ce concept de valeur ajoutée apporte au vendeur! Certes, plusieurs décisions ne sont pas uniquement de son ressort, mais je suis convaincu qu'en y réfléchissant bien chaque vendeur peut trouver lui aussi des façons de se distinguer de la concurrence et d'offrir une plus-value à son client.

Il ne s'agit plus simplement de tenir ses promesses et de donner satisfaction au client mais d'aller au-delà de la simple satisfaction. Réfléchissez à votre produit ou service et à son importance pour le client. Posez-vous les questions suivantes :

- Qu'est-ce que mon client s'attend à recevoir?

- Que lui offre la concurrence?

- Qu'est-ce qui le satisferait?

- Qu'est-ce que je pourrais lui offrir de plus?

Faites la liste de tout ce que vous lui offrez présentement et demandez-vous ce que vous pourriez y ajouter. Cela pourrait inclure par exemple :

- Une présence continuelle pendant l'installation.

- Une totale disponibilité après la vente.

- Une assistance dans la recherche de financement.

- Un «mercigramme».

- Un cadeau personnalisé.

- Une qualité de service exceptionnelle.

- Une liste de conseils d'utilisation.

- Une session de formation, etc.

Il n'est pas nécessaire d'offrir une plus-value matérielle ou en argent. Il peut s'agir d'une petite attention supplémentaire, d'un petit quelque chose qui indiquera à votre client, de façon subtile, que vous vous engagez à lui offrir un service après-vente comme il n'en a jamais vu. Il ne vous suffit pas d'y penser : faites-en un engagement personnel et inscrivez-le dans votre code de réussite, comme nous le verrons un peu plus loin.

• • • • • • • • • • • • • • • • • • • •

LES «MERCIGRAMMES»

L'idée d'envoyer une lettre de remerciement à un client n'est pas nouvelle, et vous le faites déjà pour toutes sortes d'occasions. Ou peut-être négligez-vous de remercier vos clients parce que vous pensez que cela exigera beaucoup de temps de votre part? Si c'est votre cas, j'aimerais vous faire part d'une façon originale de le faire, qui demande très peu de temps : l'envoi de «mercigrammes».

Plusieurs articles ont été écrits sur l'importance d'envoyer des notes de remerciement. J'ai appris que cette idée aurait d'abord été suggérée en 1948 par un certain M. Kramer. Dans *La vente*, Tom Hopkins insistait beaucoup sur l'importance d'envoyer ces notes de remerciement. Nous avions donc décidé de nous faire fabriquer des cartes portant l'inscription «Merci» au recto et d'en envoyer à nos clients, comme le suggérait Tom.

Jusqu'à ce qu'un jour nous reçûmes un «mercigramme» d'un chiropraticien qui avait assisté à nos cours, le Dr Bernard Bélanger. Nous trouvâmes l'idée excellente et décidâmes de nous en servir. Le mot «mercigramme», qui figure sur l'enveloppe, ajoute un cachet particulier à la note de remerciement traditionnelle au point que plusieurs clients nous appellent pour nous demander où ils peuvent s'en procurer.

Au cours des dernières années, nous en avons fait fabriquer plus de 200 000, que nos clients nous achètent par paquets de 100 ou 500. L'espace me manque pour vous raconter toutes les anecdotes dont nos clients nous ont fait part à propos de l'efficacité de ces «mercigrammes».

Combien de fois néglige-t-on de remercier un client pour sa confiance, pour sa fidélité ou pour sa dernière commande? Les «mercigrammes» sont l'outil le plus efficace pour le faire. Écrivez-les à la main. Cela ne prendra que quelques minutes de votre temps et vous permettra d'ajouter une petite touche personnalisée que vos clients apprécieront. Servez-vous-en pour toutes sortes d'occasions :

- Pour remercier un client de sa dernière commande.
- Après une entrevue de consultation.
- Pour confirmer un rendez-vous.
- Pour consolider une vente.
- Après une plainte.
- Après un appel de satisfaction.
- Après un refus.
- Pour préparer le client à vous recevoir.
- Pour vous assurer que le client est satisfait.
- Pour tout service qu'on vous rendra.

Comme toute bonne chose, il ne faut pas en abuser avec le même client, sinon cette idée perdra toute son originalité et votre client pourrait penser que vous n'avez que ça à faire. Prenez plutôt l'habitude d'en envoyer deux ou trois tous les jours, à différents clients. Voici d'ailleurs quelques exemples qui pourraient vous être utiles. Il ne s'agit pas de les copier mais de vous en inspirer pour créer vos propres messages, que vous verrez à adapter à chaque situation.

Pour confirmer un rendez-vous :

Merci, M. _____, de prendre le temps de me recevoir. Tel que convenu, je serai à votre bureau le _____ à _____.

Après une entrevue de consultation :

Merci de m'avoir permis de vous présenter nos services. Ce fut un réel plaisir de discuter avec vous et j'anticipe le moment de notre prochaine rencontre, prévue pour le _____ à _____.

Après l'achat de votre produit ou service :

J'aimerais vous remercier de votre confiance et vous féliciter de votre décision. J'en profite pour vous assurer de notre entière collaboration et de notre encouragement pour la réalisation de vos objectifs.

Après un appel de satisfaction :

Merci de votre témoignage. Si c'était possible, j'apprécierais recevoir une lettre de satisfaction de votre part afin de pouvoir prouver à nos futurs clients l'excellence de nos services. Je communiquerai avec vous à ce sujet.

Après une plainte :

Merci, M. _____, de votre compréhension. C'est grâce aux commentaires constructifs de notre clientèle que nous pouvons améliorer la qualité de nos services.

Pour accompagner une soumission :

Merci, Mme _____, de l'intérêt que vous porterez à cette proposition. J'espère vivement pouvoir rencontrer le comité de décision afin de vous aider à atteindre vos objectifs.

Après un refus :

Merci d'avoir pris le temps d'examiner notre offre. Je suis peiné de constater que votre décision ne nous est pas favorable pour le moment. Si vous le permettez, je garderai quand même contact avec vous afin de vous tenir au courant de tous les changements qui pourraient vous intéresser.

DÉFINISSEZ VOS CRITÈRES D'EXCELLENCE

Nous avons tous une façon personnelle de mesurer la réussite. Mais dans la vente, il n'y a qu'une seule façon de la mesurer : le chiffre d'affaires. Quels sont vos résultats, compte tenu de votre potentiel et des efforts que vous mettez dans votre travail?

Vos résultats sont directement proportionnels à la qualité des services que vous offrez. En continuant à faire affaire avec vous et en vous recommandant d'autres clients, vos clients ont un rôle direct à jouer dans votre avenir. Ils représentent la clé de votre réussite actuelle et future.

Lorsque nous parlons de qualité du service, nous n'entendons pas seulement le service après la vente, mais aussi celui qui la précède et celui qui l'accompagne. La notion de service englobe tout ce que votre client s'attend à recevoir lorsqu'il fait affaire avec vous. Avant toute chose, il désire que vous l'écoutiez et que vous compreniez sa situation, ses besoins, ses attentes et ses préoccupations. Il désire également que vous vous occupiez de lui de façon personnelle, que vous l'aidiez à grandir, à accroître son efficacité, que vous préveniez ses problèmes avant même qu'ils ne se présentent et que vous le souteniez dans ses efforts.

Le client est de plus en plus exigeant. Il désire ce qui se fait de mieux. Il désire également sentir que la relation qui s'établit avec vous est une relation gagnante, qui débouche sur une collaboration fructueuse. C'est d'ailleurs un point que vous devriez tenter d'évaluer avec le plus de précision possible au moment de votre entrevue de consultation avec un nouveau client : jusqu'à quel point est-il satisfait du service global que lui offre son fournisseur actuel?

À prix égal, il en veut plus. Même s'il fait affaire avec votre concurrent depuis un certain temps, peut-être commence-t-il à se rendre compte que la qualité de service qu'il reçoit ne s'est pas améliorée avec les années. Pourtant, ses exigences ont bel et bien changé. N'est-ce pas le meilleur défi qui vous attend : bâtir une relation d'affaires et obtenir la clientèle de quelqu'un qui fait affaire avec un concurrent?

Mais attention : cela se fait dans les deux sens. Si vous ne vous améliorez pas, vos concurrents pourraient très bien vous surpasser. La seule façon de vous assurer de la fidélité de vos clients consiste à les dissuader de regarder ailleurs en leur offrant une qualité de service impeccable. Plus vos clients auront confiance en vous, plus ils sentiront que vous vous intéressez à eux et que vous travaillez constamment à les faire avancer dans une direction profitable, plus ils vous trouveront indispensable.

Quelle que soit la qualité de vos relations actuelles avec vos clients, faites en sorte qu'à l'avenir ils ne vous oublient pas. Soyez créatif, restez en contact avec eux. Montrez-leur que vous tenez à leur clientèle et que vous pensez à eux.

Comment ne pas sourire lorsque j'entends mon associée, Nicole Bronsard, répondre à tous ceux qui lui demandent la raison de son succès dans la vente : «Parce que moi, mes clients, je les aime tellement!» Réponse désarmante mais combien juste pour tous ceux qui la connaissent. Et la plupart de lui demander : «C'est seulement ça?» Mais voyez-vous, ça, c'est énorme, parce que quand on aime vraiment quelqu'un on ne ménage pas ses efforts et on est prêt à tout faire pour lui, toutes ces petites choses supplémentaires.

Rappelez-vous également que vos clients vous jugent constamment. Ils évaluent votre approche, votre apparence, votre façon de les consulter et de présenter votre offre. Ils mesurent également la délicatesse avec laquelle vous faites face aux objections qu'ils vous opposent et surtout la rapidité avec laquelle vous tenez vos promesses.

La qualité du service comprend toutes les phases de

l'interaction que vous établissez avec un client. Comment évaluez-vous votre excellence et votre efficacité en relation avec les différentes phases de cette interaction? Comment évaluez-vous vos compétences? Comment évaluez-vous les efforts que vous faites pour devenir un champion de la vente?

Remplissez la grille d'évaluation qui figure plus loin. Soyez sincère. Donnez-vous, pour chacun des 20 points de cette grille d'évaluation, une note variant entre 1 et 5. Ne vous allouez le chiffre 5 que si vous pensez vraiment le mériter. Ensuite, faites le total. Le maximum que vous pouvez obtenir correspond à 100 points. Quelle est votre note en pourcentage? Fixez ensuite les critères d'excellence que vous aimeriez atteindre. Vous désirez devenir un champion de la vente? Vous désirez atteindre un pourcentage de 80, 90, 100? C'est à vous de décider.

Nous espérons seulement que ce test vous permettra de constater que vous avez beaucoup plus de potentiel que ce que vos résultats ont démontré jusqu'à présent. Si vous êtes satisfait de votre pourcentage, c'est fantastique! Continuez comme cela. L'important, c'est que vous soyez fier de vous.

Si vous n'êtes pas satisfait, décidez immédiatement du pourcentage que vous aimeriez obtenir. Du niveau d'excellence que vous aimeriez atteindre. Déterminez vos points faibles, ceux sur lesquels vous devrez travailler et prenez la décision, pour vous aider à atteindre vos objectifs, d'adhérer au Code de réussite des champions, que nous vous présentons pour terminer ce volume.

MA GRILLE D'ÉVALUATION

	1	2	3	4	5
1. Mes connaissances professionnelles	☐	☐	☐	☐	☐
2. Mes objectifs, mon équilibre	☐	☐	☐	☐	☐
3. Ma discipline personnelle	☐	☐	☐	☐	☐
4. L'organisation de chaque semaine	☐	☐	☐	☐	☐
5. L'organisation de chaque journée	☐	☐	☐	☐	☐
6. Mes rapports de performance	☐	☐	☐	☐	☐
7. Mon image	☐	☐	☐	☐	☐
8. Mon conditionnement physique	☐	☐	☐	☐	☐
9. La lecture tous les jours	☐	☐	☐	☐	☐
10. La formation continue	☐	☐	☐	☐	☐
11. L'obtention de recommandations	☐	☐	☐	☐	☐
12. Mes techniques téléphoniques	☐	☐	☐	☐	☐
13. Ma préparation	☐	☐	☐	☐	☐
14. Le premier contact	☐	☐	☐	☐	☐
15. L'entrevue de consultation	☐	☐	☐	☐	☐
16. L'offre de service	☐	☐	☐	☐	☐
17. Mon cahier de présentation	☐	☐	☐	☐	☐
18. Ma façon de faire face aux objections	☐	☐	☐	☐	☐
19. La conclusion de la vente	☐	☐	☐	☐	☐
20. Le service après-vente	☐	☐	☐	☐	☐

Total   /100

LE CODE DE RÉUSSITE DES CHAMPIONS

Une carrière dans la vente offre d'innombrables possibilités ainsi que de nombreux avantages. Mais parmi tous ces avantages, celui que je considère comme le plus appréciable est cette possibilité qui est donnée à tous les vendeurs d'exploiter toutes leurs ressources et de développer leur potentiel au maximum. Il s'agit simplement de le décider.

Si la note que vous avez obtenue au test d'évaluation ne vous satisfait pas, il n'en tient qu'à vous de l'améliorer. Ce n'est pas une question de talent mais de possibilités. Ce n'est pas tant ce que vous avez réalisé jusqu'à présent que ce que vous pourriez réaliser : vous êtes bien meilleur que vous ne l'avez démontré. Vous pouvez devenir un champion de la vente. Nous le pouvons tous.

Même si jusqu'à aujourd'hui votre carrière a été un échec complet, il n'en tient qu'à vous de changer. Le passé est terminé. Peu importe les résultats que vous avez obtenus jusqu'à ce jour, vous pouvez, si vous le décidez, tourner la page et recommencer à zéro.

Ce ne sera sûrement pas une tâche facile. Mais si c'était facile, tout le monde le ferait et vous n'auriez aucun mérite. La vente est une carrière difficile, qui demande un engagement total. Et vous pouvez décider immédiatement de prendre cet engagement.

Prenez une décision ferme par rapport au niveau d'excellence que vous désirez atteindre. Rejetez la médiocrité sous toutes ses formes et concentrez-vous totalement sur l'image que vous visez. Établissez vos propres standards, dans tous les domaines de votre vie. Faites-vous un plan de développement personnel, suivez-le religieusement et devenez ce champion que vous voyez dans vos rêves.

Vous avez vous aussi le droit de vous fixer des objectifs et de travailler à les réaliser. Ce livre vous offre tous les outils nécessaires pour réussir dans le domaine d'activité que vous avez choisi. Vous savez maintenant quoi faire et comment le faire. Il vous reste cependant une étape cruciale à franchir : prendre la décision de le faire.

Vous seul pouvez prendre cette décision. Décidez immédiatement de vous engager dans la voie que vous avez choisie ou décidez de la quitter! Mais ne restez pas là à hésiter entre deux possibilités. Décidez d'adhérer au Code de réussite des champions. Faites-en votre code de réussite. Ou encore modifiez-le à votre convenance et ajoutez-y les points que vous considérez comme essentiels. L'important, c'est que vous ayez vous aussi un code de réussite et que vous le lisiez tous les jours, surtout ces jours où rien ne fonctionne à votre goût, où toutes sortes de problèmes et de difficultés viennent voiler votre objectif et mettre vos plans en péril.

Il est tellement facile d'oublier ses bonnes résolutions, d'oublier ses objectifs et de renoncer au genre de vie qu'on avait imaginé. Il m'est arrivé de douter dans le passé. Et il m'arrive encore d'avoir des pensées négatives. Mais je tente de les éloigner le plus rapidement possible et de revenir aux principes de la réussite. L'important, c'est de se ressaisir, de se reprendre en main et de riposter à l'adversité.

Tous les jours, ce code vous rappellera votre engagement à exceller et à progresser vers les objectifs que vous vous serez fixés malgré les conditions auxquelles vous aurez à faire face et tous ces défis que vous devrez surmonter. Prenez l'engagement de le lire tous les matins. Je suis convaincu qu'il changera votre attitude du tout au tout.

CODE DE RÉUSSITE DES CHAMPIONS

1. J'ÉTABLIRAI MES OBJECTIFS TOUS LES ANS ET JE LES RÉVISERAI TOUS LES TROIS MOIS.

Mes objectifs représentent vraiment ce que j'ai toujours désiré. Je les ai choisis volontairement, en tenant compte de mes valeurs fondamentales dans tous les domaines de ma vie. J'ai pris des décisions à leur sujet librement et en connaissance de cause, et je m'engage résolument à m'y conformer.

2. TOUS LES TRIMESTRES, JE RÉVISERAI MON PLAN D'ACTION.

Je suis parfaitement conscient que, sans la pratique, la théorie demeure tout à fait inutile. La réussite demande un effort soutenu. J'établirai donc des plans d'action qui exigeront que, pendant au moins 10 semaines d'affilée, je concentre toutes mes énergies sur l'action. Je m'assurerai de mes résultats en remplissant mes rapports de performance toutes les semaines.

3. MA DISCIPLINE PERSONNELLE DEVIENDRA MA PLUS GRANDE FORCE.

Afin d'être plus productif, j'organiserai chaque semaine à l'avance et je planifierai tous les soirs la journée du lendemain. Tous les jours je serai actif, en veillant à donner le meilleur de moi-même à chaque instant et en canalisant toute mon attention sur les tâches essentielles.

4. JE TRAVAILLERAI SANS CESSE À AMÉLIORER MA COMPÉTENCE.

J'étudierai constamment afin d'en apprendre toujours plus sur mon produit, sur les gens et sur la dynamique des relations humaines. La connaissance amène la conviction, laquelle suscite la confiance du client. Je m'assurerai d'appliquer les connaissances apprises et d'utiliser mes nouvelles ressources au maximum.

5. JE M'EMPLOIERAI OBSTINÉMENT À DÉVELOPPER L'IMAGE DU CHAMPION QUE JE DÉSIRE ATTEINDRE.

Je surveillerai sans cesse mon apparence afin de toujours me présenter sous mon meilleur jour. Je verrai également à établir mon propre programme de conditionnement physique dont je doublerai l'effet par une saine alimentation.

6. MON DÉVELOPPEMENT PERSONNEL DEVIENDRA MA RESPONSABILITÉ.

Je désire ardemment être reconnu comme un champion dans mon domaine et je prendrai tous les moyens à ma disposition pour y arriver. Je n'hésiterai surtout pas à investir dans ma carrière et à m'inscrire à tous les cours et séminaires qui pourront m'aider à progresser plus rapidement.

7. JE VEILLERAI CONTINUELLEMENT À MAINTENIR UNE ATTITUDE POSITIVE.

Ce qui compte, ce n'est pas tellement ce qui m'arrive que ma façon de réagir aux événements. Afin de préserver mon attitude, je consacrerai au moins une demi-heure par jour à la lecture de livres positifs. Je verrai également à fuir comme la peste la mauvaise influence des pensées, des gens et des esprits négatifs.

8. JE NE ME LAISSERAI PAS ABATTRE PAR L'ÉCHEC.

S'il m'arrive d'être confronté à un problème, j'y verrai un défi dont je suis certain de triompher. Si j'échoue, je tirerai profit de l'expérience et je me rappelerai mes réussites. N'entretenant aucun doute sur mes habiletés, je n'hésiterai pas à essayer de nouvelles approches et à expérimenter mes talents créatifs.

9. J'OFFRIRAI TOUJOURS À MON CLIENT LA MÊME QUALITÉ DE SERVICE QUE JE M'ATTENDRAIS À RECEVOIR MOI-MÊME.

Je le considérerai de la seule manière que je voudrais qu'il me considère : comme un associé. J'évaluerai constamment la qualité de mes services afin de m'assurer qu'il comprend bien que je ne peux gagner que s'il est lui-même gagnant.

10. JE N'ABANDONNERAI JAMAIS.

Aussi durement que la vie m'éprouvera, j'y verrai une occasion de grandir et de m'améliorer. Plutôt que d'abandonner, je réfléchirai afin de trouver l'inspiration nécessaire pour triompher de toute difficulté, sachant fort bien que tout problème peut être résolu dans la mesure où je fais les premiers pas et où je suis déterminé à le résoudre. Ma plus grande satisfaction sera de savoir que je suis capable de relever un défi qui ferait reculer la plupart des gens.

Comment conclure autrement qu'en vous disant tout le plaisir que j'ai eu à passer ces quelques moments en votre compagnie, à partager mes expériences, mais surtout ma profonde reconnaissance pour la profession de vendeur.

La vente comporte des possibilités d'avenir extraordinaires. Mais peu importe les produits ou services que vous offrez ou le domaine d'activité que vous représentez, peu importe également l'importance ou la taille de votre entreprise, rappelez-vous toujours que, dans la vente, l'élément le plus important, celui qui fait toute la différence, c'est vous, le vendeur. Au lieu d'être un simple vendeur, décidez donc de devenir un champion de la vente, une personne qu'on respecte, qu'on admire et qu'on recommande pour sa passion, sa conviction, sa ténacité, son courage et son sens des responsabilités.

Le champion de la vente a quelque chose de spécial, quelque chose qui le différencie des autres, qui le met dans une classe à part. Il inspire confiance par son dynamisme, sa fougue, sa détermination et, par-dessus tout, par son engagement à toujours donner 100 % de lui-même.

Il m'est déjà arrivé, comme à vous aussi peut-être, de travailler sans trop de conviction, sans émotion et sans amour, pour me rendre compte à la fin que le grand perdant n'était nul autre que moi-même. Aujourd'hui, je réalise que, tous les jours, l'occasion m'est donnée de me reprendre. Tous les jours, dans la vente, une nouvelle possibilité s'offre à vous d'exceller, de vous surpasser et de vous réaliser en aidant les autres à se réaliser; une chance de rendre service et d'agir comme un véritable champion. Pourquoi ne pas saisir l'occasion et y mettre tous vos efforts? Tant qu'à y mettre le temps!

Je vous laisse sur cette pensée de Ralph W. Emerson, qui, en quelques mots, a réussi à cerner l'esprit du champion de la vente, qu'il m'a fallu tout un livre pour exprimer. Emerson vécut en Nouvelle-Angleterre il y a plus de 100 ans, mais ses textes sont encore d'actualité, peut-être plus encore qu'ils ne l'étaient à l'époque où ils furent écrits. On a parfois l'impression que rien n'a changé... ou si peu. Son œuvre est grande et motivante, ses paroles, remplies d'espoir. Elles ont toujours su m'inspirer en me répétant inlassablement d'être courageux et de croire en moi-même. Emerson est sûrement l'ancêtre de tous les champions.

> Je ne dissimule pas mon espérance; j'espère que chacun de vous s'est senti personnellement appelé à rejeter toutes les mauvaises habitudes, les peurs, les étroitesses et à remplir le rôle d'un homme libre et utile, d'un réformateur, d'un bienfaiteur, d'un homme qui ne veut point glisser dans le monde comme un valet de pied ou un espion, esquivant autant de coups qu'il le peut grâce à l'agilité et aux excuses, mais d'un homme vaillant et intègre, qui veut trouver un droit chemin vers tout ce qui est excellent sur la terre et non seulement y avancer honorablement, mais le rendre plus facile à tous ceux qui le suivront.

LECTURES RECOMMANDÉES

BERNE, Eric. 1964. *Games People Play*. New York, Grove Press. 192 p.

BETTGER, Frank. 1985. *De l'échec au succès*. Montréal, Les éditions Un monde différent. 313 p.

BETTGER, Frank. 1986. *La vente, étape par étape*. Montréal, Les éditions Un monde différent. 374 p.

BRISTOL, Claude M. 1979. *La magie de croire*. Montréal, Les éditions Un monde différent. 254 p.

CARNEGIE, Dale. 1981. *Comment se faire des amis*. Montréal, Québec Livres. 310 p.

DIAMOND, Harvey et Marilyn DIAMOND. 1987. *Le régime «Fit for Life»*. Montréal, Éditions Libre Expression. 222 p.

EMERSON, Ralph Waldo. 1976. *Pages choisies*. Paris, Éditions Astra. 377 p.

GANDOLFO, Joe. 1986. *La vente, une excellente façon de s'enrichir*. Montréal, Les éditions Un monde différent. 207 p.

GRINDER, John et Richard BANDLER. 1989. *Les secrets de la communication*. Montréal, Le Jour. 110 p.

HILL, Napoléon. 1990. *Réfléchissez et devenez riches*. Montréal, Le Jour. 192 p.

HOPKINS, Tom. 1988. *La vente*. Montréal, Le Jour. 536 p.

HOPKINS, Tom. 1989. *Le guide du succès*. Montréal, Le Jour. 258 p.

MALTZ, Maxwell. 1968. *Psycho-Cybernetics*. Hollywood, Wilshire Books. 256 p.

MANDINO, Og. 1983. *Le plus grand vendeur du monde*. Boucherville, Éditions De Mortagne. 123 p.

McCORMACK, Mark H. 1985. *Tout ce que vous n'apprendrez jamais à Harvard*. Paris, Rivages – Les Échos. 237 p.

Peale, Normand Vincent. 1983. *La pensée positive*. Montréal, Les éditions Un monde différent. 243 p.

Rackham, Neil. 1988. *Spin Selling*. New York, McGraw-Hill. 197 p.

Robbins, Anthony. 1989. *Pouvoir illimité*. Paris, Éditions Robert Laffont. 395 p.

Rohn, Jim. 1987. *Stratégies de prospérité*. Montréal, Les éditions Un monde différent. 208 p.

Schuller, Robert. 1984. *Après la pluie le beau temps*. Montréal, Les éditions Un monde différent. 306 p.

Schwartz, David. 1983. *La magie de voir grand*. Montréal, Les éditions Un monde différent. 363 p.

Ziglar, Zig. 1982. *Rendez-vous au sommet*. Montréal, Les éditions Un monde différent. 384 p.

Pro Concept Vente inc.

La lecture d'un livre comme celui-ci s'avère certes très stimulante. Mais, sans la pratique, la théorie se révèle tout à fait inutile.

Nous avons donc conçu le programme «Champion de la vente», qui comprend, en plus de ce livre, huit cassettes audio, une cassette vidéo de 25 minutes ainsi qu'un cahier d'exercices, *Mon plan de vente*.

Nous offrons également, toutes les semaines dans différentes villes, le séminaire «Champion de la vente». Quel que soit votre domaine d'activités, vous pouvez vous y inscrire individuellement. Toutefois, si votre entreprise compte plusieurs représentants, il nous est possible de préparer une séance privée à votre intention.

Notre objectif est de vous permettre d'adapter la matière que nous enseignons à votre situation particulière. Pour en savoir plus sur nos différents produits et services, n'hésitez pas à communiquer avec nous :

Pro Concept Vente inc.
255, boul. Curé-Labelle
Bureau 200
Sainte-Rose, Laval (Québec)
H7L 2Z9

Téléphone : (514) 963-3020
Ligne directe : 1 (800) 363-4293
Télécopieur : (514) 963-3018